Susanne Schröter

Der neue Kulturkampf

Susanne Schröter

Der neue Kulturkampf

Wie eine woke Linke Wissenschaft, Kultur und Gesellschaft bedroht

HERDER

FREIBURG · BASEL · WIEN

MIX
Papier | Fördert gute Waldnutzung
FSC® C014496

Hermann-Herder-Str. 4, 79104 Freiburg

www.herder.de

Bei Fragen zur Produktsicherheit:
produktsicherheit@herder.de

Satz: Daniel Förster
Herstellung: GGP Media GmbH, Pößneck

Printed in Germany
ISBN Print 978-3-451-39710-3
ISBN E-Book (EPub) 978-3-451-83228-4

Inhalt

Teil II
Die Ausdehnung der Tabuzonen und die Erschaffung einer neuen Wirklichkeit

Vorwort

Beunruhigende Dinge ereignen sich zurzeit in Deutschland. Der öffentlich-rechtliche Rundfunk warnt die Zuschauer vor älteren Comedy-Produktionen, Kinderbücher wie Pippi Langstrumpf werden umgeschrieben und der Ravensburger Verlag zog Winnetou-Bücher aus dem Verkehr, weil im Internet *kulturelle Aneignung* moniert wurde. Karnevalsvereine müssen sich rechtfertigen, weil ihre Kostüme als rassistisch diffamiert werden, und in Kindergärten herrscht ein strenges Regiment politisch korrekter Verkleidungsbeauftragter. Museen und Theater mutieren zu Instanzen, in denen vornehmlich moralisierende Botschaften verkündet werden, und an Universitäten werden die Themen des Erforschbaren auf ein schmales Feld des vermeintlich politisch Korrekten eingeschränkt. Medienvertreter bekennen, dass sie weniger an einer ausgewogenen Berichterstattung interessiert sind als daran, *Haltung* zu zeigen und eine als richtig empfundene Botschaft zu vermitteln. Die vierte Gewalt ist selbst zum politischen Akteur geworden und verwischt die Grenze zwischen Journalismus und Propaganda.

Verantwortlich für diesen Irrsinn sind woke Aktivisten, die mit äußerster Aggressivität gegen alle vorgehen, die ihrer eigenen politischen Ideologie widersprechen. Der Begriff woke ist eine Selbstbezeichnung aus dem amerikanischen Raum und bedeutet *wach* oder *erwacht*. Das klingt nach einer Religion, und in der Tat ähneln Rhetorik und Aktivitäten der woken Linken denen von Erweckungspredigern, werden sie von einer Mission getrieben, die auf eine vollkommene Umgestaltung der Gesellschaft abzielt.

Im öffentlichen Raum treten sie als Kämpfer für hehre Ziele und eine höhere Gerechtigkeit auf. Vieles klingt auf den ersten Blick harmlos oder sogar liebenswert. Man engagiert sich angeblich gegen Rassismus und Diskriminierung sowie für Demokratie und Zusammenhalt. Bei näherem Hinsehen wird jedoch deutlich, dass die Begriffe hohl sind oder ihr genaues Gegenteil implizieren. Die anvisierte *schöne neue Welt* zeigt sich als hässlicher Totalitarismus, der an Aldous Huxleys berühmten gleichlautenden Roman erinnert. Ein identitätspolitischer Furor verbreitet sich. Menschen werden anhand äußerer Merkmale in zwei Gruppen einsortiert: eine Opfergruppe und eine Tätergruppe. Täter werden vor allem durch ihre weiße Hautfarbe definiert, denn weiß zu sein gilt in woken Kreisen als Makel. Die Forderung, Weißen ihre angeblichen Privilegien zu entziehen und diese den Vertretern von Opfergruppen zu geben, zeigt, wohin die Reise gehen soll. Opfergruppen sind schwerer zu definieren, weil sie aus gutem Grund immer mehr werden. Muslime und Menschen mit dunkler Hautfarbe stehen zurzeit an der Spitze der Opferpyramide, doch schon drängen andere nach, denn mit einem anerkannten Opferstatus sind Fördergelder, lukrative Jobs und politische Positionen verbunden. Wokismus ist seit vielen Jahren ein einträgliches Geschäftsmodell.

Zu den Mitteln, die die woke Linke zur Durchsetzung ihrer Ziele anwendet, gehören neue Sprachregelungen, die Tabuisierung gesellschaftlicher Missstände, vor allem im Bereich der Migration und des Islamismus, die Reduzierung der Wissenschaft auf eine Erfüllungsgehilfin *woker* Politik und die maximale Denunziation von Gegnern. Ohne jegliche Faktengrundlage werden Menschen als Rassisten, Sexisten, als *islamophob* oder *transphob* abgekanzelt. Um die Ächtung perfekt zu machen, wird zudem stets das Label *rechts* im Sinne von *rechtsradikal* vergeben. Kein Wunder, dass die Mehrheit der Bundesbürger in Umfragen regelmäßig bekundet, die eigene Meinung nicht mehr öffentlich äußern zu können. Das Schweigen all derjenigen, die den Woken widersprechen könnten, ist ein von diesen bewusst herbeigeführter Ausschluss, denn das anvisierte Ziel ist eine Gleichschaltung der öffentlichen Debatte.

Ausgangsorte der woken Ideologie sind die Universitäten, in denen bestimmte Konzepte, die jahrzehntelang in Nischen wuchern konnten, weil niemand sie für gefährlich hielt, langsam den akademischen Mainstream eroberten. Dass ihnen auch jetzt nur selten Einhalt geboten wird, ist das Ergebnis einer mangelnden intellektuellen Satisfaktionsfähigkeit bürgerlicher Kräfte, die den Sektor der Kultur noch immer für vernachlässigbar halten. Sie irren sich fundamental, denn mittlerweile infiltrieren woke Ideologen alle Bereiche des gesellschaftlichen Lebens, inklusive der Wirtschaft. Zur Eroberung der Meinungsführerschaft durch woke Linke hat beigetragen, dass sie nach dem Vorbild eines langen Marsches durch die Institutionen in Kultur, Medien, Bildungseinrichtungen und den vorpolitischen Raum vordrangen. Zum vorpolitischen Raum ist zu sagen, dass momentan eine kaum überschaubare Fülle an Nichtregierungsorganisationen mit staatlichen Geldern alimentiert wird, die die woke Agenda vorantreiben.

Fakten sollen geschaffen werden, die nicht mehr so leicht zu beseitigen sind und selbst eine Abwahl woker Politiker überdauern könnten. Dazu dienen einerseits Umerziehungsprogramme, die in Schulen, Verwaltungen und Unternehmen als Bildungs- oder Fortbildungsmaßnahmen gegen Rassismus und Diskriminierung angeboten werden und nach Auffassung woker Akteure bald verpflichtend sein sollen. Ein anderer Baustein sind Beschwerdestellen, in denen zur Denunziation derjenigen aufgerufen wird, die sich dem neuen Zeitgeist nicht anpassen. Besonders beunruhigend ist der Umstand, dass woke Konzepte zu Gesetzen werden und diejenigen, die dagegen verstoßen, juristisch belangt werden könnten.

Innerhalb der Bevölkerung führt dies zu starken Frustrationen und zunehmender Politikverdrossenheit. Für eine lebendige Demokratie ist diese Entwicklung brandgefährlich, denn sie benötigt den Bürger, der bereit ist, Verantwortung zu übernehmen, und sich mit seinen Kompetenzen in die Gestaltung der Gegenwart und Zukunft einbringt. Die liberal-konservative bürgerliche Mitte und die klassische Linke dürfen nicht länger schweigen. Sie sind aufgerufen, Position zu beziehen und unsere Demokratie gegen systemischen Gesinnungsterror und den schleichenden Aufbau eines neuen Überwachungsstaates zu verteidigen. Dieses Buch liefert Argumentationshilfen für die alltägliche Debatte mit Ideologen.

TEIL I

Universitäten im Griff woker Ideologen

Woke Ideologien entstammen den Universitäten. Dort sind sie entstanden, dort werden sie gelehrt, angeeignet und erprobt. Professoren, Instituts- und Fakultätsleitungen, ja selbst ganze Präsidien werden von woken Aktivisten und ihren akademischen Unterstützern vor sich hergetrieben. Diese geben vor, im Namen von Gerechtigkeit, Humanität und Weltoffenheit zu agieren und sich dem Kampf gegen Diskriminierung und Rassismus verpflichtet zu fühlen. Tatsächlich geht es um die Durchsetzung einer totalitären Ideologie, die weder gerecht noch human ist. Wer widerspricht, muss mit Störungen von Veranstaltungen, Rufmordkampagnen oder tätlichen Angriffen rechnen. Das schüchtert viele Wissenschaftler ein und führt zu einer Kultur des Schweigens sowie zu einer signifikanten Einschränkung der Wissenschaftsfreiheit. Doch es geht nicht nur um Freiheitsrechte, sondern letztendlich um einen Angriff auf die Wissenschaft selbst, da woke Akteure eine vollständige Eliminierung von Themen und Positionen anstreben, die ihrer eigenen Weltauffassung widersprechen.

KAPITEL 1

Wie man in der Wissenschaft zu einer umstrittenen Person wird

Da die Mechanismen dieses Prozesses für Außenstehende schwer verständlich sind und die Existenz einer universitären Zensurkultur zudem von woken Akteuren bestritten wird, werde ich anhand meiner eigenen Erfahrungen schildern, wie das woke System an den Universitäten funktioniert. Ich werde illustrieren, wie ich langsam und unmerklich in eine Opposition zum woken Mainstream geriet, wie dies zunächst nur Irritationen, dann jedoch Ablehnung auslöste und wie man schließlich versuchte, mich als Rassistin und Rechtspopulistin abzustempeln und sowohl meine moralische Integrität als auch meine wissenschaftliche Kompetenz infrage zu stellen. Ich werde aber auch verdeutlichen, warum dies geschah, welche wissenschaftlichen Inhalte sanktioniert werden sollten und warum mein Beispiel exemplarisch für einen allgemeinen Trend an den Universitäten steht, der in letzter Konsequenz die Wissenschaft selbst ad absurdum führt.

Wenn Forschungsergebnisse nicht in den ideologischen Mainstream passen

In meinem Fall begann alles vollkommen unspektakulär. Erst im Rückblick wurde mir klar, dass die Anfänge weit in der Vergangenheit liegen. Als Ethnologin habe ich mich jahrzehntelang im Einklang mit den in meinem Fach geltenden Konventionen bewegt, über Geschlechterbeziehungen und Religion in Melanesien und verschiedenen asiatischen Gesellschaften geforscht und mich schließlich, als Inhaberin eines Lehrstuhls für Südostasienkunde an der Universität Passau, dem Islam als zentralem Forschungsfeld zugewandt. Zu den Regionen, für die ich zuständig war, gehörten Indonesien – das bevölkerungsreichste muslimisch dominierte Land der Welt –, Malaysia und das Sultanat Brunei. Dazu kamen die muslimischen Siedlungsgebiete im Süden Thailands und auf den Philippinen. Im Vergleich mit dem arabischen Raum galt der Islam Südostasiens bis in die jüngste Zeit hinein als moderat, weil die strengen Gesetze der Scharia nicht angewandt wurden. Frauen bewegten sich frei in der Öffentlichkeit, arbeiteten als Handwerkerinnen und Händlerinnen, verfügten über ein eigenes Einkommen und nahmen respektable Positionen innerhalb der Dorfgemeinschaften ein.[1] Vielerorts existierten synkretistische Verbindungen des gelebten Islam mit Hinduismus, Buddhismus und lokalen Religionen. Davon zeugten muslimische Matriarchate, die Verehrung vorislamischer Göttinnen und eine große Akzeptanz gegenüber Transsexuellen.[2] Dieser Kosmos der Diversität und Toleranz, der mich auf den ersten Blick fasziniert hatte, entpuppte sich jedoch beim näheren Hinschauen nur noch als glänzende Fassade eines im Verschwinden begriffenen Universums. Junge Islamisten, die ein Studium in Saudi-Arabien, Katar oder Ägypten absolviert hatten, verurteilten die unbeschwerte Lebensart ihrer Eltern und Großeltern als Häresie und forderten die Hinwendung zu einem fundamentalistischen Islam. Sie waren an den arabischen Universitäten indoktriniert und radikalisiert worden und begannen nach ihrer Rückkehr mit einer inneren Mission, also gewissermaßen mit einer Reislamisierung der südostasiatischen Muslime, die ihrer Ansicht nach vom Wege Allahs abgekommen waren. Sie organisierten sich, verkündeten die neue Lehre in Moscheen, Schulen und Universitäten und überschwemmten den Markt, pekuniär unterstützt von den Ölmonarchien, mit Propagandamaterial.

Eine fromme Lebensweise wurde durch Filme, Fernsehsendungen und Broschüren beworben.

Der Einsatz der Frommen war erfolgreich. Schon in den 1980er-Jahren wurde ein rigider Islamismus populär, und überall begannen die selbst ernannten Kämpfer Allahs die Scharia durchzusetzen. Bald brannten Kirchen, wurden Anschläge auf Bars, touristische Einrichtungen und Marktplätze durchgeführt. Auf der indonesischen Insel Bali starben im Jahr 2002 bei Attentaten auf Diskotheken 202 Menschen, auf den Molukken kam es zu Massakern an der christlichen Bevölkerung. Frauen gerieten zunehmend unter Druck sich zu verschleiern, weil die Bedeckung von Kopf und Körper zu einem Kriterium für moralische Integrität stilisiert wurde. Es kam zu Übergriffen auf Unverschleierte in öffentlichen Verkehrsmitteln. Einigen wurden von islamistischen Sittenwächtern die Köpfe kahlgeschoren. In vielen Teilen des islamischen Südostasiens wurden mühsam erkämpfte Frauenrechte rückgängig gemacht, wenn sie nicht mit den Normen eines fundamentalistischen Islam kompatibel waren. Ganzkörperverhüllungen wurden Pflicht, und wer sich als besonders gottesfürchtig präsentieren wollte, trug in tropischem Klima Socken, Handschuhe und einen Gesichtsschleier.

Als Wissenschaftlerin wollte ich dieser Entwicklung auf den Grund gehen, ihre Ursachen und Dynamiken erfassen, die treibenden Kräfte identifizieren und die Folgen analysieren. Ich sprach mit orthodoxen und liberalen Muslimen, diskutierte mit Extremisten und Synkretisten und nahm Kontakt mit Koranschulen, muslimischen Frauenorganisationen und Bildungsprojekten auf. Als Professorin betreute ich empirische Forschungen meiner Doktoranden in Indonesien, Thailand, Malaysia und auf den Philippinen. Das Ergebnis war stets ernüchternd. Im Süden Thailands war der Salafismus, eine besonders rigide Spielart des Islamismus, zur Mehrheitsreligion geworden,[3] in Malaysia träumten junge Islamisten davon, einen islamischen Staat zu errichten,[4] und auf den südlichen Philippinen wurde die Bevölkerung durch islamistische Banden terrorisiert.[5]

Auf der indonesischen Insel Java wurden Kunstausstellungen angegriffen und Vertreter eines liberalen Islam bedroht, und in der Provinz Aceh im äußersten Nordwesten des Archipels wurde das gesamte Rechtssystem anhand islamistischer Normen umgearbeitet. Hardliner überboten sich gegenseitig mit Vorschlägen für islamische Reglementierungen, und ein höherer Beamter drohte Frauen sogar Vergewaltigungen an, wenn sie es wagen sollten, Hosen zu tragen.

Diese Dynamiken riefen geradezu nach einer wissenschaftlichen Erforschung, und viele meiner Kollegen befassten sich mit dem neuen Islamismus. Zu meiner Überraschung übernahmen sie nicht selten die Perspektive der Radikalen und verteidigten sie gegen Stimmen, die von ihnen als tendenziell islamfeindlich verurteilt wurden. Andere fanden es schick, das Phänomen zu exotisieren. Sie wurden dafür mit enthusiastischen Rezensionen, finanziellen Förderungen und vielversprechenden Karriereoptionen belohnt. In Publikationen wurde Islamismus als hipper Modetrend oder als bewundernswerte Innerlichkeit beschrieben. Mir erschien dieses Vorgehen in letzter Konsequenz als fahrlässig. Ich wollte durchaus verstehen, wie Islamisten denken, aber ich war nicht bereit, eine islamistische Terminologie zu übernehmen, Extremismus als Frömmigkeit zu verharmlosen oder das Tragen eines Gesichtsschleiers als Empowerment zu glorifizieren.[6] In meinen Publikationen definierte ich Islamismus eindeutig als extremistische und patriarchalische Bewegung, deren Ziele nicht mit den allgemeinen Menschen- und besonders nicht mit den Frauenrechten vereinbar waren.[7] Damit befand ich mich in deutlichem Widerspruch zur Mehrheit meiner Fachkolleginnen, die sich verpflichtet fühlten, die Stimme der Menschen, die sie erforschten, ungefiltert zu reproduzieren. Wenn eine Islamistin von der Unterwerfung unter das Gesetz Gottes schwärmte, schwärmten die Ethnologinnen in ihren Publikationen gern mit.

Dass ich nicht bereits zu dieser Zeit den Stempel der *Umstrittenen* erhielt, lag zum einen daran, dass ich kraft meines Lehrstuhls bis 2008 das Fach der Südostasienwissenschaften vertrat, wo man dem

Islamismus wenigstens partiell kritisch gegenüberstand. Ich hatte einige wissenschaftliche Aufsätze veröffentlicht zu religiös motivierter Gewalt, zur Politisierung von Religion und zu islamistischen Angriffen auf nichtmuslimische Minderheiten, die meinen Kollegen ebenso Sorge bereiteten wie mir.[8] Außerdem verzieh man mir meine klaren Worte auch deshalb, weil ich mir einen Namen im Bereich des islamischen Feminismus gemacht hatte und mit den wichtigsten Vertreterinnen dieses aufkommenden Forschungsfeldes kooperierte.[9]

Minenfeld Dschihadismus

Im Jahr 2008 nahm ich einen Ruf auf eine Professur für koloniale und postkoloniale Ethnologie an der Universität Frankfurt am Main an und erweiterte meinen Forschungsradius um islamisch geprägte Länder in anderen Teilen Asiens sowie in Nordafrika. Mein Team, das zur Hälfte aus jungen Wissenschaftlern aus Asien und Afrika und zur anderen Hälfte aus deutschen Wissenschaftlern mit und ohne Migrationshintergrund bestand, führte auch in Iran, in Indien, Pakistan, Afghanistan, Marokko, Tunesien, Ägypten und in der Türkei ethnografische Studien durch, die ich ebenfalls betreute. Ein Thema, das damals an Bedeutung gewann, war der Dschihadismus, der religiös legitimierte Krieg im Namen des Islam, der in Asien und Afrika ganze Regionen destabilisierte. Seine Akteure glauben, im Auftrag Gottes zu handeln. Die positive Konnotation des Dschihad ist bis in die Frühzeit des Islam nachweisbar und seine Rechtfertigung in einer Vielzahl theologischer Texte evident. Immer wieder griffen Islamisten auch im 20. Jahrhundert auf dieses Konzept zurück, wenn sie ihre politischen Ziele mit Gewalt umzusetzen versuchten und dafür eine Legitimation benötigten.

2014 erhielt das Thema eine ungeahnte Brisanz. Der irakische Dschihadist Abu Bakr al-Baghdadi rief in Teilen Syriens und des Iraks einen Islamischen Staat (IS) aus, und dieser entwickelte sich zu einem Magneten für junge Muslime aus aller Welt. In großer Zahl reisten sie in die Region, um sich in den Dienst eines radikalen Experiments zu stellen, das als Beginn einer islamischen Welteroberung propagiert wurde. Die im Ausland angeworbenen jungen Männer wurden für Selbstmordattentate eingesetzt oder in Kampfeinheiten integriert. Sie beteiligten sich an Folter, Verstümmelungen und barbarischen Hinrichtungen. Junge Frauen, die sich rekrutieren ließen, heirateten Kämpfer und gebaren Nachwuchs für künftige Feldzüge. Diejenigen, die zum Zeitpunkt ihrer Ausreise bereits Mütter waren, nahmen ihre Kinder mit in das Kriegsgebiet, setzten sie tödlichen Gefahren aus und ließen zu, dass Knaben im Hinrichten vermeintlicher Gegner gedrillt wurden. Einige beteiligten sich an der Versklavung und Ermordung ezidischer Frauen und Kinder, andere traten der berüchtigten Al-Khansaa-Brigade bei.[10] Bei Letzterer handelte es sich um eine weibliche Polizeitruppe, die Frauen verhaften und mit Peitschenhieben bestrafen konnte, wenn sie nicht vorschriftsgemäß verschleiert waren.

Wer die Auswanderung in den islamischen Staat scheute, wurde aufgefordert, der Sache durch Anschläge im Westen zu dienen. Seit der Zerstörung des Welthandelszentrums in New York im Jahr 2001 agierte der internationale Islamismus an zwei Fronten. Die eine befand sich in der islamischen Welt mit dem Ziel, Landgewinne zu machen und die politische Macht zu übernehmen, die andere agierte in westlichen Ländern. Muslime wurden aufgerufen, Attentate in Europa, den USA und Australien durchzuführen, um Verunsicherungen auszulösen. Dieses Ziel wurde schnell erreicht. Anschläge in Bussen und Bahnen, auf öffentlichen Plätzen, in Bars, Cafés, Kirchen und Zeitungsredaktionen erzeugten ein Gefühl latenter Bedrohung, und die Politik stellte finanzielle Mittel in erheblichem Umfang für die Erforschung des Phänomens sowie für die Erarbeitung und Durchführung von Präventionsmaßnahmen bereit.

In Frankreich, einem Land, das besonders stark von dschihadistischen Attentaten betroffen war, zeigte sich die Islamismusforschung gespalten. Während der Politikwissenschaftler Olivier Roy den Islamismus für eine generationenbezogene Protestbewegung hielt und den Verlust religiöser Glaubensfundamente in der Diaspora als wichtigste Ursache ansah,[11] betonte der Islamwissenschaftler Gilles Kepel das religiöse Moment des Phänomens.[12] In Deutschland war man von solch differenzierten Betrachtungen weit entfernt. Schnell setzte sich die Vorstellung durch, beim Dschihadismus handele es sich um eine Form des Widerstands gegen eine als imperialistisch empfundene westliche Geopolitik oder um die Revolte einer muslimischen Jugend, die in der Diaspora marginalisiert und deklassiert worden war. Solche Aspekte spielten meiner Meinung nach durchaus eine Rolle, aber ich hielt sie für weitaus weniger gewichtig als die islamistische Ideologie, die ihrerseits an orthodoxe Theologien anschlussfähig war.[13] Dafür sprach, dass die Mehrheit der Personen, die sich dem IS anschlossen, nicht aus dem Westen, sondern aus der islamischen Welt stammte und dass es sich bei den Opfern des Dschihadismus primär um Muslime oder um religiöse Minderheiten in islamisch geprägten Ländern handelte. Die unterschiedliche Herangehensweise an das Phänomen kreiste letztendlich um die tautologische Frage, was Terror im Namen des Islam mit dem Islam zu tun hatte. Viele linke und muslimische Wissenschaftler lehnten diese Frage als islamfeindlich ab, und die Vertreter der großen muslimischen Verbände schlossen sich dieser Abwehrstrategie aus gutem Grund an.

Wie Prävention unter der Prämisse aussah, dass nicht die Islamisten, sondern die nichtmuslimische Gesellschaft am islamistischen Terror Schuld sei, konnte ich konkret mehrere Monate lang mit zwei Teammitgliedern beobachten. Wir hatten die begleitende Evaluierung einer kommunalen Maßnahme übernommen, im Rahmen derer Schüler für den Salafismus sensibilisiert und Lehrer fortgebildet werden sollten. Dafür hatte man zwei Pädagogen engagiert, die punktuell bei der Wissensvermittlung von einem Imam und einem Mitglied des Verfassungsschutzes unterstützt wurden. In der überwiegenden Zeit der nach Zielgruppen getrennten Workshops waren es allerdings die beiden Pädagogen, die die Maßnahme gestalteten. Schon recht bald zeigte sich, dass die These, Radikalisierung sei primär eine Folge von Diskriminierung, das gesamte Beratungskonzept determinierte. Man vermied es peinlich, mit den Schülern über die Faszination dschihadistischer Propaganda zu sprechen, obwohl zu diesem Zeitpunkt bekannt war, dass viele muslimische Jugendliche dafür empfänglich waren. Noch weniger wurden die islamistischen Überzeugungen thematisiert, die die Schüler im Gespräch miteinander selbst zum Ausdruck brachten. Der Islam sollte auf keinen Fall zum Thema einer Diskussion werden, was auch den Imam erfreute. Stattdessen versuchte man, den Schülern Erfahrungen mit Benachteiligungen zu entlocken. Sie wurden aufgefordert zu sagen, wovon sie sich am meisten diskriminiert fühlten, doch dazu fiel ihnen beim besten Willen nichts ein. Nach mehrfachem Insistieren der Pädagogen sagten sie schließlich, der Islam werde in den Medien schlecht dargestellt.

Während man bei den muslimischen Schülern mithilfe von Suggestivspielen ein Opferbewusstsein erzeugen wollte, wurden Lehrkräfte von Anbeginn an unter einen generellen Diskriminierungsverdacht gestellt. Auch sie wurden mit manipulativen Fragen und Spielen traktiert. Ihre immer wieder artikulierten Erwartungen, pragmatische Lösungsvorschläge für schulische Konflikte mit muslimischen Schülern zu erhalten, wurden ebenso wenig erfüllt wie ihr Bedürfnis, Sachinformationen über den Islam zu erhalten, die es ihnen ermöglichen würden, zwischen einer ernstzunehmenden Radikalisierung und einer akzeptablen Demonstration muslimischer Frömmigkeit zu unterscheiden.

Unser abschließender Bericht war dementsprechend kritisch, doch zu meiner Überraschung bestand seitens der Verantwortlichen innerhalb der Kommune kein Interesse daran, die Befunde zur Kenntnis zu nehmen und das Projekt anhand unserer Empfehlungen so weit zu modifizieren, dass es tatsächlich präventiv wirken konnte. Ganz offensichtlich hatte man einen Jubelreport erwartet, der die Großartigkeit des eigenen Konzepts bestätigte. Das Dokument verschwand in der Schublade des Integrationsamts und ward nie wieder gesehen.

Legalistischer Islamismus – kein Thema für die Wissenschaft?

Nach meinem Wechsel an die Goethe-Universität Frankfurt am Main war ich nicht mehr auf Südostasien als Forschungsfeld festgelegt und erweiterte dieses um islamisch geprägte Länder in anderen Teilen Asiens sowie in Nordafrika. Aufgrund des weiten regionalen Radius konnten wir Entwicklungen überregional vergleichen und kamen zu einem generellen Befund. In vielen muslimisch geprägten Staaten gewann der sogenannte politische Islam an Einfluss. Er verdrängte gemäßigte Spielarten der zweitgrößten Weltreligion, bedrohte liberale Muslime und entrechtete Frauen, Kinder und religiöse Minderheiten.[14] Anders als die Mehrheit deutscher Islamexperten, die kategorisch zwischen moderaten und radikalen Islamisten unterschied, stellten wir fest, dass die Überlappungsbereiche eklatant waren. Ob man gewaltsam oder mit anderen Mitteln vorging, war oft eine taktische Entscheidung, denn das Ziel war das gleiche. Stets ging es um die Errichtung einer islamischen Gesellschaftsordnung. Der ägyptische Muslimbruder Sayyid Qutb (1906–1966) vertrat die Ansicht, dass moderne weltliche Regime von den wahrhaft Gläubigen in einem heiligen Krieg hinweggefegt werden müssen, weshalb der Dschihad nicht nur gerechtfertigt sei, sondern geradezu eine Pflicht darstelle. Moderne Muslimbrüder hingegen setzen auch auf Diplomatie und Sozialarbeit. Ich habe aus diesem Grund in einem wissenschaftlichen Aufsatz die These vertreten, dass es sich beim Islamismus jeglicher Ausprägung um einen gegen die westliche Moderne gerichteten Diskurs handelt, wobei Freiheit und Demokratie gegen Gottesfürchtigkeit und Gemeinschaft in Stellung gebracht werden.[15] Ausdrücklich bezog ich mich auch auf den legalistischen Islamismus, der nach außen friedfertig und demokratiekompatibel auftritt, nach innen jedoch am Ziel der Errichtung einer islamischen Gesellschaft festhält, in der die Scharia die Grundlage von Recht und Gesetz darstellt.

Dies ließ sich nicht nur außerhalb Europas beobachten. Von 2011 bis 2014 führte ich eine empirische Studie in Moscheegemeinschaften und sufistischen Orden in einer deutschen Stadt durch. Ich sprach mit Frauen und Männern, die sich hinsichtlich ihres Alters, Bildungsstandes, ihrer familiären Situation und Herkunft voneinander unterschieden, mit Jugendlichen, Imamen und Moscheevorständen. Ich besuchte Freitagsgebete und religiöse Feierlichkeiten, und ich hatte mehrere Monate lang die Gelegenheit, an einem Frauenfrühstück teilzunehmen, das von der Kommune gefördert wurde. Bei aller Diversität der Gemeinden und ihrer Mitglieder war doch offensichtlich, dass sie eine mehr als distanzierte Haltung zu unserer Gesellschaft miteinander verband. Dies betraf auch die soziale Verfasstheit der Gemeinschaften. Als ich entdeckte, dass Eheschließungen mit engen Verwandten keine Ausnahme darstellten, hatte ich ein Tabu berührt, das man vor Nichtmuslimen gern verbirgt. Ähnliches gilt für arrangierte Heiraten, die durchaus mit Zwang durchgesetzt wurden, oder für die religiös gerechtfertigte häusliche Gewalt. Allein die Existenz solcher Missstände wurde zunächst negiert. Gerne sprach man hingegen über religiöse Gefühle und eine Begeisterung für islamistische Normen. Das war bei jungen, in Deutschland aufgewachsenen Muslimen sogar stärker ausgeprägt als bei den Älteren. Mädchen schwärmten davon, ihren gesamten Körper und sogar das Gesicht zu verschleiern, und männliche Jugendliche berichteten über ihre Versuche, in der Schule den Kontakt zu Schülerinnen zu vermeiden, weil sie glaubten, dadurch zur Sünde verführt zu werden. Die Beschränkung der Sexualität auf die Ehe hielten sie für ein Gebot des Islam, allerdings spielten auch patriarchalische Traditionen eine Rolle. Verstöße gegen die Kultur der Ehre konnten

Mädchen und Frauen das Leben auf Erden zur Hölle machen, doch Verstöße gegen die Gesetze Allahs hatten weitaus ernstere Konsequenzen, weil sie die Ewigkeit betrafen. Die irdische Existenz sei eine Prüfung, erzählte man mir, und am *Tag des Jüngsten Gerichts* würden passende Strafen für Abweichungen vom Wege Gottes verhängt. Meine Gesprächspartner wähnten sich grundsätzlich in Sicherheit vor göttlichen Strafen, weil sie als Muslime letztendlich ins Paradies eingehen würden. Nichtmuslime hätten hingegen für alle Ewigkeit in der Hölle zu schmoren. Die Jugendlichen glaubten fest daran, dass gute Taten im Sinne eines islamischen Normenkatalogs sie schneller in den Himmel bringen würden, und dazu zählte auch, andere Muslime zu einem gottgefälligen Leben anzuhalten. Immer wieder beklagten sie, dass die ältere Generation im Befolgen religiöser Normen nachlässig sei. Das konnten sie nicht gelten lassen und entwickelten ausgefeilte Strategien, wie sie Mütter und Tanten zum Anlegen des Kopftuchs bewegen oder Väter und Onkel zu den regelmäßigen Pflichtgebeten anhalten konnten.

Islamismus löst in einer nichtmuslimischen Gesellschaft andere Probleme aus als in einer muslimisch geprägten Umgebung. Er produziert segregierte Gemeinschaften und in vielen Fällen sogar regelrechte Parallelgesellschaften, in denen eigene Werte gelten und die Ablehnung der Mehrheitsgesellschaft und ihrer Institutionen gepflegt wird. Ich war mir im Klaren, dass Abschottungen einer numerisch wachsenden Minderheit nicht nur für diese selbst, sondern vor allem für die Gesellschaft ein enormes Problem darstellten. Da meine Gesprächspartner immer wieder von Schulproblemen berichteten und für ihre schlechten Noten angeblich rassistische Lehrerinnen verantwortlich machten, ergänzte ich meine Studie gegen Ende der Erhebungen um einen Part, in dem ich Schulleiter und Lehrer befragte. Hier zeigte sich, dass viele muslimische Eltern zwar akademische Laufbahnen für ihre Kinder anstrebten, aber nicht bereit oder in der Lage waren, dafür einen Beitrag zu leisten. Nicht wenige Mütter waren bildungsfern und hatten Schwierigkeiten mit der deutschen Sprache. Sie konnten ihren Kindern nicht bei den Hausaufgaben oder beim Lernen für Klassenarbeiten helfen. Die Moscheen versuchten einzuspringen und boten Hausaufgabenbetreuungen an. Das war ehrenwert, konnte die familiären Defizite jedoch nicht ausgleichen. 2016 publizierte ich meine Forschungsergebnisse in einer Monografie, die in den Medien und in der Gesellschaft stark rezipiert, aber in der Ethnologie nicht beachtet wurde.[16] Ich zeigte Muslime nicht als Opfer eines angeblichen strukturellen Rassismus, sondern als selbstbewusste Gestalter ihrer eigenen Lebenswirklichkeit, verschwieg aber nicht, dass diese Lebenswirklichkeit sich häufig nur in einer Parallelgesellschaft realisieren ließ. Damit hatte ich die Spielregeln meiner eigenen Disziplin missachtet, die Kritik an migrantischen und durch den Islam geprägten Zuständen für moralisch anrüchig erachtet.

Ungeachtet solcher Irritationen erlebte unsere Forschungseinrichtung eine öffentliche Wahrnehmung, die für eine universitäre Einrichtung ungewöhnlich ist. Seit der salafistischen Offensive des selbsternannten Kalifen Abu Bakr al-Baghdadi war das Informationsbedürfnis innerhalb der Gesellschaft riesig. 2014 gründete ich daher das Frankfurter Forschungszentrum Globaler Islam als einen Ort, der öffentlich sichtbar sein sollte, an dem fachkundige Informationen gegeben werden konnten und Ansprechpartner für die Beantwortung aller aufgekommenen Fragen zur Verfügung standen. Durch die von uns geleisteten Grundlagenforschungen in der islamischen Welt und in den muslimischen Gemeinschaften Europas konnten wir eine einzigartige Expertise vorweisen und wurden zu einer gefragten Institution. Doch wir beließen es nicht bei der Forschung und einer Weitergabe von Informationen auf Anfrage, sondern wirkten mit öffentlichen Workshops, Konferenzen, Vortragsreihen und Podiumsdiskussionen in die Gesellschaft hinein. Wir brachten Wissenschaftler unterschiedlicher Disziplinen mit Lehrern, Sozialarbeitern, Polizisten und Justizmitarbeitern in Kontakt, unsere Veranstaltungen wurden von Journalisten, Politikern und Mitarbeitern von

Behörden besucht. Das Konzept war von Anbeginn ein voller Erfolg, was einerseits an der Aktualität der Themen lag, die wir bearbeiteten, andererseits aber auch dem Umstand geschuldet war, dass die Begegnungen zwischen Wissenschaft und Gesellschaft stets auf Augenhöhe stattfanden. Auf unseren Tagungen sprachen Führungskader muslimischer Organisationen ebenso wie scharfe Kritiker dieser Organisationen, und das Forschungszentrum wurde dadurch mit Recht als streitbare Einrichtung wahrgenommen.

Für die Mehrheit der Sozial- und Kulturwissenschaftler bedeutete *streitbar* allerdings *umstritten*. Dafür gab es Gründe. Islamwissenschaftler und Orientalisten wollten es sich nicht mit Partnern in der islamischen Welt verscherzen, von denen sie in ihren Forschungskontexten abhängig waren. Islamische Theologen suchten die Zustimmung ihrer Studenten, die den islamischen Verbänden angehörten und ihre Professoren ohnehin gern wegen ihrer weltlichen Ansichten kritisierten. Ethnologen meinten in den fundamentalistischen Muslimen das bewunderte exotische Andere zu entdecken, das man gegen Vorbehalte der eigenen Gesellschaft verteidigen wollte. Politikwissenschaftler, Soziologen und Angehörige weiterer Disziplinen machten sich einen kruden Kulturrelativismus zu eigen und feierten mitunter gar vollverschleierte Doktorandinnen als Zeichen gelebter Diversität. Dass eine kritische Positionierung angesichts dieser Umstände nicht auf ungeteilte Begeisterung stieß, muss nicht betont werden. Ich vermute, dass sich die Auffassung, ich sei *umstritten*, in dieser Phase meiner Laufbahn endgültig verfestigte.

Dazu trug auch der Umstand bei, dass ich mich nach der Moscheestudie eingehender mit der Geschichte des organisierten Islam befasste. Viele der Gemeinden, die ich besucht hatte, gehörten islamischen Verbänden an, deren Zentren in der Türkei, in Iran, am arabischen Golf oder in Nordafrika liegen. Der Islam in Deutschland ist nämlich weitgehend auslandsabhängig. Der numerisch stärkste Verband ist die DITIB (Türkisch-Islamische Union der Anstalt für Religion e. V.) mit fast tausend Moscheen in Deutschland.

In finanzieller, organisatorischer und ideologischer Hinsicht kann man sie als Auslandsdependance der türkischen Religionsbehörde bezeichnen, die wiederum unmittelbar dem türkischen Präsidenten untersteht. Die DITIB-Moscheen werden aus diesem Grund für Wahlkampfauftritte der in der Türkei regierenden AKP und für die Weitergabe türkisch-nationalistischer oder türkisch-islamistischer Propaganda genutzt. Andere islamische Gemeinden agieren im Netzwerk der Muslimbruderschaft, die 1928 in Ägypten gegründet wurde, um die damals beginnende Säkularisierung des Landes zu beenden, oder stehen unter Kontrolle des iranischen Regimes. Die Muslimbruderschaft ist gegenwärtig die mächtigste international tätige Vereinigung von Islamisten.

2019 erschien mein Buch *Politischer Islam. Stresstest für Deutschland*, in dem ich den problematischen Einfluss solcher auslandsabhängiger islamistischer Gruppierungen auf die deutschen Muslime fassbar machte. Es ging darin um muslimischen Antisemitismus, die religiös begründete Unterwerfung von Frauen und die integrationsfeindliche Politik der Islamverbände. Meine Kritik des deutschen Verbandsislam brachte mir erwartungsgemäß viele Feinde ein. Die Mehrheit der von mir genannten Organisationen war mittlerweile Partner des Staates und der Kirchen geworden, die sich heftig gegen eine Entzauberung ihrer Dialogfreunde wehrten. In der Wissenschaft fürchtete man, allzu klare Worte könnten Kooperationen gefährden, und entwickelte die irrige These, aus Islamisten würden im Verlauf der Zeit moderate Postislamisten werden. Wer widersprach, würde als Störenfried abgekanzelt. Dies betraf in der Vergangenheit bereits muslimische Kritiker des Islamismus wie den aus Syrien stammenden Politikwissenschaftler Bassam Tibi, der schon Ende des 20. Jahrhunderts vor allzu großer Blauäugigkeit des Westens gewarnt hatte.[17] In meiner eigenen Disziplin, der Ethnologie, war die Ablehnung jeglicher Form von Islamismuskritik besonders ausgeprägt, da man eine ins Devote reichende Kritiklosigkeit gegenüber dem kulturell Fremden und damit auch gegenüber jeglicher

Spielart des Islam pflegte. Dass mir heute das Etikett eines *antimuslimischen Rassismus* angehängt wird, hat seine Ursprünge in meiner Verweigerung, den Islamismus zu beschönigen, sowie in der Tatsache, dass ich muslimische Kritiker des Islamismus und liberale Muslime zu Vorträgen und Konferenzen an die Universität einlud.

Schon damals bemerkte ich eine deutliche Diskrepanz zwischen dem wissenschaftlichen Mainstream und der Gesellschaft. Menschen aus unterschiedlichen Berufsfeldern wandten sich an unser Forschungszentrum, um sich über den Islam zu informieren und bestimmte Phänomene einordnen zu können. Für mich begann eine Zeit, in der ich lernte, wissenschaftliche Befunde so zu formulieren, dass mein Gegenüber verstand, was ich meine. Wissenschaftler pflegen ja gemeinhin einen Fachjargon, der für Außenstehende einer Geheimsprache gleicht. Die Formulierungen sind gestelzt, die Terminologie krude, und gewöhnlich sind Texte mit Referenzen auf andere Autoren gespickt, in deren Glanz man sich gern sonnen möchte. Die Distinktion zur Alltagssprache wird zwar mit dem Anspruch auf besondere Präzision begründet, soll aber eher den Status des Besonderen markieren. Tatsächlich isoliert sich die Wissenschaft dadurch von der Gesellschaft und erschafft einen akademischen Elfenbeinturm. Ich ließ mich auf das Wagnis ein, die akademische Blase sprachlich zu verlassen, und je besser ich verstanden wurde, desto zufriedener wurde ich mit mir. Dass Wissenschaft irgendwie im Dienste der Gesellschaft stehen sollte, war stets meine Überzeugung, aber jetzt hatte ich plötzlich eine Idee, wie dieser Vorsatz umgesetzt werden konnte.

Kopftuch als Tabu

Ich ließ mich auf Debatten ein, und ich bezog Position. Beispielsweise gegen die Verschleierung von Mädchen, die nicht nur im Salafismus Mode wurde, oder gegen das Tragen eines Kopftuchs im Schuldienst. Ich hatte mich zur Genüge mit dem Phänomen der islamischen Verhüllung weiblicher Köpfe und Körper auseinandergesetzt, um zu wissen, dass sie in der Regel das Zeichen eines rigiden Islam darstellt, der Mädchen und Frauen in vielerlei Hinsicht benachteiligt und ihnen teilweise sogar elementare Menschenrechte vorenthält. Überall dort, wo säkulare oder moderat-islamische Verhältnisse von Islamisten gekippt wurden, ließ sich das gleiche Muster erkennen. Zunächst forderten islamistische Aktivistinnen das Recht, sich freiwillig zu verschleiern, und argumentieren vordergründig emanzipativ. Sobald ihnen staatlicherseits zugestanden wurde, sich als Lehrerinnen, Schülerinnen oder Mitarbeiterinnen von Behörden islamisch zu bedecken, änderten sie die Argumentation. Anstelle der Freiheitsrechte wurden vermeintliche religiöse Pflichten ins Spiel gebracht. Plötzlich hieß es, die Verhüllung sei moralisch geboten und außerdem von Allah angeordnet, um die Sünde fernzuhalten. Sichtbare Weiblichkeit gefährde die göttliche Ordnung und bringe Chaos in die Welt. Ein jüngstes Beispiel für diese Argumentation lässt sich gegenwärtig im iranischen Mullah-Regime beobachten, wo die Enthüllung von Frauen als Vergehen gegen Gott gewertet und entsprechend juristisch sanktioniert wird. Weibliche Haut und Haare, so das wichtigste Narrativ des Islamismus, sollten für Männer unsichtbar sein, um sie nicht in Versuchung zu führen. Wer sich nicht verschleiere, demonstriere moralische Defizite und müsse bestraft werden.

Es ist nicht einfach, das Recht auf unbedeckte Haare gegen einen solchen Moraldiskurs in einer muslimisch geprägten Gesellschaft zu verteidigen. Vor allem dann, wenn gut geschulte Islamisten theologische Argumente ins Spiel bringen, ist es für unbedarfte Laien fast unmöglich, gegenzuhalten. Persönliche Angriffe und soziale Diffamierung von Unverschleierten tun ein Übriges, um den Druck zu erhöhen, und viele Mädchen und Frauen beugen sich, um in der Schule, am Arbeitsplatz oder in der Öffentlichkeit nicht belästigt zu werden. Doch damit hört es in der Regel nicht auf. Je weiter der Islamismus Raum gewinnt, desto stärker beeinflusst er die

Politik und die Judikative. Wir beobachteten immer wieder, dass die Verschleierung in ehemals moderaten muslimischen Ländern gesetzlich angeordnet wurde, wenn sich ein islamistisches Klima etablierte. Unverschleierte Frauen konnten dann festgenommen werden, waren im Polizeigewahrsam Folter und sexuellen Übergriffen ausgesetzt, mussten sich vor Gericht verantworten und wurden immer wieder zu Haftstrafen verurteilt. In islamischen Staaten wie Iran werden sogar Anwältinnen angeklagter Frauen mit Gewalt und Gefängnisstrafen bedroht.

Wenn ich auf diese Verhältnisse in Asien oder Afrika hinwies, wurde mir stets entgegnet, dass in Deutschland alles anders sei. Hier seien es die Kopftuchträgerinnen, die diskriminiert würden. Ich war mir bewusst, dass Frauen in der westlichen Welt sich auch aus eigenem Antrieb, teilweise gegen den Wunsch der Eltern verhüllen, doch auch hier wird die Scharia-konforme Bekleidungsordnung in den muslimischen Communitys häufig mit Zwang durchgesetzt. Selbst in staatlichen Schulen sind unverschleierte muslimische Mädchen nicht selten einem religiösen Mobbing ausgesetzt. Daher gab es für mich gute Gründe, die Neutralität des Staates auch beim Kleidungsstil von Lehrerinnen zu verteidigen und das Kopftuch besonders bei nicht religionsmündigen Schülerinnen unter 14 Jahren zu kritisieren. Ich äußerte diese Position gegenüber der Presse im Rahmen einer öffentlichen Diskussionsveranstaltung der Frauenrechtsorganisation Terre des Femmes und setzte mich für die Beibehaltung des Neutralitätsgesetzes in Berlin ein, das Lehrerinnen das Tragen religiöser Symbole untersagte. Mir brachte diese Positionierung wütende Vorwürfe islamo-linker Aktivisten ein, und die vom Verfassungsschutz beobachtete Gruppe Realität Islam begann eine Serie von Videos, in denen ich im Internet öffentlich als Feindin des Islam gebrandmarkt wurde.

Im Jahr 2019 spitzte sich die Sache weiter zu. Das Museum Angewandte Kunst in Frankfurt am Main zeigte eine Ausstellung mit dem Titel *Contemporary Muslim Fashions*, in der die Verhüllung muslimischer Frauen als coole Mode präsentiert wurde. Man hatte sogar den Begriff der *modest fashion*, übersetzt etwa als bescheidene oder zurückhaltende Mode, verwendet, mit dem Islamisten gewöhnlich signalisieren, dass nichtmuslimische Kleidung anmaßend und unmoralisch ist. Vom Zwangscharakter islamischer Bekleidungsordnungen, gegen den mittlerweile weltweit Musliminnen protestierten, war nicht die Rede. Nahtlos reihte sich die Ausstellung an eine andere Veranstaltung vom Oktober des Vorjahres an, bei dem die Bildungsstätte Anne Frank einen Fachtag mit dem Titel *Stigma Kopftuch. Rassistische Diskurse über Musliminnen und den Hidschab* veranstaltet hatte. Innerhalb kurzer Abstände präsentierten zwei wichtige Frankfurter Einrichtungen damit die islamische Verschleierung im Kontext eines sogenannten *antimuslimischen Rassismus* oder als reine Modeerscheinung. Der Tenor war in beiden Fällen gleich. Die deutsche Bevölkerung sollte mit ihren vermeintlichen Vorurteilen gegenüber Musliminnen und dem Islam konfrontiert werden und erkennen, wie wunderbar die islamische Bekleidung sei.

Gegen die Ausstellung, die im Vorfeld überregional angekündigt wurde, regte sich Protest von säkularen Musliminnen und muslimischen Feministinnen. Frauen, die aus Iran geflohen waren, riefen verzweifelt bei mir an und baten mich etwas zu unternehmen. Sie hatten ihre Heimat verlassen, weil sie dem islamistischen Terror entkommen wollten, der sich für sie im Kopftuchzwang materialisierte. Jetzt fürchteten sie, dass auch in Deutschland die Freiheit abnähme, wenn Islamisten hofiert würden. Ich sprach mich gegen Boykottideen aus und schlug vor, an der Goethe-Universität eine Konferenz zu veranstalten, auf der das Thema aus unterschiedlichen Perspektiven beleuchtet werden sollte. Als explizite Kopftuchgegnerinnen lud ich die Feministinnen Alice Schwarzer und Necla Kelek ein. Khola Maryam Hübsch von der Ahmadiyya Muslim Jamaat vertrat die Gegenposition. Sie hält die Bedeckung weiblicher Köpfe und Körper im Einklang mit dem Kalifen ihrer Organisation für eine von Allah verhängte Pflicht. Den muslimischen Theologen

Abdel-Hakim Ourghi und Dina El Omari fiel die Aufgabe zu, die Zuhörer über theologische Quellen bezüglich der Kopftuchfrage zu informieren. Wie Khola Maryam Hübsch trug Dina El Omari eine Kopfbedeckung. Ingrid König, die Leiterin einer Frankfurter Brennpunktschule, berichtete, was islamische Normen für den schulischen Alltag bedeuten, und ich referierte über die Geschichte von Verschleierung und Entschleierung in der islamischen Welt. Wie immer bei meinen Konferenzen, moderierten junge Wissenschaftler aus meinem Team – darunter auch eine verschleierte Doktorandin, die in muslimischen Kreisen beherzt für Frauenrechte kämpfte.

Ich war der Ansicht, meine Referenten vergleichsweise divers ausgewählt zu haben, wobei ein gewisser Überhang zu kopftuchkritischen Haltungen angesichts der beiden erwähnten Veranstaltungen, die gänzlich ohne Gegenposition auskamen, akzeptabel erschien. Daher war ich erstaunt, unmittelbar vor der Konferenz einen Hinwies auf eine Internetkampagne *Uni gegen antimuslimischen Rassismus* zu erhalten, in der meine Entlassung aus dem Universitätsdienst gefordert wurde. Unter dem Hashtag *#schroeter–raus* waren Bilder junger Menschen zu sehen, die Plakate hielten, auf denen »Weil mein Kopftuch meine Sache ist«, »Weil ich kein Bock auf Schröters antimuslimische Hetze habe«, »Null Toleranz für Rassismus« und »Kein Platz für antimuslimischen Rassismus« stand. In einem Begleittext warfen mir Personen, die sich als Studenten der Goethe-Universität bezeichneten, vor, Menschen aufgrund ihrer »Religion, Herkunft, Geschlecht und Sexualität« zu diskriminieren und dadurch einem Rechtspopulismus Vorschub zu leisten. Begründet wurden diese Unterstellungen nicht. Anstoß nahm man allerdings an den eingeladenen Referentinnen Schwarzer, Kelek und König, von denen man kritische Positionen zum Kopftuch erwartete und die deshalb als *hochproblematisch* denunziert wurden. Ganz offensichtlich sollte nach Ansicht der Aktivisten nur noch in affirmativer Weise über das Kopftuch gesprochen werden. Später stellte sich heraus, dass die Kampagne von Zuher Jazmati, einem professionellen Kampagnenprofi, gestaltet worden war, der wie andere der beteiligten Aktivisten gar nicht in Frankfurt studierte. Doch dies sind vielleicht Nebensächlichkeiten. Im Rückblick war damals bereits eine Tendenz sichtbar, die heute mit großem Erfolg bei jedem Thema angewandt wird, das von woken Akteuren gecancelt werden soll. Man skandalisiert einen Anlass unter Verwendung nicht spezifizierter Begriffe wie *problematisch* oder *umstritten*, addiert dann eine Reihe populärer Schlagworte, die auf Gruppen verweisen, die angeblich diskriminiert werden, und wirft Wissenschaftlern vor, einem ebenfalls nicht definierten Rechtspopulismus in die Hände zu spielen. Diese Strategie wird vor allem gegen Personen angewandt, die ganz offensichtlich nicht rechtspopulistisch sind, sondern eine emanzipative Agenda vertreten. Schwarzer, Kelek und König stehen politisch links. Ein weiterer rhetorischer Trick, der damals ausprobiert wurde, war der implizite Vorwurf, die Konferenz könne Studenten beeinträchtigen. Konkret hieß es, man setze sich »für eine Universität, an der Alle bedenkenlos studieren können« ein. Die absurde Annahme, dass die Konferenz dies verhindern könne, wurde nicht begründet.

Im Fall der genannten Konferenz ging die Sache für mich positiv aus. Die Presse berichtete fair, und die Universitätspräsidentin betonte, dass die Wissenschaftsfreiheit in Frankfurt nicht angetastet werde. Sie sagte Unterstützung bei der erschwerten Durchführung zu und stellte einen zweiten Veranstaltungsraum mit Übertragungstechnologie zur Verfügung, als die Anmeldezahlen aufgrund des großen medialen Echos in die Höhe schossen. Auch der damals amtierende AStA, der von islamismuskritischen linken Studenten dominiert war, stellte sich auf meine Seite. Es gab eine winzige Gegendemonstration und einige verleumderische Videos islamistischer Gruppen in den sozialen Netzwerken, aber im Grunde verlief die Veranstaltung störungsfrei.

Man könnte diesen Verlauf mit gutem Recht als Erfolg bezeichnen, wenn es nicht Nachspiele gegeben hätte, die mir bewusst machten, wie Denunziationen auf lange Sicht wirken. Ich wurde zu Vorträgen eingeladen und wieder ausgeladen, wenn sich Protest formierte oder irgendjemand mit der Begründung Einspruch erhob, ich sei eine antimuslimische Rassistin. Dies wisse man doch seit der berüchtigten Kopftuchkonferenz. Rezensionen meiner Bücher wurden in wissenschaftlichen Journalen nicht mehr veröffentlicht, Forschungsprojekte nicht mehr bewilligt. Es war ein leiser Ausschluss, und nur durch einige wohlmeinende Kollegen erfuhr ich, dass man mich bewusst cancelte, weil Denunziationen und Gerüchte ihre giftige Wirkung entfalteten. Allein der Umstand, dass mir das Etikett des *Umstrittenen* anhaftete, machte den Kontakt mit mir zu einem Risiko.

KAPITEL 2

Angst und Einschüchterung im Wissenschaftsbetrieb

Stärker noch als der Islamismus werden an den Universitäten Themen tabuisiert, die Migration oder die Gestaltung der Einwanderungsgesellschaft betreffen. Die überwiegende Mehrheit der Forscher hat sich darauf verständigt, den ungebremsten Zustrom von Zuwanderern nach Deutschland zu verteidigen und Steuerungsmaßnahmen als Menschenrechtsverletzungen zu skandalisieren. Integrationsprobleme werden systematisch ausgeblendet oder der deutschen Bevölkerung zur Last gelegt. Meilenweit von den tatsächlichen gesellschaftlichen Problemlagen entfernt ist an den Hochschulen ein intellektuelles Paralleluniversum entstanden, dessen Protagonisten weitgehend um sich selbst kreisen. Wer nicht mitspielt, wird als rassistisch oder *rechts* im Sinne von rechtsradikal diffamiert und muss sich auf Mobbing und andere Formen persönlicher Angriffe einstellen, die eine wissenschaftliche Arbeit behindern oder gar unmöglich machen können.

Wer Probleme benennt, wird als Rassist verunglimpft

Zwischen September 2015 und dem Sommer des Jahres 2016 überschritten 1,4 Millionen Flüchtlinge die deutsche Grenze.[18] »Wir schaffen das«, rief die damalige Bundeskanzlerin Angela Merkel ihren Landsleuten zu, die durchaus zum Helfen bereit waren und eine einzigartige Willkommenskultur erschufen. Mögliche Probleme, die mit dem Zuzug von Menschen verbunden sein könnten, die aus Ländern wie Afghanistan, Syrien und dem Irak stammten, wurden verdrängt oder romantisiert. »Unser Land wird sich verändern. Und zwar drastisch. Ich freue mich drauf«, jubelte die Fraktionsvorsitzende der Grünen Katrin Göring-Eckardt.

In der Silvesternacht 2015/2016 zeigte sich erstmals, dass das herbeigesehnte multikulturelle Paradies erhebliche Schönheitsfehler hatte. Frauen, die auf der Kölner Domplatte und an anderen Orten den Jahreswechsel feierten, wurden von Männergruppen regelrecht gejagt, eingekreist und sexuell misshandelt. Bilder und Videoaufnahmen zeigten dunkelhaarige Personen, und viele der Festgenommenen wurden als neu eingereiste Asylbewerber identifiziert. Andere, so wurde später ersichtlich, entstammten migrantischen Milieus, die seit langem in Deutschland ansässig waren. Dass die im politisch korrekten Sprachduktus als *schutzsuchend* Bezeichneten sich teilweise als Gewalttäter entpuppten, erschütterte Journalisten, Polizei und Mitarbeiter von Behörden so sehr, dass sie zunächst gar nicht berichteten beziehungsweise Falschmeldungen herausgaben. Auch linke Feministinnen waren unsicher, wie sie mit der Situation umgehen sollten. Es bildeten sich zwei Lager. Eines war das Lager des sogenannten *intersektionalen Feminismus.* Seine Protagonistinnen sind tendenziell antiwestlich und betrachten Migranten als Opfer der westlichen Gesellschaft. Die Silvesterübergriffe forderten ihr Kategoriensystem heraus. Wer war Opfer, wer Täter? Sie entschieden sich gegen die Faktenlage und gingen zu einem Frontalangriff auf die weiblichen Opfer vor. Die »Diskursfigur des fremden schwarzen Mannes, der die weiße Frau vergewaltigt«, sei ein koloniales Narrativ, behaupteten sie, ohne auf die konkreten Beispiele einzugehen.[19] Die Skandalisierung der Silvesterübergriffe sei zudem unredlich, da sexuelle Gewalt weniger im öffentlichen Raum als vielmehr in der eigenen häuslichen Umgebung stattfinde. Mit dieser Relativierung hatte man sich geschickt einer Beurteilung der konkreten Vorfälle entzogen und konnte zum Kampf gegen einen vermeintlichen deutschen Rassismus übergehen. Diesen glaubten sie in der Presse zu erkennen, die über die Herkunft der Täter spekulierte, aber ganz besonders im Agieren der Polizei, die verstärkt Männer kontrollierte, die in das Täterraster passten. Die zweite Gruppe von Feministinnen, für die exemplarisch Alice Schwarzer und die türkischstämmige Rechtsanwältin Seyran Ates zu nennen wären, betonten hingegen den Einfluss patriarchalischer und islamistischer Prägungen der Täter und fokussierten auf eine Schattenseite der Zuwanderung. Reflexartig wurden sie von den Intersektionalen als Rassistinnen beschimpft.[20]

Ich hatte mich in meinen wissenschaftlichen Arbeiten dezidiert mit kulturellen Normen in islamischen Ländern und mit Normenkonflikten auseinandergesetzt, die in westlichen Gesellschaften dann entstehen, wenn Zuwanderer sich an ihren Herkunftsprägungen orientieren. Das ließ sich nicht nur bei den Silvesterereignissen, sondern auch bei anderen sexuellen Übergriffen beobachten, die den Alltag von Frauen seit einigen Jahren in Diskotheken, Schwimmbädern, Einkaufszentren und Parks bedrohten. In einem Artikel in der *Frankfurter Allgemeinen Zeitung* verwies ich auf Frauenrechtlerinnen in der islamischen Welt, die gegen das Phänomen des *taharrush jama'i* kämpfen, das den Aufenthalt von Frauen im öffentlichen Raum zu einem Risiko macht. Es bedeutet nämlich die Verabredung zu kollektiven sexuellen Übergriffen bis hin zur Gruppenvergewaltigung. In Deutschland war so etwas bis zur Silvesternacht 2015/2016 nicht bekannt. Ich referierte Intellektuelle aus der muslimischen Welt, die diese Gewalt auf kulturelle Prägungen der Täter zurückgeführt hatten. Wer es gewohnt ist, zwischen vermeintlich ehrbaren und ehrlosen Frauen zu differenzieren, und das öffentliche Feiern von Frauen ebenso als Zeichen von Ehrlosigkeit wertet wie das Tragen von europäischer Kleidung, so das Argument des Literaten Kamel Daoud und der Soziologin Marieme Helie Lucas, der komme in den Gesellschaften Europas schlecht zurecht. Die Journalistin Mona Eltahawy sprach sogar explizit von Frauenhass, eine Einschätzung, die ich durchaus teilte. Ich erhielt viele positive Zuschriften auf diesen Artikel, während die Kollegen in meinem eigenen Fach schwiegen. Lediglich in der Zeitschrift *Zenith* erschien eine Erwiderung.[21] Der Autor wollte mir offenbar widersprechen, wusste aber nicht wie. Sein gesamter Text löste bei mir Ratlosigkeit aus, weil er nach eifrigem Hin und Her stets alles bestätigte, was ich geschrieben hatte, aber mich dennoch als Demagogin abstempeln wollte. Ich nahm das Pamphlet, das ohnehin nicht durch argumentative Kohäsion glänzte, nicht sonderlich ernst und war überrascht, dass es im Jahr 2023 in einem anderen Kontext von woken Kollegen als Beleg für meine angebliche Unwissenschaftlichkeit zitiert wurde. Doch dazu später.

In mehreren Fällen führte die patriarchalische Einstellung von Zuwanderern in Deutschland nicht nur zu sexueller Gewalt, sondern auch zur Ermordung junger Frauen. Die Aufarbeitung der Taten zeigte, wie skrupellos die Täter agierten. Der Mörder einer Studentin in Freiburg gab sich während des Gerichtsprozesses erstaunt über den Aufwand, den der Staat betrieb, obwohl es sich *nur* um eine Frau handelte. Dass ich mich der Presse gegenüber auch zu diesen Gewalttaten im Sinne von Hintergrunderklärungen äußerte, sorgte in meinem Fach zu großem Missmut. Man wollte etwas gegen mich *unternehmen*, konnte ich einer E-Mail-Korrespondenz von Ethnologieprofessoren entnehmen, die ein Kollege an mich weiterleitete. Dass sie nicht längst etwas unternommen hatten, las ich, sei allein dem Umstand geschuldet, dass sie befürchteten, die geplante Attacke könne »nach hinten losgehen«. Ich war verblüfft, da ich viele der beteiligten Personen sehr gut kannte und erwartet hätte, dass diese bei Unstimmigkeiten den direkten Kontakt gesucht hätten. Eine Verschwörung auf der digitalen Hintertreppe erschien mir hochgradig absurd. Um wenigstens einen Versuch zu machen, ins Gespräch zu kommen, schrieb ich an die versammelten Adressen, ich sei gerne bereit, strittige Fragen mit ihnen zu diskutieren – in welcher Form auch immer. Niemand antwortete. Sowohl meine Adresse als auch diejenigen des Kollegen wurden aus dem Verteiler gelöscht. Damals ahnte ich noch nicht, dass dieser von Sprachlosigkeit und heimtückischer Denunziation gekennzeichnete Stil Schule machen würde.

Im August 2017 veranstaltete ich im Rahmen des Frankfurter Forschungszentrums Globaler Islam (FFGI) eine Konferenz zum Thema *Sicherheit und Migration*, die im Hessischen Ministerium der Justiz durchgeführt wurde. Dabei wurden sowohl Probleme mit dem islamischen Extremismus als auch mit den Schattenseiten der Einwanderung thematisiert. Eine der Referentinnen war die Präsidentin des Landeskriminalamtes, mit dem das FFGI eine offizielle Kooperation unterhielt. Diese Kooperation führte zu einer Anfrage der studentischen Mitglieder des Senats der Goethe-Universität, die argwöhnten, dass die *Zivilklausel* verletzt worden sei. Diese betont zwar lediglich, dass Lehre, Forschung und Studium friedlichen Zwecken verpflichtet seien, doch sie wird gerne so ausgelegt, dass sich eine Zusammenarbeit mit Polizei und dem Militär verbietet.

Wie sehr woke Akteure mobilmachen, wenn bekannt wird, dass Polizisten am Campus einen Vortrag halten, erfuhr ich im Oktober 2017. Im Rahmen einer Vortragsreihe hatte ich Rainer Wendt, den Vorsitzenden der Deutschen Polizeigewerkschaft eingeladen, um über den Polizeialltag unter erschwerten Bedingungen zu berichten. Polizisten sollten nicht nur die Versäumnisse einer missglückten Einwanderungspolitik auffangen, sondern wurden immer wieder eines sogenannten *racial profiling* verdächtigt. Damit ist die Schikane fremdländisch aussehender Menschen aufgrund rassistischer Vorurteile gemeint. Tatsächlich entbehrten die Vorwürfe einer inneren Logik. Wenn im Nachgang der Silvesterübergriffe junge Männer mit schwarzen Haaren und dunkler Haut kontrolliert wurden, hieß es ungeachtet des Täterprofils, es handele sich um rassistische Diskriminierung. Das Ziel war klar: Die Polizei sollte delegitimiert und ihr Handlungsspielraum eingeschränkt werden.

Einen Polizisten als Referenten für ein Migrationsthema an die Universität einzuladen, war für woke Wissenschaftler daher ein Affront. Unmittelbar nach Bekanntwerden der Einladung des Polizeigewerkschafters forderten 60 Mitarbeiter der Goethe-Universität in einem offenen Brief eine Absage des Vortrags, weil Wendt angeblich Ressentiments gegen Migranten schüre. Auch außeruniversitär formierten sich woke Kräfte. Ich konnte damals nicht einschätzen, ob ich in der Lage sein würde, die Sicherheit der Veranstaltung zu gewährleisten, und sagte dem Referenten mit Bedauern ab. Er war großherzig genug, mir dies nicht übelzunehmen. Rückblickend halte ich meine damalige Entscheidung für einen Fehler, aber sie hat mich gelehrt, dass man in eine Situation geraten kann, in der man sich außerstande sieht, die eigenen Prinzipien aufrechtzuerhalten. Aufgrund dieser Erfahrung habe ich Verständnis für all diejenigen Kollegen, die klein beigeben, wenn ihre Veranstaltungen als rechts oder rassistisch denunziert werden. Allerdings habe ich damals auch beschlossen, mich niemals wieder einem äußeren Druck zu beugen.

In der Öffentlichkeit wurde die Causa Wendt dahingehend diskutiert, ob die Kampagne geeignet gewesen wäre, die Wissenschaftsfreiheit einzuschränken. Die Präsidentin der Goethe-Universität hatte sich dafür ausgesprochen, dass kontroverse Positionen, sofern sie der demokratischen Grundordnung entsprechen, an der Universität Platz hätten. Die Unterzeichner des offenen Briefs teilten diese Auffassung nicht. In einem Aufsatz relativierten sie die Wissenschaftsfreiheit durch ein »Recht auf Diskriminierungsfreiheit« und ein »Grundprinzip des Schutzes minorisierter Gruppen«.[22] Ähnlich wie bei der bereits erwähnten Kopftuchkonferenz sollte der Eindruck erweckt werden, ein Vortrag könne geeignet sein, Personen an der Universität zu gefährden, wenn sie einer sogenannten Minderheit angehören. Dafür gibt es keinerlei Evidenzen.

Universitäten sind sichere Räume – insbesondere für Menschen, die eine dunkle Hautfarbe haben, religiöse oder ethnische Outfits tragen oder durch andere Merkmale auffallen. Während Burschenschaftler durchaus mit Pöbeleien oder sogar tätlichen Angriffen rechnen müssen, wenn sie sich durch Abzeichen und Bänder erkennbar zeigen, haben selbst vollverschleierte Frauen nichts zu befürchten. Das Einfordern eines Schutzes ist daher eine hohle Phrase, die wortgewaltig Dinge suggeriert, die nicht existieren. Das Gleiche gilt für das angesprochene Recht auf Diskriminierungsfreiheit, das in woken Kontexten mittlerweile inflationär verwendet wird. Die Unterzeichner des offenen Briefs meinten mit dem Begriff *Diskriminierungsfreiheit* etwas Ähnliches wie mit dem Terminus *Schutz.* In beiden Fällen ging es um die Abwehr einer empfundenen Zumutung, die darin bestand, dass jemand eine andere Meinung vertrat als sie selbst.

Stimmungsmache gegen eine Konferenz

Unschwer kann man der geschilderten Genealogie der Ereignisse entnehmen, dass sich meine Position an der Universität verändert hatte. Ununterbrochen gab es aus links-woken Kreisen Versuche, mich innerhalb der wissenschaftlichen Gemeinschaft zu isolieren. Das führte teilweise zu abenteuerlichen Verrenkungen. So wurde ich beispielsweise im Jahr 2022 von einem Münchener Kollegen für einen Vortrag auf der Jahrestagung meines Fachverbands eingeladen. Wir besprachen Details, und ich sagte zu. Kurze Zeit später meldete sich der Kollege wieder bei mir. Sichtlich zerknirscht musste er mir offenbaren, dass der Vorstand dieses Verbands Einspruch gegen eine so umstrittene Person wie mich erhoben und ihn angewiesen hatte, mich wieder ausgeladen. Eine Begründung erfolgte nicht, und ich selbst war längst von den zahlreichen Angriffen zu ermattet, um dieses erneute Canceln zu skandalisieren.

Auch für mein Privatleben hatte meine Arbeit Konsequenzen. Im Jahr 2017 erhielt ich vom Landeskriminalamt Hessen einen Gefährdungsstatus, weil man mich nach Sichtung islamistischer Quellen als bedroht einschätzte. Seitdem bin ich gehalten, öffentliche Vorträge bei der Polizei zu melden, damit man vor Ort entscheiden kann, wie mein Schutz gestaltet werden soll. Ich habe mich nach dem ersten Schock daran gewöhnt und bin den Beamten außerordentlich dankbar, dass sie sich um meine körperliche Unversehrtheit kümmern. Manchmal wird nur beim Veranstalter nachgefragt, wie das örtliche Sicherheitskonzept aussieht, manchmal positionieren sich die Polizisten im Raum und begleiten mich anschließend zu meinem Auto. Hassvideos, die islamistische Gruppen immer wieder gegen mich lancierten, wurden allerdings niemals von den zuständigen Institutionen unterbunden, was mich oft irritierte.

Eine echte Zäsur erfolgte im Jahr 2023. Ausgangspunkt war eine Konferenz mit dem Titel *Migration steuern, Pluralität gestalten. Herausforderungen der Einwanderungspolitik in Deutschland*, die ich in Kooperation mit der Gemeinnützigen Hertie-Stiftung am 28. April 2023 an der Goethe-Universität in Frankfurt veranstaltete. Wir hatten uns vorgenommen, mehrere miteinander verbundene Probleme der deutschen Migrationspolitik aufzugreifen und Experten aus Wissenschaft und Praxis zu ihren Befunden und Lösungsansätzen anzuhören. Unter anderem ging es um den Mangel an Arbeitskräften, der allerorten dafür verantwortlich gemacht wurde, dass vieles kaum noch funktionierte. Während Deutschland für dringend benötigte Fachkräfte im Frühjahr 2023 offenbar eine denkbar unattraktive Destination war, entpuppte es sich als Magnet für Menschen aus Westasien und Afrika, die mehrheitlich über keinerlei Qualifikationen für den hiesigen Arbeitsmarkt verfügten. Einige von ihnen hatten sich Schlepperorganisationen anvertraut und waren auf gefährlichen Wegen nach Europa gelangt, nicht wenige verloren dabei das Leben. Das bevorzugte Ziel dieser Migranten war Deutschland, und die Kommunen sandten einen Hilferuf nach dem anderen an die Politik, da sie sich nicht mehr in der Lage sahen, die Versorgung des nicht enden wollenden Stroms von Menschen zu bewältigen. Besonders Kindertagesstätten und Schulen waren an die Grenzen der Belastbarkeit gekommen. Dazu kam, dass sich Integrationsprobleme mit Personengruppen verfestigt hatten, die oft seit Jahrzehnten in Deutschland lebten, dass Parallelgesellschaften entstanden waren und es immer wieder zu Straßenschlachten mit jungen Migranten kam. Einige von ihnen zählten zu den neu angekommenen Flüchtlingen, andere waren zwar in Deutschland geboren, hier aber niemals heimisch geworden.

Unsere Konferenz war also hochaktuell, und sie behandelte alle relevanten Themen rund um die Einwanderungspolitik. Sie war zudem personell erstklassig besetzt. Für die Frage der Fachkräfteanwerbung referierte ein Geschäftsführer der Bundesagentur für Arbeit; für die Arbeit staatlicher Institutionen stand Frank-Jürgen Weise, der Vorstandsvorsitzende der Gemeinnützigen Hertie-Stiftung zur Verfügung, der 13 Jahre lang die Bundesagentur für Arbeit sowie von 2015 bis 2016 das Bundesamt für Migration und Flüchtlinge geleitet hatte. Für einen Bericht aus dem Schulalltag an einer Brennpunktschule wurde eine couragierte Lehrerin gewonnen; ein Überblick über die Problematik von Schülern mit Migrationshintergrund, die bereits am Hauptschulabschluss scheiterten, wurde vom Präsidenten des Deutschen Lehrerverbands vorgetragen. Zu den Hintergründen von Integrationsproblemen gaben der Islamwissenschaftler Ralph Ghadban und der Psychologe Ahmad Mansour kompetent Auskunft. Über das australische Modell der Zuwanderungspolitik informierte die Migrationsforscherin Sandra Kostner; Alternativen zur gegenwärtigen Flüchtlingspolitik referierte Ruud Koopmans, der Direktor der Abteilung Migration, Integration, Transnationalisierung an der Humboldt-Universität zu Berlin. Zu Fragen der aktiven Gestaltung von Einwanderungspolitik sprach der Rechtswissenschaftler Daniel Thym, und Manuel Ostermann, der stellvertretende Bundesvorsitzende der Deutschen Polizeigewerkschaft, gab

Einblicke in die Polizeiarbeit. Der letzte Redner war der Tübinger Oberbürgermeister Boris Palmer, der seine kommunalen Erfahrungen mit der aktuellen Überforderungslage präsentieren sollte. Für die Schirmherrschaft konnte der hessische Ministerpräsident Boris Rhein gewonnen werden, der vom hessischen Justizminister Roman Poseck vertreten wurde.

Man sollte meinen, dass eine solche Konferenz zum angegebenen Zeitpunkt schon deshalb eine gute Sache sei, weil Themen, die häufig separat diskutiert werden, in Zusammenhang gebracht werden sollten, aber auch, weil Wissenschaftler verschiedener Disziplinen auf Praktiker unterschiedlicher Arbeitsfelder treffen würden. Dennoch begann unmittelbar nach Bekanntwerden des Programms eine Kampagne, bei der fast alle Redner und die Konferenz an sich als rassistisch denunziert werden sollten. Eine anonyme Gruppe von Mitarbeitern der Universität sprach ohne jeglichen Beleg von »einem offen zur Schau getragene(n) rechtsoffene(n) und rassistische(n) Weltbild«, der AStA gab zum Besten, dass bereits der Begriff des Steuerns im Titel der Konferenz »ein rechtspopulistisch genutztes Bild« sei, schrieb von einem »Schaulaufen der pseudowissenschaftlichen und vom Rechtspopulismus nicht immer scharf abgegrenzten Akteure« und kündigte eine gleichzeitig stattfindende Gegenkonferenz an. In einem Interview in der *Frankfurter Allgemeinen Zeitung* denunzierte der SPD-Landtagskandidat Jan Pasternack den Redner Ahmad Mansour als rechtspopulistisch, weil dieser die Kumpanei linker Aktivisten mit Islamisten verurteilte. Pikanterweise hatte Mansour gerade das Bundesverdienstkreuz für seine vorbildliche Integrationsarbeit erhalten. Den Stempel *rechts* im Sinne von *rechtsradikal* erhielten von Pasternack auch der Islamwissenschaftler Ghadban, weil er über Clankriminalität gearbeitet hatte, und der Migrationsforscher Koopmans, weil dessen empirische Studien Muslimen eine schlechtere Integrationsleistung bescheinigten als Angehörigen anderer Religionsgruppen. Inhaltlich versuchte Pasternack gar nicht, den Gescholtenen fehlerhafte Aussagen nachzuweisen, da ihm zur Beurteilung ihrer Arbeiten das notwendige Wissen fehlte. Wie den Aktivisten, die gegen Rainer Wendt mobilmachten, ging es ihm nicht um Fakten, sondern um Phrasen. Ja, es scheint, dass er mit der Faktizität des Seins schon deshalb schlecht zurechtkam, weil diese nicht in sein Weltbild passte. Und so beließ er es beim Benennen von Dingen, die seiner Meinung nach unaussprechlich sein sollten. Dazu gehörten alle Problembereiche der Integration. Doch damit nicht genug, forderte er in dem Interview, der Ministerpräsident solle die Schirmherrschaft zurückziehen, und die Wissenschaftsministerin Angela Dorn von den Grünen möge prüfen, ob die Finanzierung unseres Forschungszentrums gerechtfertigt sei.[23] Dass ein SPD-Landtagskandidat seinen Namen während des Vorwahlkampfes mit einem Vorstoß gegen die Wissenschaftsfreiheit in die Öffentlichkeit trug, war bemerkenswert, doch noch bedenklicher war es, dass die SPD daraus keinerlei Konsequenzen zog. Unverdrossen kandidierte Pasternack weiter und signalisierte, dass seine Partei sich auf der woken Seite zu positionieren gedachte. Seine potenziellen Wähler honorierten diese Entscheidung nicht und so bleib ihm der Einzug in den Landtag verwehrt.

Doch die Geschichte ging noch weiter. Unmittelbar vor der Konferenz formierten sich linke Akteure im Senat der Universität, dem ich auch angehörte, und warfen mir eine einseitige Ausrichtung der Konferenz vor. Zudem hätte ich Migrationsforscher der Frankfurter Universität bei der Liste der Eingeladenen nicht berücksichtigt. Da Wissenschaftler sich gewöhnlich nicht im Senat für ihre Auswahl von Konferenzrednern rechtfertigen müssen, wies ich die Kritik zurück. Zudem ist es beileibe nicht so, dass Veranstaltungen zu Migration und Zuwanderung an unserer Universität durch eine Pluralität der Ansätze und Zugänge glänzen, denn gewöhnlich erschöpfen sich die dargebotenen Positionen in antirassistischer Phrasendrescherei und einem anklagenden Duktus gegenüber der Politik. In der Tat fiel unsere Konferenz daher aus dem gewohnten woken Rahmen. Die Redner waren allesamt bekannt dafür, Missstände jedweder Art offen anzusprechen, unkontrollierte Migration aus vielerlei Gründen abzulehnen und Vorschläge für eine bedachte Steuerung von Zuwanderung zu machen, die die Bedarfe der Zuwanderer ebenso in den Blick nahmen wie diejenigen der Einheimischen. Dass dies allein eine solche Empörung auslöste, zeigte, dass wirklichkeitsferne Gepflogenheiten an der Universität längst zur Norm geworden waren.

Freies Feld für radikale Gruppen

Auch radikalere Gruppen machten mobil. »Rassist*innen aus der Uni jagen« stand auf einem Demonstrationsaufruf, und am Morgen der Konferenz wurde vom Dach des Gebäudes, in dem sich mein Büro befindet, ein Transparent heruntergelassen, auf dem »Schröter raus aus der Uni!« stand. Dieser Spruch wurde bereits im Jahr 2019 als Hashtag im Rahmen der beschriebenen Kopftuch-Konferenz verwendet. Verantwortlich war damals eine Gruppe, die sich Studis gegen rechte Hetze nannte. Das Flugblatt, das zur Demonstration gegen die Migrationskonferenz aufrief, wurde ebenfalls von dieser Gruppe und drei weiteren Vereinigungen unterzeichnet. In der universitätsinternen Öffentlichkeit wurden sie als Studenten bezeichnet, doch es lohnt sich, genauer hinzuschauen, um wen es sich handelte. Hinter der Bezeichnung verbergen sich nämlich Aktivisten, die nicht nur wiederholt gegen mich und unser Forschungszentrum polemisierten, sondern im Jahr 2020 handgreiflich gegen linke Studenten an der Goethe-Universität vorgingen, die eine islamismuskritische Podiumsdiskussion organisiert hatten. Die Studenten mussten die Polizei zu Hilfe holen, um die Veranstaltung fortsetzen zu können. Das Präsidium der Universität sah sich zu einer Stellungnahme veranlasst.[24] Auf einer eigenen Facebook-Seite werben die Studis für verschiedene radikale Palästinensergruppen, beispielsweise für die palästinensische Organisation Samidoun, der von der Bundesinnenministerin wegen antisemitischer Hetze im Herbst 2023 ein Betätigungsverbot erteilt wurde.

Die zweite Gruppe, die 2019 gegen den islamismuskritischen AStA und 2023 gegen unsere Migrationskonferenz ein Flugblatt unterzeichnet hatte, war der Sozialistisch-Demokratische Studierendenverband (SDS), der in einigen Bundesländern übrigens vom Verfassungsschutz beobachtet wird und ebenfalls eine lange Geschichte der Propagierung von Israelhass hat. An der Goethe-Universität ist er wohl bekannt. Im Jahr 2021 wurde ihm vom Präsidium untersagt, einen antiisraelischen Film auf dem Universitätsgelände zu zeigen. Neben dem SDS und den Studis gegen rechte Hetze hatten die Gruppen Zora und Young Struggle den Demonstrationsaufruf gegen unsere Konferenz unterzeichnet. Einer Information des Jungen Forums der Deutsch-Israelischen Gesellschaft zufolge konnte man Vertreter beider Gruppen am 15. Mai 2023 über den Campus der Goethe-Universität marschieren sehen, während sie antisemitische Parolen skandierten. Das Frankfurter Forschungszentrum war nicht nur der erklärte Feind dieser Organisationen, weil dort islamismuskritische Forschung betrieben wurde und liberale Muslime gern gesehene Gäste waren, sondern auch, weil rechtsextremer, linksextremer und islamistischer Antisemitismus seit vielen Jahren ein dezidiertes Thema von Veröffentlichungen und Vorträgen der Mitarbeiter des Zentrums war. Überraschend war, dass es 2023 keine Abgrenzung des AStA oder anderer linker Akteure an der Goethe-Universität gegenüber diesen antisemitischen Aktivisten gab, sondern der Eindruck erweckt wurde, man habe sich gemeinsam gegen das Forschungszentrum formiert.

Während der Konferenz herrschte Pogromstimmung. Die Mitglieder der genannten Gruppen versammelten sich vor dem Eingang, beschimpften die Teilnehmer als »Nazis« und »Rassisten« und gingen sie tätlich an. Sie marschierten vor den bodentiefen Fenstern des Vortragssaales auf, ließen Megafonsirenen ertönen und versuchten, die Zuhörer mit Gesten einzuschüchtern. Ziel war die Schaffung eines Klimas allgemeiner Bedrohung, das auf die Menschen abschreckend wirken sollte, die sich die Vorträge anhören wollten.

Boris Palmer, der als letzter Redner erst zu seinem Vortrag eintraf, lief dem brüllenden Mob geradewegs in die Arme. Er ließ sich dabei zu Äußerungen hinreißen, die nicht akzeptabel waren. Dabei ging es um das sogenannte *N-Wort* und um einen deplatzierten Judensternvergleich. Da ich informiert wurde, dass es einen Eklat gegeben hatte, ohne allerdings Genaues zu wissen, gab ich Palmer, als er im Konferenzraum endlich erschien, die Möglichkeit, den Vorfall zu schildern. Dabei wiederholte er das inkriminierte Wort mehrere Male, um zu erklären, er verwende es nicht als Beschimpfung, sondern in einem literarischen Kontext. Explizit nannte er die Pippi-Langstrumpf-Bücher. Unpassender konnten Zeit und Ort für eine Debatte um Sprachregelungen nicht sein, und so löste Palmer bei einigen Konferenzteilnehmern große Empörung aus. Zwei Referenten und ein Moderator verließen den Saal. Ich brach die Diskussion schließlich ab, und Palmer hielt seinen Vortrag, der im Übrigen ausgezeichnet war.

Beim abendlichen Beisammensein nach dem Ende der Konferenz wurde Palmers Auftritt zwar kontrovers diskutiert, aber niemand ahnte, welche Wellen er schlagen würde. Nach allen Informationen, die mir zu diesem Zeitpunkt vorlagen, waren die Provokationen der Randalierer vor dem Gebäude zwar der Auslöser, aber keine Entschuldigung für seine verbalen Entgleisungen, von denen ich mich öffentlich distanzierte. Palmer wusste, dass ich seit Wochen nicht zuletzt deshalb angefeindet wurde, weil ich ihn eingeladen hatte. Ich hatte ihn stets gegen alle Rassismusvorwürfe verteidigt und halte ihn nach wie vor nicht für einen Rassisten. Was ich jedoch unterschätzte, waren seine Lust an der Eskalation und der Umstand, dass er für einen fünfminütigen Spaß bereit war, nicht nur die Konferenz, sondern auch uns als einladende Institution in Trümmer zu legen. War dies voraussehbar? Ich denke nein. Palmer hatte sich seit vielen Monaten bei öffentlichen Auftritten zwar streitbar, aber nicht unbeherrscht gezeigt, und es schien, als hätte er nach einigen handfesten Skandalen zu einem etwas vernünftigeren Stil gefunden. Freunde, die ihn erlebt hatten, hielten eine Einladung für unbedenklich, und ich war optimistisch, dass er sich in Frankfurt gesittet benehmen würde. Das war definitiv nicht der Fall. Videoaufnahmen zeigten, wie er jede Provokation freudig annahm und sich mit Verve in einen verbalen Kampf mit einzelnen Akteuren hineinsteigerte. Einen Tag später erkannte er, dass er zu weit gegangen war. Er trat bei den Grünen aus, meldete sich krank und kündigte an, sich professionelle Hilfe zu suchen.

Als ich die Videoaufnahmen am nächsten Tag sichtete, wuchs meine Empörung über Palmers unverantwortliches Verhalten, und ich machte diesem Ärger in einem Interview mit dem Hessischen Rundfunk Luft. Diejenigen, die allein beim Namen Palmer lauthals »Rassismus« schrien, würden sich bestätigt sehen, dachte ich, und das Anliegen der Konferenz, Anregungen für eine neue Einwanderungspolitik vorzustellen, würde angesichts eines neuen Palmer-Skandals in den Hintergrund treten. Das wäre schlimm genug. Doch es kam ganz anders, denn ich irrte mich ein zweites Mal. Nicht im Traum hatte ich daran gedacht, dass Palmers Fehlverhalten Ausgangspunkt einer inszenierten Empörungswelle werden würde, deren Ziel eine vollkommene Zerstörung des Forschungszentrums und meiner Person als Wissenschaftlerin und Mensch sein sollte. Auch mit einigen Monaten Abstand kann ich kaum fassen, mit welcher Niedertracht gegen mich vorgegangen wurde, wie wenig sich meine selbst ernannten Feinde um Minimalanforderungen des menschlichen Anstands scherten und welche Winkeltricks angewendet wurden, um den Eindruck einer breiten Front gegen mich zu erzeugen und meinen Ausschluss aus der Sphäre des Sozialen herbeizuführen.

Ich bin mir bewusst, dass ich kein Einzelfall bin, dass viele Kollegen im In- und Ausland Ähnliches erleben mussten, doch eines macht meinen Fall besonders. Anders als andere hatte ich nämlich das Glück, breite gesellschaftliche Unterstützung zu erfahren und eine gewisse Medienwirksamkeit zu besitzen. Fast 900 Personen des öffentlichen Lebens unterzeichneten in kürzester Zeit eine Unterschriftenliste zu meiner Unterstützung, viele Menschen schrieben Briefe an den Präsidenten der Universität, und etliche waren bereit, Solidaritätsbekundungen auf der Homepage unseres Forschungszentrums abzugeben. Ohne diese Menschen hätte ich den Angriffen nicht standhalten können und wäre irgendwann zusammengebrochen, doch diese aufrechten Mitstreiter für die Freiheit der Wissenschaft haben mir immer wieder das Gefühl gegeben, nicht alleine zu sein und das Richtige zu tun.

Ich werde deshalb im Folgenden detailliert dokumentieren, wie die woke Linke den Palmer-Eklat nutzte, um ein Forschungszentrum von der universitären Landkarte zu tilgen, das vielen deshalb ein Dorn im Auge war, weil dort kritisch über Islamismus, über Migration und über Versäumnisse bei der Gestaltung einer pluralistischen Gesellschaft geforscht wurde.

Rufmord und Vernichtungswille

Erwartungsgemäß nutzte der AStA den Eklat um die Konferenz, den Palmer ausgelöst hatte. In einer Stellungnahme vom 3. Mai 2023 forderte er, dass meine Lehrtätigkeit einzuschränken sei. Das ist bemerkenswert, weil damit unmissverständlich gegen das Grundrecht auf Wissenschaftsfreiheit verstoßen wurde. Argumente für diese Forderung nach einer drastischen Grundrechtseinschränkung gab es nicht. Aus dem Schreiben ließ sich allerdings schlussfolgern, dass dies aus politischen Gründen erfolgen sollte. Eine zweite Forderung war nicht weniger skandalös. Das Präsidium müsse die Konferenz als unwissenschaftlich benennen und sich zu den Referenten äußern, schrieb der AStA. Gemeint war einerseits, dass auch

Praktiker eingeladen waren, andererseits ging es wiederum um die wissenschaftlichen Ergebnisse der Redner, die mit der Ideologie des AStA nicht übereinstimmten. Was den ersten Vorwurf betrifft, so besteht das Besondere der Konferenzen des Forschungszentrums erklärtermaßen in der Begegnung von Wissenschaftlern mit Praktikern. Dies entspricht der *Third Mission* der Universität, die den Transfer zwischen wissenschaftlichen Forschungsergebnissen und gesellschaftlicher Praxis neben der Lehre und der Forschung als dritte Säule anerkennt und fördert. Dieses Prinzip kam auch bei der Migrationskonferenz zum Tragen. Die geladenen Praktiker waren ausgewiesene Experten auf ihrem Gebiet, und das Gleiche galt für die Wissenschaftler.

Der zweite Vorwurf war noch weitaus absurder. Nur in Diktaturen wird Wissenschaftlern ihre Wissenschaftlichkeit aberkannt, wenn sie nicht mit der herrschenden Ideologie übereinstimmen. Dies ist in Deutschland glücklicherweise nicht der Fall. In Deutschland erwirbt man die Anerkennung als Wissenschaftler dann, wenn man sich wissenschaftlich qualifiziert. Dafür gibt es gestaffelte Verfahren mit vorgeschriebenen Prüfungsleistungen, dabei vor allem die Promotion und die Habilitation. Fachkollegen vergeben diese Qualifikationen – und nicht Studenten oder Fachfremde, gleich welcher Couleur. Dabei spielen politische Motive keine Rolle – und sie dürfen es auch nicht. Auch für politische Haltungen existieren übrigens geregelte Verfahren. Verbeamtete Wissenschaftler leisten einen Amtseid auf die Verfassung und geloben Gesetzestreue. Darüber hinaus werden sie nicht politisch überprüft. Von all diesen Dingen war im Schreiben des AStA jedoch keine Rede. Wenn Studenten einer Universität tatsächlich glauben, man könne Methoden aus Diktaturen anwenden, um Wissenschaftler zu diskreditieren, zeigt dies einen eklatanten Mangel an demokratischer Bildung und zudem einen beklagenswerten Wissensstand.

Es blieb jedoch nicht beim unreflektierten Angriff des AStA auf mich und die Konferenz. Bereits am 29. April 2023 las ich zu meinem Erstaunen eine Stellungnahme des Instituts für Ethnologie der Goethe-Universität, die der geschäftsführende Direktor Mirco Göpfert herumschickte. Wie ich später erfuhr, wurde die Stellungnahme im Namen des gesamten Instituts verschickt, ohne jedoch alle Mitglieder der Einrichtung davon in Kenntnis zu setzen oder einen gemeinsamen Beschluss herbeizuführen. Doch dies ist nur eine Randnotiz, die verdeutlicht, dass man bereits bei solchen simplen Dingen auf ordnungsgemäße Verfahren verzichtete – von partizipativen Prinzipien, auf die man sich sonst gerne beruft, ganz zu schweigen. Wichtiger ist der Inhalt des Pamphlets, der an dieser Stelle auszugsweise wiedergegeben wird. Einführend wiederholte Göpfert Aussagen des AStA, dass es bereits im Vorfeld der Konferenz Kritik an der Zusammensetzung der Vortragenden gab und ich die Bedenken nicht zerstreuen konnte. Ein Selbstzitat des Geschäftsführers schloss sich an: »›Es wirkt grotesk, schmerzt und beschämt mich‹, so Prof. Dr. Mirco Göpfert, Geschäftsführender Direktor des Instituts für Ethnologie, ›dass mit einer Konferenz zu Migration und Integration an der Goethe-Universität ein Raum geschaffen wurde, der rassistischen und Holocaust-relativierenden Äußerungen Vorschub leistet.‹« Es folgten eine scharfe Distanzierung und eine Reihe von floskelhaften Bekenntnissen zu den ethischen Prinzipien der ethnologischen Arbeit (Offenheit für Vielfalt, Sensibilität für Machtasymmetrien, respektvolles Miteinander), die ich bereits in der Vergangenheit nicht beachtet hätte. Weiter ging es im woken Sprachduktus: »Mir ist schmerzhaft bewusst, dass die getroffenen Äußerungen Studierende wie Mitarbeitende unseres Instituts verletzen.« Dem AStA wurde für die Gegenveranstaltung gedankt und versprochen, »in Lehrveranstaltungen und im Dialog mit der studentischen Fachschaft noch verstärkt Gesprächsräume zu schaffen, die eine auch selbstkritische Aufarbeitung des Geschehenen ermöglichen werden«.[25]

Am 31. Mai 2023 veröffentlichte die Fachschaft Ethnologie auf Facebook:[26]

»Wir fordern, dass

- Susanne Schröter ab sofort keine Forschung, Publikationstätigkeiten und Veranstaltungen im Zusammenhang mit der Goethe-Universität und dem Institut für Ethnologie durchführen darf.
- Susanne Schröter das Institut für Ethnologie verlässt und auch künftig keine Beschäftigung an der Goethe-Universität aufnehmen darf.
- Die Schließung des Frankfurter Forschungszentrum Globaler Islam umgehend erfolgt und diesem bis dahin keine universitären Ressourcen zur Verfügung gestellt werden.
- Keine repräsentative Nutzung als Aushängeschild von Susanne Schröter und ihrer Forschung an der Goethe-Universität stattfindet.«[27]

Die Facebook-Stellungnahme wurde von elf (!) Personen mit einem »gefällt mir« versehen und von drei (!) Personen geteilt. Die Fachschaft präsentiert also nur eine winzige Minderheit der Studenten, wird aber von der Institutsleitung als deren Vertretung anerkannt. Abgesehen von diesem Missstand offenbart sich in dem veröffentlichten Text, ebenso wie in der Stellungnahme des AStA, ein kaum vorstellbarer Mangel an Wissen über verbürgte Grundrechte. Offenbar herrscht die naive Vorstellung, man könne eine Professorin einfach aus der Universität entfernen, wenn sie einer winzigen, aber lautstarken Minderheit nicht gefällt. Ob die Studenten überhaupt definieren konnten, was genau sie störte, muss zudem bezweifelt werden, da keinerlei Argumente vorgetragen wurden und man sich mit zusammenhanglosen Worthülsen zufriedengab.

Ernster zu nehmen waren Angriffe aus der weiteren wissenschaftlichen Community. Ein Bayreuther Forschungsverbund mit dem Namen Africa Muliple verfasste eine »Stellungnahme zur Billigung von Rassismus am Frankfurter Forschungszentrum Globaler

Islam«, die bereits im Titel eine Unterstellung beinhaltete. Ausgehend von einem Eingangsstatement zu Palmer, der als jemand vorgestellt wurde, der für seine »Ausfälle gegen Geflüchtete und Black, Indigenous and People of Color (BIPoCs)« bekannt sei, wurde behauptet, ich hätte nicht nur in diesem Fall der »öffentlichen Zurschaustellung von Rassismus einen Raum« gegeben, sondern bereits in der Vergangenheit die »Verbreitung diskriminierender, islamfeindlicher und rassistischer Ideologien« begünstigt. Als einziger Beleg wurde eine Einladung des Islamwissenschaftlers Hamed Abdel-Samad angeführt, der zu den schärfsten muslimischen Kritikern des politischen Islam gehört und deshalb nur noch mit einem Kordon bewaffneter Personenschützer auftreten kann. Dass sich der Bayreuther Exzellenzcluster auf die Seite der islamistischen Gegner Abdel-Samads positionierte, zeigte bereits, woher der Wind wehte. Weiter ging es mit Formulierungen, die mir wohlbekannt waren. Das von mir geleitete Forschungszentrum sei zu einer Zumutung geworden, da ich »Wasser auf die Mühlen des Rechtspopulismus« gösse. Wann immer ich islamistische Strukturen enttarnt hatte, Kritiker des politischen Islam zu Vorträgen einlud oder mich zu den Schattenseiten der Einwanderungspolitik äußerte, erfolgte diese Anklage auf dem Fuß. Der aufrechte Wissenschaftler, so die implizite Empfehlung, habe zu Missständen zu schweigen, die möglicherweise auch von rechten Akteuren aufgegriffen werden könnten.

Doch es ging noch weiter. Ich zitiere wörtlich, da auch die Wortwahl für sich spricht. »Die Vorgänge offenbaren zudem, wie ›objektive Wissenschaft‹ und ›Wissenschaftsfreiheit‹ als weiße bürgerliche Privilegien instrumentalisiert werden, um rassistische Standpunkte, Praktiken und Sprache zu artikulieren. Es handelt sich um unverhohlene Demonstrationen weißer deutscher Nekropolitik, indem diejenigen, die als Bürger gelten, für sich das demokratische Recht auf Redefreiheit in Anspruch nehmen können, während diejenigen, die von den Privilegien ausgeschlossen sind, am Rande stehen und die Kolonialität ebenjener Gewaltausübung zu ertragen haben, die auf dieser und anderen Konferenzen hätten thematisiert werden müssen.« Bereits im ersten Satz fällt auf, dass objektive Wissenschaft und Wissenschaftsfreiheit in Anführungsstriche gesetzt werden. Beides wird offenbar abgelehnt, da Wissenschaft einer politischen Agenda zu folgen habe. Schon im zweiten Ansatz bezeichneten sich die Unterzeichner als Gruppe, »die dem Kampf gegen Rassismus und alle Formen der Diskriminierung verpflichtet« sei, also nicht als Personen, die ergebnisoffen forschen, wie es mein Verständnis von Wissenschaft ist, sondern eher als politisch motivierte Kampftruppe. Objektivität kann es angesichts solch weitreichender Ziele ebenso wenig geben wie Wissenschaftsfreiheit. Was genau die Bayreuther Kampftruppe unter Rassismus verstand, wurde nicht definiert, doch es liegt nahe, dass es die Erwähnung der bereits erwähnten tabuisierten Fakten ist. Die angeblichen weißen bürgerlichen Privilegien werden in diesem Buch noch eingehender behandelt werden, doch es sei darauf hingewiesen, dass Africa Multiple damit einem Konstrukt folgt, dem zufolge die Gesellschaft der Bundesrepublik Deutschland grundsätzlich rassistisch sei. Der Begriff der *Nekropolitik* entstammt den Arbeiten des Theoretikers Achille Mbembe, der sich durch seine Feindschaft gegen den Westen einen gewissen Ruf in einem Theoriebereich erworben hat, der sich *postkoloniale Theorie* nennt und ebenfalls im Verlaufe des Buchs erörtert werden wird. Zusammengefasst bedeutet *Nekropolitik*, dass Weiße bei ihrer Politik über Leichen gehen und dass diese Leichen immer schwarz oder zumindest nicht weiß sind. Implizit sollte hier der Zusammenhang zur Flüchtlingspolitik des Westens und speziell Deutschlands hergestellt werden, bei der tatsächlich Tausende Menschen ihr Leben verlieren. Auf der Konferenz war dieser Missstand ein wichtiges Thema, doch die Referenten gingen es sachkundig statt ideologisch an. Sie empfahlen, Schleppervereinigungen das Handwerk zu legen, Pull-Faktoren zu reduzieren und für eine realistische Einwanderungspolitik zu sorgen, um Todesopfer zu vermeiden. Ähnlich wie dem AStA lag dieser Realismus der selbsternannten Bayreuther Kampfgruppe jedoch fern. Ihrer Auffassung nach hätte die Konferenz sich mit der »Kolonialität ebenjener Gewaltausübung« befassen müssen, die dem Konzept der *Nekropolitik* inhärent ist. Hinter diesen kryptischen Formulierungen verbarg sich vermutlich wenig mehr als die Ablehnung jeglicher Steuerung, die einem Konzept der grundsätzlich offenen Grenzen entgegensteht. Als Gewalt gelten in diesem Kontext vermutlich Rückführungen abgelehnter Asylbewerber ebenso wie Aufnahmebeschränkungen. Dass genau dies gemeint war, verdeutlichte ein Interview mit dem Ethnologieprofessor Martin Sökefeld, der in seiner Funktion als Vorstandsvorsitzender der ethnologischen Fachgesellschaft mit dem *Journal Frankfurt* sprach. Ein Beispiel für *Nekropolitik* sei die »europäische Grenzpolitik, die in Kauf nimmt, dass Schutzsuchende im Mittelmeer ertrinken«.[28]

Wes Geistes Kind die Schreiber des Pamphlets waren, zeigte sich auch in einem weiteren Absatz, in dem von »weißer Definitionsmacht auf Kosten rassifizierter Lebensrealitäten« geschrieben wird. Diese schwer verständlichen Phrasen verweisen ebenfalls auf das Konstrukt eines vermeintlichen allgegenwärtigen Rassismus in Deutschland und implizieren, dass Weiße in ihrer Beurteilungsfähigkeit eingeschränkt werden sollten, wenn es um Belange von Nichtweißen gehe. Die Formulierungen zeigten das hässliche Gesicht einer arroganten Elfenbeinwissenschaft, die längst die Bodenhaftung verloren hat und die die einheimische Bevölkerung sowie alle, die ihrer Ideologie nicht folgen, als Rassisten an den Pranger stellen möchte. Schlimmer noch sind der Angriff auf das Grundrecht der Wissenschaftsfreiheit, der in dem Schreiben formuliert wurde, und die Forderung, Wissenschaft möge sich ideologisch auf der vermeintlich einzig richtigen Seite positionieren. Wer sich der woken Ideologie nicht unterwerfe, so Africa Multiple, der solle die universitäre Unterstützung verlieren und gecancelt werden. Folgerichtig forderte man, wie der zitierte SPD-Landtagskandidat Jan Pasternack, die Leitung der Goethe-Universität im letzten Satz auf, die »Unterstützung des FFGI auf den Prüfstand zu stellen«. Federführend unterzeichnete der Sprecher von Africa Multiple, doch nach kurzer Zeit wurde die Stellungnahme als offener Brief auch für weitere Unterstützer geöffnet.

Nachdem sich das Frankfurter Institut für Ethnologie, der Bayreuther Forschungsverbund Africa Multiple und der Vorstandsvorsitzende der ethnologischen Fachgesellschaft auf eine einhellige Verurteilung der Konferenz, meiner Person und des von mir geleiteten Forschungszentrums geeinigt hatten, schloss sich die ethnologische Fachgesellschaft, die Deutschen Gesellschaft für Sozial- und Kulturanthropologie an. Sie folgte dabei dem Prinzip, zu kopieren, was andere bereits gesagt hatten. Wie schon bei der Erklärung des Instituts für Ethnologie handelte der Vorstand im Namen aller Mitglieder, ohne zuvor einen Beschluss durch Mitgliederbefragung herbeigeführt zu haben. Man verließ sich schlicht darauf, dass diejenigen, die anderer Meinung waren, sich nicht öffentlich äußern würden und der beabsichtigte Eindruck einer geschlossenen Front gegen mich aufrechterhalten blieb. Damit sollten sie, trotz einigen Unmuts in den eigenen Reihen, letztendlich Recht behalten.

Wenn man den Ruf eines Menschen umfänglich zerstören möchte, reicht es nicht aus, haltlose Rassismusvorwürfe in Endlosschleife zu reproduzieren. Man benötigt zusätzliches Material, um die Demontage nachhaltig zu gestalten. Bei Wissenschaftlern empfiehlt es sich, die wissenschaftliche Qualität der Arbeit in Zweifel zu ziehen. Dies genau passierte in meinem Fall. Federführend waren Redakteure der bereits erwähnten Zeitschrift *Zenith*, die sich als unabhängiges deutsches Fachmagazin zum Nahen Osten, zu Nordafrika und der muslimisch geprägten Welt anpreist. *Von welcher Wissenschaft ist hier die Rede?* lautete der Titel des Beitrags zur Konferenz, der bereits implizierte, es könne keine ernsthafte sein. Anstelle einer Auseinandersetzung mit meinen Schriften oder denen meiner Mitarbeiter beschränkte sich der Artikel jedoch auf einige schlecht recherchierte Vorhaltungen. Die verantwortlichen Redakteure waren nicht in der Lage, die Titel meiner Dissertation oder Habilitation wiederzugeben, obwohl diese bequem auf meiner persönlichen Homepage einsehbar waren. Selbst der Ort meiner Promotion war falsch. Stattdessen verwies man auf den bereits erwähnten Artikel aus dem Jahr 2018. Dass *Zenith* diesen als Beleg meiner Unwissenschaftlichkeit anführte, zeigte die mangelhafte methodische Sorgfalt des Artikels ebenso wie die fehlerhaften Recherchen zu meinen Qualifizierungsarbeiten. Es verdeutlichte aber auch ein grundsätzliches Problem ideologisierter Wissenschaft, die in der gesamten Diffamierung der Konferenz sichtbar wurde. Man verabsolutiert die eigene Position und wertet alle anderen Sichtweisen als unwissenschaftlich oder moralisch minderwertig ab. Diskussionen sind unerwünscht oder sollen nur noch in der eigenen Bezugsgruppe stattfinden, wo man sich ohnehin einig ist.

Zwei Monate nach der Konferenz erfuhr ich, dass die Kampagne gegen mich bereits in internationalen ethnologischen Zusammenschlüssen angekommen war. Die European Association of Social Anthropologists verfasste ebenfalls ein Statement, das aus Versatzteilen der vorangegangenen Diffamierungen zusammengesetzt war.[29] Semantik und Syntax ähnelten diesen ebenfalls. Man begann mit einer Auflistung der Werte, für die die Assoziation stehe, darunter Diversität, Antirassismus und Antidiskriminierung, um dann zu behaupten, die von mir organisierte Konferenz sei auf eine weite Verurteilung in Wissenschaft und Medien gestoßen. Viele meiner Referenten seien rechtslastig, fuhr man fort, um zu der Konferenz zum islamischen Kopftuch überzugehen, die als »berüchtigt« (*notorious*) bezeichnet wurde. Nicht fehlen durfte die *Zenith* entnommene Verleumdung meiner wissenschaftlichen Reputation. Geendet wurde mit einer Versicherung, dass man vereint gegen Rassismus und Diskriminierung stehe.

Bemerkenswert daran ist zum einen, dass die Frankfurter Ethnologen, die die Kampagne gegen mich anführten, mich offenbar für so gefährlich hielten, dass sie ihre internationalen Netzwerke mobilisierten, um mich zur *persona non grata* zu erklären, und zum anderen, dass Kollegen, die weder über die Konferenz noch über mich informiert waren, willfährig bei diesem Spiel mitspielten. Das letztendliche Ziel der Kampagne bestand allerdings nicht nur darin, mich in breiten wissenschaftlichen Kreisen als Rassistin zu denunzieren, sondern man beabsichtigte konkret die Eliminierung des Forschungszentrums, das sich als einzige universitäre Einrichtung auch mit dem legalistischen Islamismus befasste. Das Zentrum war aus dem Exzellenzcluster *Die Herausbildung normativer Ordnungen* entstanden, dem ich elf Jahre lang als *Principal Investigator* angehörte, und essenziell an meine Professur gebunden. Ursprünglich war geplant, meine Stelle nach meiner Pensionierung im Oktober 2023 mit einer Person zu besetzen, die einen dezidierten Islamschwerpunkt aufweisen und die Leitung des Zentrums übernehmen sollte. In dem Berufungsverfahren für meine Nachfolge entschieden sich teilweise dieselben Wissenschaftler, die sich 2023 mit dem offenen Brief gegen mich positioniert hatten, allerdings für eine Person, die zu Mexiko forschte. Ein Schelm, der Böses dabei denkt! Das Aus für das Forschungszentrum war in jedem Fall vorprogrammiert, doch als ich mich auf eine Forschungsprofessur für zwei weitere Jahre bewarb und dafür auch Gelder eingeworben hatte, wurden alle plötzlich nervös. Vier internationale Fachgutachten bestätigten meine uneingeschränkte Eignung für diese Professur, und eigentlich stand einer Verlängerung der Existenz des Forschungszentrums unter meiner Leitung nichts mehr im Wege.

Die Kampagne sollte dies verhindern, indem man meine Person diskreditierte und den Vorwurf lancierte, ich hätte der Universität geschadet. Die Hoffnung war offenbar, dass sich die Universitätsleitung davon unter Druck setzen lassen und mir trotz der Befürwortungen renommierter Kollegen die Professur versagen würde, um weiteren vermeintlichen Schaden abzuwenden. Dass der perfide Plan nicht aufging, war vor allem der großen Unterstützung geschuldet, die ich erfahren hatte. Ich hatte den Eindruck, dass überall Menschen aufstanden, um dem Zerrbild etwas entgegenzusetzen, dass die woken Akteure von mir verbreitet hatten, und dass sie bereit waren, die Wissenschaftsfreiheit zu verteidigen. Der Einsatz all dieser Unterstützer hat mir sehr geholfen, die Hoffnung an eine höhere Gerechtigkeit nicht zu verlieren, und er war am Ende von Erfolg gekrönt. Mitte Juli 2023 bewilligte der Hochschulrat die Vergabe der Forschungsprofessur und sicherte dem Frankfurter Forschungszentrum Globaler Islam für zwei weitere Jahre die Existenz.

Ich habe die Vorkommnisse, die sich im Rahmen der Konferenz *Migration steuern, Pluralität gestalten ereigneten,* minutiös dargestellt, um zu verdeutlichen, was passiert, wenn sich Wissenschaftler auf ein Feld vorwagen, dass von woken Aktivisten und ihren gleichgesinnten Vertretern innerhalb der Universität abgelehnt wird. Dass die Angriffe abgewehrt werden konnten und die Wissenschaftsfreiheit in Frankfurt keinen Schaden nahm, stellt leider in Deutschland und in vielen westlichen Ländern eine Ausnahme dar.

KAPITEL 3

Die woke Linke an den Universitäten

Die Kampagne gegen mich ist kein Einzelfall. Sie ist vielmehr symptomatisch für eine ganze Reihe von Angriffen auf Wissenschaftler, die von woken Akteuren zum Schweigen gebracht oder aus den Universitäten herausgetrieben werden sollen, weil sie ihrer Ideologie widersprechen. Treibende Kräfte des woken Mainstreaming sind Aktivisten, Studenten und Professoren, die sich bei ihren Angriffen auf eine vermeintliche höhere Moral und einen absoluten Wahrheitsanspruch berufen. Sie haben zu einer erheblichen Verengung akademischer Debattenräume und zum Verschwinden ganzer Forschungsfelder beigetragen, obwohl sie keineswegs die Mehrheit der Wissenschaftler stellen. Man kann den Erfolg dieser Akteure daher nicht erklären, ohne problematische Strukturen an den Universitäten in den Blick zu nehmen, die dies begünstigen.

Wie Canceln funktioniert

Ich könnte viele Beispiele aufzeigen, in denen die Muster universitärer Cancel Culture sichtbar werden, werde mich aber im vorliegenden Rahmen auf drei exemplarische Fälle beschränken, die unterschiedliche Vorgehensweisen von Hochschulleitungen demonstrieren.

Der erste Fall betrifft den Althistoriker Egon Flaig, der im Juni 2023 eingeladen wurde, um an der Universität Erlangen-Nürnberg einen Abendvortrag zum Thema *Individuelle Freiheit gegen politische Freiheit. Die Polis im europäischen Republikanismus* zu halten. Den Rahmen bildete eine Tagung, die sich ebenfalls mit der Freiheit befassen sollte. Andreas Grüner, der eine Professur für Klassische Archäologie innehat, war der Veranstalter. Eine Woche vor dem Beginn der Konferenz erhielt Egon Flaig eine E-Mail von Grüner, in der dieser ihm mitteilte, die Fakultät habe beschlossen, den Vortrag wegen »starker Einwände« abzusagen, was er hiermit tue. Eine Begründung wurde nicht übermittelt. Auch das Netzwerk Wissenschaftsfreiheit, eine Selbsthilfeorganisation, die sich für die Einhaltung der grundgesetzlich garantierten Wissenschaftsfreiheit einsetzt, erhielt auf eine Nachfrage keine Antwort. Ähnlich erging es der Presse. Mathias Brodkorb, der acht Jahre lang als Minister des Landes Mecklenburg-Vorpommern wirkte und heute als Journalist arbeitet, wurde entgegnet, es habe sich um ein »einheitliches Meinungsbild innerhalb der Fakultät« gehandelt. Nachforschungen ergaben, dass es keinen offiziellen Beschluss gab. Daher muss angenommen werden, dass entweder der Dekan oder der Veranstaltungsleiter die Absage entschieden hatte.

Der Vorgang ist nicht nur deshalb ungewöhnlich, weil der Eindruck einer Verschleierung von Entscheidungsprozessen entsteht, sondern auch, weil Professoren niemandem Rechenschaft schulden, wenn sie wissenschaftliche Veranstaltungen durchführen. Dafür sorgt Artikel 5 Absatz 3 des Grundgesetzes, in dem es heißt: »Kunst und Wissenschaft, Forschung und Lehre sind frei.« Der veranstaltende Professor hätte den Dekan weder um Erlaubnis fragen müssen, noch wäre er an Weisungen gebunden. In dem Schreiben an Flaig heißt es, das Präsidium habe der Fakultät die Entscheidung überlassen. Auch das Präsidium ist nicht befugt, über Veranstaltungen zu befinden. Der Umstand, dass es überhaupt konsultiert wurde, zeigt, dass offenbar im Hintergrund massiv gegen Flaig vorgegangen worden war. Was geschehen war, ist mangels verlässlicher Informationen schwer zu rekonstruieren, doch einiges liegt auf der Hand. Auf einer Antifa-Homepage war Flaig als *rechts* bezeichnet worden, und man kann sich vorstellen, dass diese Meinung auch von Personen innerhalb der Universität geteilt wurde.

Flaig ist ein streitbarer Intellektueller, der sich über sein eigentliches Fachgebiet hinaus in seinen Schriften immer wieder mit woken Ideologien angelegt hat. Eine 2009 erschienene Monografie über die *Weltgeschichte der Sklaverei* legte den Fokus auf die Sklaverei in der islamischen Welt, die von der linken Forschung beharrlich ausgeblendet wurde.[30] Er zeichnete nach, dass es die verfemten Kolonisatoren waren, die die Sklaverei schließlich beendeten, und dass der Hautfarbenrassismus ursprünglich arabischen Ursprungs war. In einschlägigen Kreisen löste das Buch reflexartige Empörungsstürme aus, und eine Rezensentin echauffierte sich sogar darüber, dass der Verlag C. H. Beck, ein »bisher renommierter Verlag«, die Monografie überhaupt in sein Programm aufgenommen hatte. »Weil Islamophobie sich aus gegenwärtigen politischen Konjunkturen so gut verkauft? Das wäre dann die Selbstaufgabe eines Wissenschaftsverlags«,[31] giftete sie. Wer sich fragt, wo die Wurzeln der gegenwärtigen Cancel Culture liegen, kann sehen, dass die Ansätze bereits vor 15 Jahren vorhanden waren.

Flaigs scharfe Auseinandersetzungen mit Vertretern der postkolonialen Theorie, die im Umfeld ihrer woken Adepten eine nahezu sakrale Verehrung genießen, seine Äußerungen zu Migration und Einwanderung sowie seine strikte Ablehnung jedweder Identitätspolitik lösen stets schrille Reaktionen aus. Flaig selbst versteht sich als konservativ und betont, dass der aufgeklärte Konservativismus, dem er sich zuordnet, sich »unmissverständlich vom reaktionären Denken abgrenzt, keinen Rückfall hinter die liberalen und demokratischen Errungenschaften der Moderne (duldet) und keine Sehnsucht nach der Wiederherstellung hierarchischer politischer und sexueller Ordnungen« verspürt.[32] Für seine Verurteilung als umstrittenen Rechten gibt es daher keinen Anlass, dennoch geschieht dies seit vielen Jahren. Bereits im Jahr 2021 wurde von woken Aktivisten verlangt, dass eine Einladung des Historikers rückgängig gemacht werden solle. Flaig sollte damals einen Vortrag zum Thema *Die Grenzen von Machtkonzepten. Warum sich mit Bourdieu keine politische Soziologie der Antike machen lässt* am Historischen Seminar der Universität Osnabrück halten. Die Aktivisten begründeten ihre Forderung mit der Annahme, dass »diskriminierenden und verletzenden Äußerungen« eine Bühne geboten werde und dass Flaig selbst »rechte und revisionistische« Ansichten vertrete. Unterstützt wurden sie damals von mehreren wissenschaftlichen Mitarbeitern des Historischen Seminars und von einem der dort lehrenden Professoren. Der Angriff konnte abgewehrt werden, weil sich sowohl die einladende Professorin als auch die Präsidentin der Universität eindeutig zur Freiheit der Wissenschaft bekannten. An der Universität Erlangen-Nürnberg mangelte es den Verantwortlichen hingegen an Zivilcourage oder sie teilten die Einschätzung woker Akteure, dass es nur denjenigen erlaubt sein sollte an Universitäten zu sprechen, die ihre eigene Ideologie bestätigen.

Die zwei folgenden Beispiele beziehen sich auf eine relativ neue Form des akademischen Mobbings, nämlich eine, die mit dem Vorwurf sogenannter *Transfeindlichkeit* einhergeht. Den meisten Menschen sagt dieser Begriff nichts, und er ist auch im höchsten Maße erklärungsbedürftig, da sich in ihm eine aktivistische Position und ein Theoriekonzept vereinigen. Ich werde mich im vierten Kapitel eingehender mit der wissenschaftlichen und politischen Genese des Phänomens befassen, doch einstweilen sei gesagt, dass dahinter einerseits die Vorstellung steht, es gebe mehr als zwei Geschlechter, und andererseits, dass Geschlecht allein auf dem subjektiven Empfinden einer Person beruhe. Konkret bedeutet dies, dass ein Mensch mit männlichen Chromosomen und männlichen Genitalien sich per Sprechakt in eine Frau verwandeln kann und dann auch als Frau behandelt werden muss.

Wenige Themen lösen derzeit an Universitäten einen solchen Hass aus wie Vorträge, die diese Form des Radikalkonstruktivismus nicht bestätigen. Der erste hier geschilderte Fall betrifft die junge Wirtschaftsjuristin Alessandra Asteriti, die an der Leuphania-Universität Lüneburg lehrte und 2019 in den sozialen Netzwerken über die Sinnhaftigkeit einer auf körperlichen Merkmalen basierenden Geschlechtsunterscheidung im internationalen Recht geschrieben hatte. Nur so könnten Benachteiligungen von Frauen überhaupt erst erfasst werden, argumentierte sie. Aktivisten forderten daraufhin ihre Entlassung aus dem Universitätsdienst. Als Begründung wurden Transphobie und – wieder einmal – eine Gefahr für die Studenten genannt. Von einem Onlinepanel zu Menschenrechten, das Studenten ihres Masterseminars organisiert hatten, zog sie sich aufgrund massiver Anfeindungen zurück. Ein von der Universitätsleitung anberaumtes Gespräch Asteritis mit ihren Gegnern endete im Eklat. Die Universitätsleitung veröffentlichte am 3. Dezember 2020 eine Erklärung, die man als Steilvorlage für weitere transaktivistische Attacken werten könnte. Sie schrieb: »Das Ziel, Gleichstellung und Inklusion, auch bezüglich der Geschlechtervielfalt, zu betonen, hat für die Universität einen hohen Rang. Aussagen, die sich gegen trans, inter* und nicht binäre Personen (TIN*) richten, sind mit dem Leitbild der Universität nicht vereinbar.«[33] Was darunter genau verstanden wird, blieb im Dunkeln. Sollte es heißen, dass trans, inter* und nicht binäre Personen ebenso wie andere Studenten an der Leuphania behandelt werden sollten – was eine Selbstverständlichkeit sein sollte –, oder war gemeint, dass der Ideologie der Transaktivisten Folge geleistet werden sollte? Ende 2020 legten Aktivistinnen und AStA noch einmal nach und forderten eine Distanzierung der Universitätsleitung von Asteritis Äußerungen. Trans, inter und nicht binäre Menschen würden sich an der Universität »nicht ausreichend willkommen« fühlen.[34] Die Phrase des Nichtwillkommenfühlens ist ähnlich unsinnig wie diejenige, die eine Schutzlosigkeit angesichts unliebsamer Meinungen suggeriert, aber sie entfaltet Wirkungsmacht. Asteriti hat die Universität mittlerweile verlassen, doch die woken Aktivisten sind noch da.

Der nächste Fall ist ähnlich gelagert. Marie-Luise Vollbrecht, Doktorandin der Biologie, sollte an der Humboldt-Universität zu Berlin im Rahmen der *Langen Nacht der Wissenschaften* einen Vortrag über biologische Zweigeschlechtlichkeit in der Biologie halten. Vollbrechts Dissertationsthema bezieht sich auf Fische. Der Arbeitskreis kritischer Jurist*innen, der auch bei meiner Migrationskonferenz mit Cancel-Culture-Forderungen in Erscheinung trat, fackelte in Berlin nicht lange. Die Doktorandin sei unwissenschaftlich, menschenverachtend und transfeindlich, hieß es in einer Erklärung, die mit dem Statement endete, an der Humboldt-Uni gebe es keinen Platz für Queerfeindlichkeit. Ein Referentinnenrat der Universität rief die Studenten zu einer Demonstration auf, und die Universitätsleitung sagte den Vortrag daraufhin »aus Sicherheitsgründen« ab. Damit war es allerdings noch nicht genug. Die Meinung von Frau Vollbrecht, so hieß es weiter, stehe nicht im Einklang mit den Leitbildern der Universität, die sich als Ort verstehe, an dem kein Mensch diskriminiert werden sollte, sei es wegen seiner Religion, seiner vermeintlichen Rasse, seiner sexuellen Identität oder wegen irgendeines anderen Merkmals, das als Unterscheidungsmerkmal angesehen wird. Erst nach massiver öffentlicher Kritik an der Universität wurde der Vortrag nachgeholt.

Bezeichnend war eine Podiumsdiskussion zum Thema, an der Vollbrecht wegen der einseitigen Besetzung des Podiums nicht teilnahm und auf der die übliche Anklage vorgetragen wurde, bei Vollbrechts Vortrag handele es sich um ein rechtsextremes Narrativ. Was an der Auffassung, es gebe eine biologische Zweigeschlechtlichkeit, rechtsextrem sei, wurde nicht erläutert. Der Präsident, der die Wissenschaftsfreiheit eigentlich aktiv verteidigen sollte, knickte offenbar vollkommen ein und versprach, Vorträge im Vorfeld besser zu evaluieren, womit nichts anderes gemeint sein kann, als sie auf ihre

Kompatibilität mit woken Thesen abzugleichen und Zensur von höchster Stelle auszuüben.

Systemische Repression

In woken Kreisen behauptet man gern, es gebe keine Cancel Culture.[35] Dies sei allein eine Erfindung rechtspopulistischer Kreise, und auch der Begriff sei daher rechtspopulistisch. In der Tat erzielt Deutschland regelmäßig Bestnoten in internationalen Rankings, in denen die Wissenschaftsfreiheit gemessen wird. Dies liegt jedoch daran, dass die Studien ausschließlich staatliche Eingriffe erfassen. Diese erfolgen in Deutschland nicht. Der Staat ist vielmehr durch das Grundgesetz verpflichtet, die Freiheit von Wissenschaft, Forschung und Lehre zu respektieren. Repressive Strukturen, die im Wissenschaftssystem selbst entstehen, hatten die Väter und Mütter der deutschen Verfassung jedoch nicht bedacht, und so bleiben Einschüchterungskampagnen wie die im vorherigen Kapitel geschilderten sowie jede Form systemimmanenter Cancel Culture unter dem Radar.

Umso wichtiger ist es, die Mechanismen dieser Freiheitseinschränkung zu verstehen. Wenn wir die geschilderten Beispiele auf ihre Gemeinsamkeiten überprüfen, fällt ein identisches Muster auf. Es beginnt stets damit, dass Gruppen von Aktivisten in oder außerhalb der Universität eine Person aus dem Lehrkörper bezichtigen, gegen spezifische ethische Prinzipien verstoßen zu haben. In welcher Weise sie dies getan haben sollen, wird gewöhnlich nicht klar benannt. Stattdessen begnügt man sich mit Zuschreibungen von Adjektiven, die innerhalb einer bestimmten Szene populär sind und für Außenstehende, die meist nicht nachvollziehen können, was gemeint ist, irgendwie abschreckend klingen. Hochkonjunktur haben zurzeit die Begriffe *rassistisch*, *sexistisch*, *islamophob* oder *transphob*, die in den folgenden Kapiteln eingehend erörtert werden. Gern wird auch der Begriff des Antisemitismus verwendet, wenngleich nicht selten in einer vollständig verdrehten Form, wie am Beispiel meiner Migrationskonferenz ersichtlich wurde. Obwohl die Attacken damals auch von Gruppierungen ausgingen, die durch ihre Vernichtungsfantasien gegenüber Israel auffielen, wurden nicht diese Akteure, sondern die Konferenz und damit letztendlich auch ich als Veranstalterin in eine antisemitische Ecke gerückt. Der geschäftsführende Direktor des ethnologischen Instituts der Goethe-Universität behauptete in seinem offenen Brief explizit, die Konferenz habe »Holocaust-relativierenden Äußerungen Vorschub« geleistet. Was gemeint war, erläuterte er nicht, doch man kann vermuten, dass er auf die Aussagen des Tübinger Oberbürgermeisters zielte, der selbst jüdische Vorfahren hat und seine Stigmatisierung durch die Demonstranten mit dem Judenstern verglich. Eine Holocaust-Relativierung lässt sich daraus zwar nicht stricken, aber um derartige Feinheiten bemühte sich der Vertreter des ethnologischen Instituts nicht – wohl im Wissen, dass andere ebenfalls mehr an Schlagworten als an Fakten interessiert sein würden. Auch gegenüber Marie-Luise Vollbrecht versuchte man, eine NS-Karte zu spielen. Nachdem sie im Rahmen einer Twitter-Diskussion geschrieben hatte, die Position einiger Transaktivisten verspotte die wahren Opfer von NS-Verbrechen, erstellten jene den Hashtag *#MarieLeugnetNSVerbrechen.* Natürlich war den Aktivisten klar, dass Vollbrecht das nicht getan hatte, aber sie setzten darauf, dass der Hashtag auch dann eine Wirkung entfalten würde, wenn er aus der Luft gegriffen war. Ich selbst hatte ebenfalls bereits Erfahrungen mit solchen sinnfreien Übertragungen gemacht. Auf einer Podiumsdiskussion der Klassik Stiftung Weimar zum Thema *Streitkultur und gerechte Sprache*, die ich im Jahr 2022 mit der Bayreuther Professorin Susan Arndt führte, kamen wir irgendwann auf das Gendern zu sprechen, das bei woken Aktivisten als gerecht gilt, weil es nicht nur Männer und Frauen, sondern alle Formen von Transidentität abbilden soll. Ich argumentierte, dass es sich bei Transpersonen um eine numerisch so geringe Gruppe handele, dass es nicht vertretbar sei, ihretwegen die Sprache so weit zu verändern, dass sie gegen jede vernünftige Regel verstoße. Daraufhin meldete sich Arndts Begleiter aus dem Publikum zu Wort und bezichtigte mich in theatralischen Worten, die Geschichte des Nationalsozialismus fortzuschreiben. Und dies, so setzte er nach, ausgerechnet in räumlicher Nähe zum ehemaligen KZ Buchenwald. Ich war zunächst vollkommen perplex über die Assoziation, merkte dann aber zu meinem Erstaunen, dass Arndt ihm vom Podium aus beipflichtete. Auch diesen beiden Personen unterstelle ich nicht, dass sie den Unsinn, den sie von sich gaben, wirklich glaubten, aber es war allemal ein guter Clou, der geeignet war, jemanden aus dem Konzept zu bringen, weil er jeglicher Logik entbehrte. Pikant ist an dieser Stelle, dass Arndt, die sich in Weimar als Kämpferin gegen Antisemitismus inszenierte, selbst durch zweifelhafte Positionen gegenüber Israel aufgefallen ist. Sie hat unter anderem einen offenen Brief der Gruppe Palästina Spricht unterzeichnet, die Israel als Apartheidstaat bezeichnet und das Massaker der Hamas vom 7. Oktober 2023 als revolutionäre Tat gefeiert hat.[36]

Grundsätzlich werden nicht nur Anspielungen auf die Nazi-Diktatur, sondern alle inkriminierten Begriffe in der Regel nicht mit Fakten unterfüttert, aus denen sich ersehen ließe, was den Beschuldigten tatsächlich vorgeworfen wird. Selbstverständlich geht die Biologie vom Regelfall einer Zweigeschlechtlichkeit aus, und selbstverständlich können Benachteiligungen von Frauen nicht erfasst werden, wenn die Kategorie Frau nicht verwendet wird. Dadurch wird niemand diskriminiert, und niemand, der diese wissenschaftlichen Selbstverständlichkeiten ausspricht, wird dadurch zum Nazi. Ähnliches gilt für eine nicht durch ideologische Scheuklappen zurechtgestutzte Geschichtsschreibung oder für Auseinandersetzungen mit Einwanderungspolitiken.

Im Bereich der universitären Cancel Culture stellt die Entkopplung eines Vorwurfs von seinem Gegenstand jedoch keine Ausnahme, sondern eher eine Regel dar. Dadurch entziehen sich die Ankläger einer Debatte, die sie ohnehin nicht führen möchten, und nehmen den Beschuldigten gleichzeitig jegliche Mittel zur Gegenwehr aus der Hand. Wie soll man haltlose Rassismusvorwürfe kontern, wenn keine konkreten Argumente vorgebracht werden, die man überprüfen und gegebenenfalls widerlegen kann? Dazu kommt, dass die Anklagen mit einer kaum vorstellbaren Aggression vorgebracht werden, die suggerieren sollen, es gebe tatsächlich einen Tatbestand, der Ursache der Empörung sei.

Nun wären solche Beschuldigungen kaum ernst zu nehmen, wenn sie nur von Aktivisten erhoben würden, doch fast immer bilden diese Allianzen mit universitären Gruppen wie den Kritischen Jurist*innen, dem AStA oder den Studentenvertretungen der jeweiligen Fächer oder Fachbereiche. Gerne werden Letztere als *die* Studenten bezeichnet, doch tatsächlich repräsentieren sie nur eine kleine Minderheit. Die Wahlbeteiligung zum Studierendenparlament der Goethe-Universität Frankfurt betrug 2022 gerade zehn Prozent, bei den Wahlen zu den Fachschaftsräten sieht es noch schlechter aus. Bei Kampagnen werden Studenten und Aktivisten in der Regel von wissenschaftlichen Mitarbeitern oder Professoren unterstützt, die ihre Ideologie teilen. Dadurch entsteht ein außerordentlich machtvoller Block, dessen Akteure sich statusgruppenübergreifend die Bälle zuschieben können. Studenten berufen sich auf wissenschaftliche Mitarbeiter, und Professoren loben die Stellungsnahmen der Studenten.

Das funktioniert nur, wenn es eine woke Mehrheit unter den Studentenvertretern gibt, und dies ist in der Tat der Fall. Liberale oder konservative Studenten sind seltener organisiert als ihre linken Kommilitonen und interessieren sich eher für den Studienabschluss in Regelstudienzeit als für Identitätspolitik. Zu den Themen ihrer linken Mitstudenten haben sie oft nichts zu sagen und unterliegen in den Debatten, die ihre Kontrahenten akribisch vorbereiten und wortgewaltig vortragen. In abgeschwächter Form gilt dies auch für die wissenschaftlichen Mitarbeiter und Professoren. Sie unterschätzen die wohldurchdachte woke Agenda, fühlen sich in ihren ureigenen Sachthemen nicht betroffen und entwickeln deshalb auch keine Argumente gegen den woken Furor, mit dem sie immer wieder traktiert werden. Bei Angriffen auf Kollegen versuchen sie sich in der Regel herauszuhalten, das heißt: keine Position zu beziehen. Im Fall der öffentlichen Erklärung des Instituts gegen mich, die vom damaligen geschäftsführenden Direktor im Namen der gesamten Einrichtung veröffentlicht wurde, waren beileibe nicht alle Wissenschaftler seiner Meinung. Einige waren noch nicht einmal informiert. Dennoch schwiegen sie zu der Kampagne und protestierten aus Sorge wegen möglicher Konsequenzen nicht öffentlich gegen ihre Instrumentalisierung.

Abhängigkeiten und universitäre Leitbilder

Um dies zu verstehen, müssen wir uns das System Universität anschauen, das es ermöglicht, dass kleine Gruppen sich mit kruden Ideologien gegenüber einer Mehrheit politisch indifferenter Menschen durchsetzen können. Universitäten sind einerseits extrem hierarchisch, andererseits sind sie aber auf einer bestimmten Ebene auch durch gruppenbezogene Strukturen geprägt. Hierarchien spielen vor allem für junge Wissenschaftler eine zentrale Rolle. Sie erhalten fast ausnahmslos befristete Anstellungen, auf denen sie sich weiterqualifizieren und eine Dissertation oder Habilitation anfertigen, aber auch innerhalb der wissenschaftlichen Fachgemeinschaft einen Ruf aufbauen müssen. Es ist ein Leichtes, Personen mit unliebsamer Meinung in dieser Phase aus dem System zu drängen. Man kann die Annahme von Qualifizierungsarbeiten verweigern, Verträge nicht verlängern, Bewerbungen nicht berücksichtigen, Anträge auf Einwerbung sogenannter Drittmittel, von denen eine eigene Stelle finanziert werden könnte, nicht bewilligen, jemanden nicht zu Vorträgen einladen oder Veröffentlichungen boykottieren. All dies muss nicht begründet werden, und es gibt keine Einspruchsoptionen. Diejenigen, die in der Wissenschaft weiterkommen möchten, tun gut daran, nicht aus der Reihe zu tanzen und im jeweiligen Mainstream mitzuschwimmen. Das gilt besonders für das Gros der Geisteswissenschaften. Wer sich fragt, warum der wissenschaftliche Nachwuchs in der gegenwärtigen Generation so wenig originell und eigenständig denkt, findet in diesem Unterwerfungssystem die Antwort.

Es wäre allerdings irreführend, ausschließlich die junge Generation für den herrschenden Wokismus verantwortlich zu machen. Die überwiegende Mehrheit der Professoren verhält sich im Wesentlichen ebenso, obgleich sie nicht von prekären Arbeitsverhältnissen betroffen ist. Dafür gibt es mehrere Gründe. Einer davon wurzelt in den materiellen Ausstattungen von Professuren. Oft sind diese sehr bescheiden und erlauben nur eine begrenzte eigene Forschungstätigkeit. Wer nicht auf dem Trocknen sitzen möchte, muss Drittmittel einwerben. Darunter versteht man die Akquise projektgebundener Fördermittel für eigene Vorhaben. Während diese Mittel in der Medizin sowie den Natur- und Technikwissenschaften von Unternehmen kommen können, sind die Geisteswissenschaften nahezu vollständig auf staatliche Förderorganisationen oder Stiftungen angewiesen. Die Begutachtungen eingereichter Anträge erfolgen durch Fachkollegen, die entweder direkt für ein Projekt angefragt werden oder für eine festgelegte Zeit in Gutachtergruppen arbeiten. Letztere werden teilweise nach Vorschlägen von Fachverbänden zusammengesetzt. Hier sind Einfallstore für eine innerdisziplinäre Zensur entstanden, die nahezu unkontrollierbar sind. Aus meiner eigenen Erfahrung als Mitglied von Gutachtergruppen weiß ich, dass Anträge keine Chance auf eine Bewilligung haben, wenn einzelne Gutachter irgendetwas monieren. Es gibt stets mehr Anträge als zur Verfügung stehende finanzielle Mittel, und deshalb gestalten sich Auswahlverfahren stets kompetitiv. Wer enthusiastisch von Gutachtern gelobt wird, hat gute Chancen, gefördert zu werden; wer kritisiert wird, fällt in der Regel durch. Begutachtungen sind deshalb gute Gelegenheiten, offene Rechnungen mit unliebsamen Kollegen zu begleichen. Im Umkehrschluss bedeutet dies, dass man Konflikte im wissenschaftlichen Alltag zu vermeiden sucht und eine oberflächliche Harmonie pflegt. In einer durch woke Akteure aufgeheizten Atmosphäre fürchtet man, dass das offene Eintreten für einen bedrohten Kollegen Nachteile haben könnte, und hält sich zurück. Man möchte nicht durch übermäßige Zivilcourage aus der Masse derjenigen herausstechen, die sich im Schweigen verbarrikadiert haben.

Menschen sind soziale Wesen und neigen dazu, sich der Gruppe anzupassen, in der sie geliebt und geachtet werden wollen. Das nennt man Konformitätsdruck. Das viel beschworene eigenständig denkende und handelnde Individuum, das sich jedem empfundenen Unrecht widersetzt, ist ein Sonderfall, der in der Realität selten auftritt. Die Mehrheit aller Menschen fügt sich, wenn andernfalls größere Probleme oder sogar der Ausschluss aus der sozialen Gruppe drohen. In der Psychologie und Soziologie wird dieses Phänomen, das sich vermutlich evolutionär entwickelt hat, seit vielen Jahrzehnten erforscht.[37] Evident ist, dass Menschen nicht nur schweigen, sondern sich auch Meinungen anschließen, die sie selbst ablehnen, oder sich sogar aktiv an Handlungen beteiligen, die ihren moralischen Grundsätzen widersprechen.[38]

Umso mehr gilt dies, wenn man nicht weiß, ob Vorwürfe gegen andere eventuell stimmen oder ob die woken Akteure vielleicht moralisch auf der richtigen Seite stehen. Immerhin geben diese ja vor, hehre moralische Grundsätze zu vertreten, und sie inszenieren sich als Kämpfer gegen Rassismus, Antisemitismus und andere Übel der Welt. Dabei berufen sie sich auf universitäre Leitbilder, die sie selbst mitverfasst haben. Leitbilder, das muss unmissverständlich gesagt werden, legitimieren Wokismus und Cancel Culture an den Universitäten. Zunehmend enthalten sie nämlich Prinzipien, die zur

Einschränkung der Wissenschaftsfreiheit genutzt werden können. So schreibt die Friedrich-Alexander-Universität Erlangen-Nürnberg (FAU), an der der Vortrag von Egon Flaig gecancelt wurde, man begegne allen Universitätsangehörigen, unabhängig von Geschlecht, sexueller Identität, religiösem Bekenntnis oder Weltanschauung, sozialer Herkunft, Alter und gesundheitlicher Beeinträchtigung mit Wertschätzung und wende sich konsequent gegen jede Form der Diskriminierung. Auf den ersten Blick würde hier niemand widersprechen. Selbstverständlich sollte die Gleichbehandlung aller Universitätsangehörigen gewährleistet werden. Bei entsprechender woker Auslegung kann die Aufzählung von Merkmalen jedoch genutzt werden, um die Behandlung eines Themas als Diskriminierung auszulegen. Eine Publikation über Sklaverei in der muslimischen Welt, wie Flaig sie verfasst hat, kann von Muslimen als diskriminierend beanstandet werden. Teilweise reicht es bereits aus, wenn Aktivisten reklamieren, sie fühlten sich durch eine Aussage *verletzt* oder *unwohl*, oder wenn sie darauf verweisen, andere könnten sich verletzt oder unwohl fühlen. In diesem Sinne hatte der geschäftsführende Direktor des ethnologischen Instituts Frankfurt gegen mich polemisiert. Gefühle sind bekanntlich subjektiv und entziehen sich einer eindeutigen Überprüfbarkeit. Auf sie zu rekurrieren, um Aussagen oder Themen zu skandalisieren, ist daher ein besonders perfider Schachzug. Niemand kann einem Gefühl widersprechen. Ein rationales Gegenargument kann nicht vorgebracht werden, und wer es versuchen würde, liefe Gefahr, die Sache noch schlimmer zu machen. Die Adressierung eines Gefühls gibt automatisch demjenigen recht, der dieses Gefühl ins Spiel bringt.

Die Empfindungen von Einzelnen werden innerhalb der woken Ideologie in ein System moralischer Hierarchien eingeordnet. Nicht jedem Gefühl wird der gleiche Wert zugemessen. Gehören die Fühlenden definierten *vulnerablen Gruppen* an, sind ihre Gefühle sakrosankt und dürfen nicht hinterfragt werden. Vulnerable Gruppen bestehen aus Menschen, die angeblich besonders durch

Diskriminierungen verletzt werden. Aus diesem Grund enthält die Aufzählung von Merkmalen im Leitbild der FAU gleichzeitig Hinweise auf die Existenz solcher Gruppen, denen besonderer Schutz versprochen wird. Für Nichteingeweihte sind diese ideologischen Winkelzüge jedoch nicht erkennbar, und so geben selbst Wissenschaftler, die keinesfalls einer woken Ideologie anhängen, in universitären Gremien, die über Leitbilder entscheiden, ihre Zustimmung. Es sieht eben alles auf den ersten Blick harmlos aus. Ein weiteres Statement des zitierten Leitbildes könnte schon eher Bedenken auslösen. Darin bekundet die Universität, sie ebne Wege zu einem gerechten und friedlichen Zusammenleben zwischen Menschen, Kulturen und Nationen. Begriffe wie Gerechtigkeit werden wissenschaftlich kontrovers diskutiert. Sozialisten verstehen darunter naturgemäß etwas anderes als Liberale oder Konservative. Wenn im Leitbild suggeriert wird, es gebe eine einheitliche Definition und sogar eine Verständigung darüber, wie Gerechtigkeit umgesetzt werden könne, ist das zutiefst unwissenschaftlich. Ähnliches gilt für das friedliche Zusammenleben, das sich sicherlich ein jeder wünscht. Der Zustand der Welt zeigt allerdings, dass die Realität weit davon entfernt ist. Was also meint die FAU genau? Hat dies Auswirkungen auf Forschungsthemen, die den politischen Vorstellungen einer woken Linken widersprechen? Das Ausladen des Althistorikers Flaig legt diesen Schluss zumindest nahe.

Die Humboldt-Universität zu Berlin spricht sich in ihrem Leitbild ebenfalls gegen jede Form der Diskriminierung, Intoleranz und kulturellen Selbstüberhöhung aus.[39] Wir wissen nicht erst seit dem Fall Marie-Luise Vollbrecht, dass diese Begriffe zum Canceln von Wissenschaftlern missbraucht wurden, die einer woken Weltanschauung widersprechen.[40] Einige Universitäten haben Versatzstücke woker Ideologien sogar unmittelbar in ihre Leitbilder integriert. Eine von ihnen ist die Freie Universität Berlin (FU). Unter dem Stichwort *Diversity* heißt es auf der Homepage: »Die Freie Universität Berlin erkennt Diversity im Sinne mehrdimensionaler und ineinandergreifender Unterschiede zwischen Menschen entlang sozialer Kategorien an und ist der gleichberechtigten Teilhabe aller an Studium und Lehre Mitwirkenden verpflichtet. Die Universität setzt sich für die Chancengerechtigkeit, für den Abbau intersektionaler Ungleichheitsverhältnisse sowie für barriere- und diskriminierungsfreie Lehr- und Lernumgebungen ein. Unterstützt durch einen anhaltenden Selbstreflexionsprozess werden die Lehr-, Lern- und Beratungsangebote diversity-bewusst und diskriminierungskritisch gestaltet und tragen so den unterschiedlichen Ausgangslagen aller Beteiligten Rechnung. Während Diversity-Kompetenz sowohl Lernziel im Studium als auch Qualitätsmerkmal in der Lehre und Hochschuldidaktik ist, finden Diversity-Aspekte auf struktureller Ebene, beim Zugang zum Studium und im Curriculum Berücksichtigung.«[41] Mit solchen Bekundungen nimmt die FU sicherlich einen Spitzenplatz unter den Wokismus-affinen Universitäten ein. Es wundert nicht, dass woke Akteure auf dieser Grundlage dort immer wieder gegen alles mobilmachen, was sie selbst als rechts oder rassistisch empfinden. In einer Stellungnahme forderten sie beispielsweise drastische Eingriffe in die Wissenschaftsfreiheit, eine ideologische Auswahl von Dozenten und eine woke Überarbeitung von Lehrinhalten.[42]

Doch auch an Universitäten, die sich weniger einem woken Zeitgeist unterwerfen, sind Leitungsgremien oft nicht bereit, die Wissenschaftsfreiheit aktiv zu verteidigen. Viele Präsidien möchten, dass ihre Einrichtungen nach außen einen guten Eindruck vermitteln. Streit und Querelen stören, erwecken vielleicht sogar den Anschein, man versage als Führungskraft. Da Hochschulen miteinander um Status und finanzielle Mittel konkurrieren, wäre dies außerordentlich unvorteilhaft. Wer in nationalen und internationalen Rankings abrutscht, ist weniger attraktiv für wissenschaftliches Spitzenpersonal, und wer nur mittelmäßige Forscher anstellt, verliert national und international an Gewicht. Eine Abwärtsspirale setzt ein. Hinzu kommt, dass Universitäten von den eingeworbenen finanziellen Mitteln ihrer Professoren abhängig sind. Diese werden unter anderem durch große Verbundprojekte generiert, in denen zahlreiche Wissenschaftler zusammen ein Großprojekt konzipieren und ihren Universitäten bei erfolgreicher Begutachtung jährlich viele Millionen zusätzlicher Mittel verschaffen. Seit 2005 existiert die Exzellenzinitiative des Bundes und der Länder, mit der Spitzenforschung gefördert und die Wettbewerbsfähigkeit des Wissenschaftsstandortes Deutschland gestärkt werden sollte. Wer erfolgreich einen Exzellenzcluster einwirbt oder gar zur Exzellenzuniversität gekürt wird, kann sich mehrere Jahre lang über üppige Zuwendungen freuen, die eine ganze Reihe von Aktivitäten erlauben, für die andernfalls keine Finanzierungsmöglichkeiten bestehen. Im Vorfeld neuer Exzellenzrunden ist die Nervosität daher groß. Niemand möchte Fehler machen, und der Druck einer guten Außendarstellung ist besonders massiv. Diese Situation wird von woken Akteuren gerne genutzt.

Zusammenfassend lässt sich konstatieren, dass die gegenwärtige Organisation von Wissenschaft in starkem Maße Unterwerfungs- und Anpassungsbereitschaft begünstigt, und zwar nicht nur bei Personen in prekären Arbeitsverhältnissen, sondern auch bei Professoren und sogar bei Hochschulleitungen. Mobbingkampagnen gegen einzelne Wissenschaftler wirken extrem einschüchternd auf alle Personen innerhalb der universitären Gemeinschaft, und der Effekt ist nicht nur, dass sich in der Regel niemand traut, bedrohte Kollegen zu verteidigen, sondern auch, dass bestimmte Themen innerhalb der Wissenschaft nicht mehr erforscht werden.

Wenn Wissenschaft zur Religion wird

Wir können festhalten, dass Wissenschaftler an deutschen Universitäten durch universitäre Leitbilder und Vorgaben von Forschungsförderinstitutionen eingeengt, von woken Aktivisten, Studenten und

Professoren eingeschüchtert und von Ideologen, die man in Gutachterkommissionen, Herausgebergremien wissenschaftlicher Zeitschriften oder in den Vorständen wissenschaftlicher Fachgesellschaften antrifft, diszipliniert werden. Sie tun gut daran, nicht anzuecken, nichts Falsches zu sagen, keine Begriffe zu verwenden, die beanstandet werden könnten, und kein umstrittenes Forschungsthema anzugehen.

Wenn wir noch einmal das Wissenschaftsverständnis derjenigen Revue passieren lassen, die in den ersten drei Kapiteln dieses Buches als Vertreter einer woken Ideologie zu Wort kamen, so muss uns dies im höchsten Maß beunruhigen. Der Bayreuther Exzellenzcluster hatte sich selbst als Kampfgruppe gegen Rassismus definiert und signalisiert, dass der wissenschaftliche Objektivitätsanspruch ebenso abgelehnt werde wie die Wissenschaftsfreiheit. Beide, so muss man den offenen Brief interpretieren, stünden unter dem Vorbehalt einer antirassistischen Ausrichtung von Wissenschaft. Nun könnte man vielleicht noch zustimmen, wenn es tatsächlich um Rassismus gehen würde. Tatsächlich ist dieser Begriff durch woke Akteure jedoch in einer Weise verzerrt worden, dass er nicht mehr auf einen wirklichen Rassismus abzielt, sondern zu einem inhaltsleeren Etikett geworden ist, das man unerwünschten Personen, Themen und Positionen beliebig aufkleben kann. Ähnliches gilt für andere Begriffe, die inflationär in Gebrauch sind. Immer wieder lesen wir, jemand sei verletzt worden, würde sich verletzt fühlen oder sei aus dem wissenschaftlichen Diskurs ausgeschlossen. Damit sind nicht diejenigen gemeint, deren psychische und physische Gesundheit durch Mobbingkampagnen geschädigt wird, sondern sogenannte *vulnerable Gruppen*. Darunter werden Menschen mit Migrationsbiografie, dunkler Hautfarbe oder einer queeren Identität verstanden, außerdem Muslime und Angehörige bestimmter Ethnien. Die Vorstellung, Personen mit solchen Merkmalen würden an den Universitäten ausgeschlossen oder diskriminiert, wäre in der Tat schrecklich. Man müsste schnell etwas unternehmen, um die Missstände zu beheben. Tatsächlich existieren diese Formen von Benachteiligung jedoch nicht. Niemand wird wegen seiner Herkunft, Hautfarbe, sexuellen Orientierung oder anderer Zuschreibungen daran gehindert, Veranstaltungen zu besuchen, Prüfungen zu absolvieren oder bezahlte Tätigkeiten anzunehmen. Ja, es gibt Ungerechtigkeiten an Universitäten. Diese können Notengebungen oder Arbeitsverhältnisse betreffen. Mit äußeren Merkmalen einer Person haben sie allerdings nichts zu tun. Die Hausarbeiten von Muslimen werden nicht schlechter bewertet als diejenigen, die von Christen, Hindus oder Atheisten geschrieben werden. Fakt ist, dass es weder einen systematischen Ausschluss noch eine besondere Häufigkeit von Diskriminierungen solcher Personen gibt.

Beim vielbeschworenen Begriff der *Verletzungen*, von denen vulnerable Gruppen angeblich betroffen sind, geht es nicht um Beleidigungen oder rüde Abwertungen. Gemeint ist vielmehr, dass sie sich verletzt fühlen könnten, wenn Themen angesprochen würden, die sie ablehnen, die sie in anderer Weise aufgreifen würden oder grundsätzlich, wenn Meinungen artikuliert würden, die nicht ihre eigenen sind. Im amerikanischen Kontext werden solche Personen in ironischer Weise als *Schneeflocken* karikiert. Zu empfindsam für diese Welt, schmelzen sie bei der Konfrontation mit der Realität dahin.[43]

Wenn Empfindsamkeit und politische Ideologien die zentralen Leitlinien wissenschaftlicher Forschung bestimmen, wird nicht nur die Wissenschaftsfreiheit, sondern auch die Wissenschaft selbst eingeschränkt. Es kann unter den Bedingungen der Wissenschaftsfreiheit niemals als gesichert gelten, dass das Ergebnis die eigene Ideologie bestätigt. Überraschungen sind immer möglich. In einigen Forschungsbereichen ist zudem gewiss, dass die Empirie die woke Theorie widerlegt. Aus diesem Grund stehen ganze Forschungsfelder mittlerweile auf einer akademischen Tabu-Liste. Niemand, der eine wissenschaftliche Laufbahn anstrebt oder seine Reputation nicht gefährden möchte, würde aktuell zu umstrittenen

Themen arbeiten. In einigen Disziplinen reicht es allerdings nicht, bestimmte Fallstricke zu meiden. Dort erwartet man proaktive Bekundungen woker oder wissenschaftsfeindlicher Standpunkte. Das exponierteste Beispiel eines akademischen Faches, das sich erfolgreich um einen Standort jenseits des Wissenschaftlichen bemüht, ist die Ethnologie, die Disziplin, die ich selbst vertrete. Wer verstehen möchte, wie es dazu kommen konnte, dass sich nicht nur die Frankfurter Ethnologen, sondern auch die deutschen und europäischen Fachgesellschaften mit Verlautbarungen an die Öffentlichkeit wandten, die intellektuell kaum unterboten werden können, muss einen Blick in die zutiefst ambivalente Fachgeschichte werfen.

Die Ethnologie entstand in der Zeit des Kolonialismus, in der europäische Reisende, Missionare, Händler und Kolonialbeamte nach Asien und Afrika, in die beiden amerikanischen Kontinente und den Pazifik ausschwärmten und sich die dortigen Menschen untertan machten. Ethnologen waren daran beteiligt. Die empirischen Daten über die Einheimischen dienten ihrer besseren Beherrschbarkeit oder sogar der Aufstandsbekämpfung. Einige Ethnologen standen unmittelbar im Dienst der kolonialen Verwaltungen, andere lieferten Theorien, um die Höherwertigkeit der Europäer gegenüber den indigenen Völkern zu begründen und den Kolonialismus letztendlich als Zivilisierungsmission zu rechtfertigen. Obwohl es bereits im 18. und 19. Jahrhundert Ethnologen gab, die sich auf die Seite der Indigenen stellten, kann man nicht umhin festzustellen, dass die Ethnologie mit einer eher dunklen Vergangenheit belastet ist.

Im 20. Jahrhundert wurde dies zunehmend als Problem empfunden. Selbst- und Fremdwahrnehmung wurden zu einem Thema der Forschung, und in der Theorie nahm man Abschied vom Evolutionismus, einem der Naturwissenschaft entlehnten Entwicklungsmodel, das weiße Europäer als Krone der Schöpfung, Nichteuropäer jedoch auf unterschiedlichen Stufen von Wildheit, Barbarei oder Primitivismus verortet hatte. An seine Stelle trat der Kulturrelativismus, die Idee der Gleichwertigkeit aller Kulturen, die auch als Kritik des sich herausbildenden Universalismus antrat. Wer für die gesamte Menschheit verbindliche Werte festlegt, kommt nicht umhin, Gesellschaften zu kritisieren, die diese Werte ablehnen. Aus diesem Grund konnte sich die American Anthropological Association (AAA) nicht mit der *Allgemeinen Erklärung der Menschenrechte* anfreunden. In einer Erklärung betonte sie das kollektive Moment von Kultur und Tradition gegenüber den in der Menschenrechtserklärung garantierten Individualrechten eines jeden Menschen. Auf der Basis dieses kollektiven Relativismus, der nicht nur innerhalb der AAA, sondern allgemein in der Ethnologie propagiert wird, werden bis auf den heutigen Tag Missstände in indigenen Gesellschaften oder in den migrantischen Gemeinschaften des Westens ausgeblendet oder beschönigt. Dies betrifft Genitalverstümmelungen, grausame Pubertätsrituale oder die Ermordung von Menschen, die der Hexerei verdächtigt werden. Einer der Gründe für den Hass, mit dem man mich innerhalb der ethnologischen Community verfolgt, liegt darin, dass ich öffentlich für universalistische Werte eintrete und menschenrechtsfeindliche Traditionen wie Zwangsehen, Kinderheirat oder Genitalverstümmelungen benenne.

Doch es sollte in der Ethnologie nicht beim Kulturrelativismus bleiben. In den 1980er-Jahren wurde unter dem Einfluss sozialistischer und neuer ökologischer Bewegungen sukzessive die Vorstellung populär, die Indigenen seien den westlichen Kulturen überlegen, weil sie egalitärer und im Einklang mit der Natur lebten. Westliche Gesellschaften seien hingegen materialistisch, ausbeuterisch und einem glücklichen Leben nicht zuträglich. Solche romantischen Verklärungen waren in der westlichen Geistesgeschichte nicht neu – bereits Jean-Jacques Rousseau (1712–1778) nutzte sie für seine Gesellschaftskritik –, wissenschaftlich blieb diese Strömung jedoch marginal. Das änderte sich jetzt radikal, nicht zuletzt, weil es zu einem Schulterschluss zwischen linken Ethnologen und sozialrevolutionären Aktivisten kam. In Berlin wurde von 1974 bis

1985 die Zeitschrift *Unter dem Pflaster liegt der Strand. Zeitschrift für Kraut und Rüben* herausgegeben, in der Ethnologen und Philosophen ihr Wissen über nichteuropäische Kulturen mit anarchistischen Ideen verknüpften. Zum Romantizismus gesellte sich die Selbstanklage der Vertreter einer Kultur, die angeblich nur Leid und Unheil über die Welt gebracht hatte. Verweise auf das Übel des Kolonialismus und die fatalen Verstrickungen der frühen Ethnologie in der Unterwerfung der nichteuropäischen Welt wurden mit Scham und Schuldbewusstsein rezipiert – vor allem dann, wenn sie von denjenigen vorgetragen wurden, über die Ethnologen gewöhnlich forschten. Ein Hotspot der Kritik entstand in Nordamerika, wo sich eine selbstbewusste indianische Bewegung herausgebildet hatte, die gleichermaßen politische wie wissenschaftliche Ziele verfocht. 1970 veröffentlichte der Autor Vine Deloria vom Volk der Dakota die Streitschrift *We talk, you listen*, die von Ethnologen als wegweisend für die eigene Disziplin gefeiert wurde. Die Botschaft war unmissverständlich. Forscher, die etwas über die indigenen Kulturen wissen wollten, sollten den Angehörigen dieser Kulturen zuhören und deren Expertenwissen vertrauen. Das war auf den ersten Blick nicht sonderlich neu. Die ethnologische Forschung basiert seit Beginn des 20. Jahrhunderts auf der sogenannten teilnehmenden Beobachtung, bei der Wissenschaftler in einer indigenen Gemeinschaft leben und ihre Daten maßgeblich durch Gespräche mit den Einheimischen gewinnen. Die Auswertung und Analyse von Gehörtem und Gesehenem oblag jedoch den Wissenschaftlern. Das ist aus meiner Sicht schon deshalb sinnvoll, weil indigene Gemeinschaften keine homogene Masse darstellen, sondern aus Individuen mit unterschiedlichen Erfahrungen, Vorstellungen und Positionen bestehen. Zwischen ihnen existieren Konflikte, und gewöhnlich versuchen sie, die Ethnologen in ihrem Sinne zu beeinflussen oder für ihre eigenen Interessen zu instrumentalisieren. Man tut daher gut daran, sich nicht auf eine Seite zu stellen, sondern einen eigenen Blick zu bewahren. Dazu kommt, dass Menschen dazu neigen, die eigene Gemeinschaft gegenüber Dritten auf das Vorteilhafteste darzustellen. Die indigene Perspektive kann daher nicht diejenige des Wissenschaftlers sein. Das genau forderte jedoch Vine Deloria und löste damit einen Paradigmenwechsel innerhalb des Faches aus. Man wollte nicht mehr über andere forschen, sondern mit ihnen, und man wollte ihnen den größtmöglichen Raum für die Eigendarstellung geben. Monografien entstanden, in denen jeweils ein Indigener einem Ethnologen seine Geschichte erzählt, was in der Regel zu langatmigen und nahezu unleserlichen Selbstdarstellungen führte, die man notdürftig mit Fußnoten verständlich zu machen versuchte.[44]

Das Experiment der sogenannten *dialogischen Ethnologie* wurde wegen seiner Erfolglosigkeit wieder aufgegeben, doch das Problem blieb bestehen. Wie konnte man der dem Fach inhärenten Verstrickung mit dem Kolonialismus entgehen, wie diejenigen unterstützen, die gegen einen vermeintlich omnipräsenten westlichen Imperialismus kämpften, und wie konnte man im eigenen Forschungsdesign demonstrieren, dass man zur guten Seite gehörte? Die Lösung bestand einerseits in einer Kombination von Aktivismus und Wissenschaft und andererseits in einer Infragestellung westlicher Wissenschaft. Letzteres bedeutet, den Kulturrelativismus auch im eigenen Bereich ernst zu nehmen. Wären alle Kulturen grundsätzlich gleichwertig, wären es auch die kulturell beeinflussten Wissenssysteme. Die Nutzung von Magie wäre dann der modernen Medizin gleichgestellt, und die Weltdeutungen indigener Gemeinschaften könnten dieselbe Geltung beanspruchen wie die Naturwissenschaften. Prominente Fachvertreter haben den Weg in diese neue Form des Relativismus längst beschritten. So verglich der französische Ethnologe Philippe Descola die Methoden der Kernphysik, Dinge wahrzunehmen, die mit bloßem Auge nicht erkennbar sind, mit den Verfahren von Amazonasbewohnern im Regenwald, Geister wahrzunehmen: Der eine sieht Atome, der andere eben Geister.[45] Die amerikanischen Ethnologen Marshall Sahlins und David Graeber nutzten indigene Weltdeutungssysteme, um politische

Institutionen einzuordnen. Eines ihrer Beispiele ist das sakrale Königtum der Schilluk, einer afrikanischen ethnischen Gruppe. Der König besitzt eine gottgleiche Position und bezieht daraus seine Legitimität. Wir kennen solche Herrschaftsverhältnisse von den Maya und den altorientalischen Reichen und würden die Identifikation des Königs mit einer Gottheit als Strategie analysieren, die königliche Macht zu rechtfertigen und zu sichern. Sahlins und Graeber kamen zu einem anderen Schluss. Für sie war die königliche Macht eine Widerspiegelung der Macht der Götter, und die großen Königreiche ahmten, ihrer Meinung nach, die kosmischen Mächte nach.[46] Die Existenz der Götter wurde dabei von den Ethnologen ebenso als gegeben vorausgesetzt wie die Richtigkeit der indigenen Herrschaftslegitimation. In beiden geschilderten Fällen übernahmen die Ethnologen die Sichtweise der von ihnen Erforschten und setzten sie kulturrelativistisch mit anderen möglichen Welterklärungen gleich. Wissenschaft verliert dadurch ihren priorisierten Platz als Weltdeutungsinstrument.

In einer Weiterführung der Prämisse einer konstitutionellen Überlegenheit indigener Denksysteme kommt es in jüngster Zeit immer wieder zu einer Religiosisierung der Ethnologie. Man übernimmt nicht nur die Vorstellung, dass die Geistwesen, an die die Indigenen glauben, real sind, sondern man erhofft von ihnen Erlösung. Innerhalb einer spezifischen linken Subkultur gab es für solche Heilserwartungen bereits vor Jahrzehnten Zustimmung. Die deutsche Übersetzung von Vine Delorias Buch lautete *Nur Stämme werden überleben*. Gegen den westlichen Individualismus wurde der indigene Kollektivismus in Stellung gebracht. Das passte zu linken Wohngemeinschaftsprojekten und Träumen von einem einfachen Leben, in dem es weder Leistungsdruck noch Einsamkeit gab. Ähnlich populär war damals eine angebliche Weissagung der Cree, einer indigenen nordamerikanischen Gruppe, in der es heißt: »Erst wenn der letzte Baum gerodet ist, der letzte Fluss vergiftet, der letzte Fisch gefangen ist, werdet ihr merken, dass man Geld nicht essen kann.«

Es war die Zeit des Waldsterbens und der durch Chemieabfälle verseuchten Flüsse, die apokalyptische Visionen nährte, doch realistisch betrachtet wurden diese Probleme durch Maßnahmen zum Schutz der Umwelt mittlerweile weitgehend behoben. Dennoch feiern Untergangsfantasien nach wie vor fröhliche Urständ, beispielsweise im neuen Gewand der Klimabewegung. Auch hier bemüht man sich, die Indigenen nicht nur als Opfer, sondern auch als Heiler anzusprechen. Die Gruppe Extinction Rebellion versuchte, Schamanen, Zauberer und andere spirituelle Experten aus der nichteuropäischen Welt in ihre Aktivitäten einzubeziehen, um zu verdeutlichen, dass es dem Westen auch an geistiger Führung mangele.

Solche Gedanken werden auch in der Museumsethnologie aufgegriffen. *Healing. Leben im Gleichgewicht* lautete der Titel einer Ausstellung des Frankfurter Weltkulturenmuseums aus dem Jahr 2022. Im Ankündigungstext heißt es: »Wie leben? Im eigenen Körper, mit der persönlichen und kollektiven Geschichte? Mit der Umwelt, der spirituellen Welt, im globalen Miteinander? Wie können Krisen überwunden – kann Gleichgewicht gefunden werden? Wie gesund bleiben oder werden – wie sich wohl fühlen? Wie kann healing gelingen?«[47] Das klingt nicht nur esoterisch, es ist es auch. Neben indigenen Weisheiten fanden sich auf Schrifttafeln der Ausstellung auch solche, die von Frankfurter Yogalehrerinnen und Heilpraktikerinnen offeriert wurden. Schamanenrasseln baumelten über einem Stuhlkreis indigener Höckerchen, und phallisch anmutende Kristalle, die an aufrechtstehenden Holzbalken angebracht waren, sollten von den Besuchern zu Heilzwecken berührt werden. Auf Begleitveranstaltungen wurde über die Heilkräfte des Ayurveda oder der chinesischen Medizin informiert. Nicht fehlen durften der Antirassismus, dem man sich verpflichtet fühlte, und die Abarbeitung vermeintlich kolonialer Schuld, die man mit den Rückgaben musealer Gegenstände in die Herkunftsländer bewerkstelligen wollte. Die nichteuropäischen Gesellschaften wurden unterschiedslos mit der Aura des Sakralen versehen, die einem den Weg in eine eigene glückliche Zukunft weisen würde. Wer dabei das Gefühl hatte, auf einen jenseitigen Trip der besonderen Art geschickt zu werden, konnte sich durch Äußerungen der Ausstellungskuratorin bestätigt fühlen. In Europa habe man die Verbindung zu spirituellen Wesen verloren, die um einen herum seien, gab sie gegenüber dem SWR an.[48] Wie das Ganze auf Zuschauer wirkte, ließ sich auf bunten Kärtchen besichtigen, die das Treppenhaus zierten. »Healing means for me« stand dort gedruckt, und die Besucher ergänzten durch Sätze wie »wahrhaftig im Hier und Jetzt in Liebe zu sein«.

Für eine Karriere als Museumskurator ist die Voraussetzung gewöhnlich eine Promotion. Dadurch möchte man eine wissenschaftliche Orientierung im Ausstellungsbetrieb sicherstellen. Im geschilderten Fall hat man sich von jedweden wissenschaftlichen Kriterien verabschiedet und befindet sich im Einklang mit einer Ideologie, die Wissenschaft auf der Ebene eines Yogakurses verortet. Wenn wir uns noch einmal vor Augen halten, wie Ethnologen auf die Konferenz *Migration steuern, Pluralität gestalten* reagierten, dann wird jetzt erklärlich, dass in den Verlautbarungen ein extrem wissenschaftsfeindlicher Tenor vorherrschte, der von zwei Dingen geprägt war, nämlich einerseits der Absicht, jegliche Kritik an nichtwestlichen Traditionen zu unterbinden und andererseits der Hoffnung, die empfundene Schuld kolonialer Verstrickungen des Faches durch eine umso enthusiastischere Hinwendung zum Indigenen zu *heilen*. Diese Ideen sind aus Randbereichen des Fachs mittlerweile in sein Zentrum vorgerückt und ersticken jede substanzielle Forschung, die nicht den eigenen Parametern folgt.

Die Ethnologie stellt aufgrund ihrer problematischen Geschichte sicherlich einen Sonderfall innerhalb der Geisteswissenschaften dar, teilt mit anderen Disziplinen jedoch eine krude antiwestliche Weltsicht und das tiefe Bedürfnis, alle Themen zu eliminieren, die der eigenen Ideologie gefährlich werden könnten.

TEIL II

Die Ausdehnung der Tabuzonen und die Erschaffung einer neuen Wirklichkeit

Universitäten sind nicht nur die Bollwerke woker Ideologien, sie sind auch die Orte, an denen diese produziert werden. Erdacht in Seminaren und Forschungsverbünden, werden sie von Medien, Politikern, von Kulturschaffenden und Bildungsakteuren aufgegriffen und verbreiten sich sogar in Verwaltungen und Unternehmen. Auffällig ist, dass ganze Themenkomplexe in eine Tabuzone verschoben werden. Offensichtliches soll nicht benannt werden, und die Wirklichkeit verschwindet aus den Forschungsdesigns, den Bildungs- und Kulturprogrammen. Realität wird auf Ausschnitte des Erwünschten reduziert, das gleichzeitig als einzig moralisch Akzeptables präsentiert wird. Die woken Visionen einer schönen neuen Welt werden als nicht verhandelbar dargestellt. Sie sollen durchexerziert werden wie die utopischen Dystopien, die uns aus den Romanen von Aldous Huxley und George Orwell bekannt sind.

KAPITEL 4

Der Traum vom Ende des Nationalstaats

Nichts löst bei woken Linken einen solchen Hass aus wie Vorschläge zur Steuerung der Migration oder Kritik an den Schattenseiten der Einwanderung. Vorwürfe des Rassismus und der Inhumanität folgen prompt, und gern werden auch Vergleiche zum Nationalsozialismus gezogen. Dadurch entsteht ein maximales Einschüchterungspotenzial, das die einheimische Bevölkerung zum Schweigen bringt, auch wenn seit Jahren ersichtlich ist, dass die unkontrollierte und durch vielerlei Maßnahmen geförderte Massenmigration in einem Desaster münden würde. Für die woke Linke ist die unbegrenzte Ansiedlung von Zuwanderern jedoch aus mehreren Gründen erwünscht. Sie steht im Mittelpunkt eines utopischen Gesellschaftsentwurfs, in dem Grenzen und Nationalstaaten nicht mehr existieren, und sie versorgt die eigene Klientel mit stattlichen Zuwendungen aus Steuereinnahmen. Schon jetzt ist woke Politik nämlich ein lukratives Geschäftsmodell.

Einwanderungsland wider Willen

Migration ist so alt wie die Menschheit, ja historisch gesehen ist sie das Menschheitsthema per se. Schon immer sind Menschen gewandert, haben sich von ihrem Geburtsort fortbewegt und an anderen Orten angesiedelt. Wir können die Ausbreitungen früher Menschen heute mit wissenschaftlichen Methoden nachvollziehen und Hypothesen anstellen, was sie zu ihren Aufbrüchen bewegte. Wenig ist darüber bekannt, wie Kontakte zwischen unterschiedlichen Gruppen verliefen, doch dass sie nicht immer friedlich verlaufen sind, ist evident. Auch in der jüngeren Geschichte war Migration stets ambivalent. Sowohl die Motivationen der in andere Landstriche vordringenden Menschen als auch die Verläufe ihrer Ausbreitung waren vielfältig. Einige kamen als Eroberer, wie die Reitervölker aus der eurasischen Graslandzone, die Europa ab dem vierten Jahrhundert in Angst und Schrecken versetzten, oder die Mongolen, die weite Teile Asiens unterwarfen und im 13. Jahrhundert in China eine Dynastie gründeten. Andere entflohen religiöser oder politischer Verfolgung, wie die französischen Hugenotten im 16. Jahrhundert, oder sie wurden verschleppt, wie die versklavten Afrikaner während des transatlantischen Sklavenhandels. Manche Gruppen wurden eingeladen, wie die Deutschen, die sich im 17. Jahrhundert in das von den Osmanen entvölkerte Ungarn aufmachten, und immer wieder versuchten Menschen der Armut zu entkommen und irgendwo ein besseres Leben zu finden, wie die Iren nach der großen Hungersnot im 19. Jahrhundert.

In einigen Fällen bildeten Migranten eine neue Unterschicht, in anderen machten sie sich die Einheimischen untertan, und häufig gliederten sie sich in die bestehenden gesellschaftlichen Gefüge ein. Immer veränderten Migrationsprozesse die bestehenden Gesellschaften und setzten dadurch Entwicklungsdynamiken in Gang. Dies geschah vor allem durch kulturelle Aneignungen, das heißt dadurch, dass Bräuche, Moden, religiöse Überzeugungen, technische Errungenschaften oder soziale Praktiken im Kulturkontakt übernommen und dabei auch verändert wurden. Das ist gegenwärtig nicht anders. Durch Migration und Globalisierung hat sich die deutsche Gesellschaft seit den 1950er-Jahren stark gewandelt. Wir sehen dies beispielsweise im Bereich der Kulinarik. Pizza und Döner haben die Currywurst als beliebtestes Fast Food abgelöst, und in städtischen Milieus bilden Restaurants selbst Esskulturen entlegener Weltregionen ab. Die gerade bei jungen Menschen im urbanen Raum geschätzte *Fusion*-Küche, die auf freien Kombinationen unterschiedlicher kulinarischer Elemente basiert, zeigt zudem, dass in einer pluralistischen Gesellschaft auch hybride oder gänzlich neue Formen entstehen. Ähnliches gilt für die Musik, Kunst und Literatur oder die Freizeitgestaltung. Gegenwärtig betreiben 3,4 Millionen Deutsche Yoga und haben aus einem ursprünglich hinduistisch fundierten religiösen Programm einen modernen Lifestyle gezimmert. Ob dies noch indisch ist, spielt dabei ebenso wenig eine Rolle wie die Frage, ob der Berliner Döner national zugeordnet werden kann. Yoga wurde kulturell adaptiert wie alle kulturellen Bräuche, Gegenstände und Gepflogenheiten, die durch Migration, durch Reiseerfahrungen oder Medien in Deutschland bekannt wurden. Ich erwähne dies, weil wir zurzeit mit einer ins Absurde gehenden Debatte um kulturelle Aneignung konfrontiert sind, die im Frühjahr 2023 darin gipfelte, das Tragen von Sombreros bei einer Seniorinnen-Tanzgruppe auf der Bundesgartenschau unter Rassismusverdacht zu stellen. Trotz solcher Blüten woker Intoleranz lässt sich insgesamt für den kulturellen Sektor eine starke Diversifizierung konstatieren, die für sich genommen eine positive Entwicklung darstellt.

Sie ist allerdings nur eine Facette gegenwärtiger Einwanderung, die mit den Anwerbeabkommen begann, die die Bundesregierung 1955 mit Italien, 1960 mit Spanien und Griechenland, 1961 mit der Türkei, 1963 mit Marokko, 1964 mit Portugal, 1965 mit Tunesien und 1968 mit dem ehemaligen Jugoslawien zum gegenseitigen Vorteil der beteiligten Staaten geschlossen hat. In Deutschland existierte in der Stahlindustrie und im Bergbau ein Bedarf an Arbeitskräften, während in der Mittelmeerregion Arbeitslosigkeit herrschte. Allein aus der Türkei siedelten zwischen 1961 und 1973 fast eine Million Menschen nach Deutschland. Rückblickend muss man sagen, dass zur damaligen Zeit gravierende Fehler gemacht wurden, die für die heutige Migrationskrise mitverantwortlich sind. Man ging davon aus, dass die ausländischen Arbeiter nur für eine beschränkte Zeit im Land bleiben und danach in ihre Heimat zurückkehren würden. Dies geschah jedoch nicht, weil die Unternehmen weiterhin Bedarf anmeldeten und die Beschäftigten gutes Geld verdienten.

Mit der Wirtschaftskrise in den 1970er-Jahren änderte sich die Situation. 1973 wurde ein Anwerbestopp verhängt, doch das Ergebnis war lediglich ein forcierter Familiennachzug. 1979 forderte der erste Ausländerbeauftragte der Bundesregierung eine Anerkennung des Umstands, dass Deutschland ein Einwanderungsland geworden sei, doch noch 1982 ließ die regierende Koalition aus CDU/CSU und FDP verlautbaren, dass dies nicht der Fall sei. Bundeskanzler Helmut Kohl bekundete öffentlich, die Hälfte der in Deutschland lebenden Menschen türkischer Herkunft in die Türkei zurückschicken zu wollen. Als Begründung wurden kulturelle Unvereinbarkeiten angegeben. Ethnografische Forschungen zeigten in der ländlichen Türkei und bei Migranten, die aus diesen ruralen Regionen stammten, tatsächlich ein kulturelles Universum, das sehr weit von der bundesrepublikanischen Wirklichkeit entfernt war, doch es muss bezweifelt werden, dass diese Studien jemals von der Politik zur Kenntnis genommen wurden.[49] Daher blieb es bei einem Geraune, in dem eine diffuse Fremdheit beschworen wurde und das schnell in eine allgemeine Rhetorik der Ausländerfeindlichkeit abdriftete. Es wurden weder Maßnahmen getroffen, um kulturelle Dissonanzen durch Integrationsmaßnahmen zu minimieren, noch funktionierte die angestrebte Rückführung in dem erwarteten Maß. Schon vor 50 Jahren manövrierte sich die Politik in eine Situation der Handlungsunfähigkeit hinein, die die Einwanderungspolitik noch heute kennzeichnet.

In dieser Situation glaubten radikale Akteure in extremistischen Milieus freie Hand zu haben. Es kam zu rechtsradikalen Übergriffen. 1991 wurden eine Flüchtlingsunterkunft und ein Vertragsarbeiterwohnheim in Hoyerswerda von Rechtsextremen angegriffen, 1992 geschah das Gleiche in Rostock-Lichtenhagen. Im selben Jahr starben drei Menschen bei einem von Neonazis durchgeführten Brandanschlag in Mölln, und 1993 fielen fünf Menschen einem Anschlag in Solingen zum Opfer. Für die islamistische Seite kann man den Extremisten Metin Kaplan erwähnen, der nach mehreren Versuchen, dauerhaft in der Bundesrepublik Fuß zu fassen, im Jahr 1992 als politischer Flüchtling anerkannt wurde, weil ihm in der Türkei eine strafrechtliche Verfolgung wegen extremistischer Umtriebe drohte. Durch die Entscheidung des Gerichts ermutigt, versuchte er seine politischen Ambitionen in Deutschland umzusetzen und rief in Köln ein Kalifat aus. Einen Gegenkalifen versuchte er mit einem Mordaufruf auszuschalten, und dieser politische Gegner Kaplans wurde dann tatsächlich 1997 erschossen. Andere Beispiele ausländischer Extremisten sind Vertreter der iranischen Regierung, die die iranische Opposition in Deutschland bedrohen, oder die Grauen Wölfe, eine faschistoide türkische Gruppierung, deren Vertreter von einem türkischen Großreich träumen, gewalttätig gegen türkische Minderheiten vorgehen und einen ausgeprägten Antisemitismus kultivieren. Nach Angaben des Verfassungsschutzes sind die Grauen Wölfe die mitgliederstärkste rechtsextreme Organisation in Deutschland. Dass das Kriterium der politischen Verfolgung auch bei nachweislich extremistischen Akteuren zur Vergabe eines Asylrechts genutzt wird, ist evident. Bereits in den späten 1950er-Jahren wurden Islamisten aufgenommen, denen in ihren Heimatländern Prozesse wegen geplanter Staatsstreiche drohten. Ebenso wie ausländische Rechts- und Linksextremisten führten Islamisten ihre Tätigkeiten von Deutschland aus weiter fort. Teilweise gelang es ihnen sogar, beste Beziehungen zu deutschen Politikern zu etablieren. Jüngst berichtete die Presse beispielsweise, dass der Oberbürgermeister der Stadt Hamm, seines Zeichens SPD-Mitglied und sogar Vizevorsitzender der SPD in Nordrhein-Westfahlen, Verbindungen in Wolfskreise hinein pflege.[50]

Die Verlockungen einfacher Weltbilder

Die planlose und in weiten Teilen widersprüchliche Migrationspolitik ermöglichte es linken Akteuren, einen ungeahnten Einfluss bis in konservative Kreise geltend zu machen, obwohl sie eine Agenda verfolgen, die nicht unbedingt auf Gegenliebe stoßen würde, wenn sie denn bekannt wäre. Es geht um die Idee einer Gesellschaft ohne Grenzen und um die Verwirklichung eines sozialistischen Traums, wie er im 19. Jahrhundert von Friedrich Engels und Karl Marx erdacht wurde. Politische Utopien sind in der abendländischen Geschichte kein Novum. Platon schrieb seine Vorstellungen eines idealen Staates bereits im vierten vorchristlichen Jahrhundert nieder, und viele andere folgten. Utopisten beflügelten den Humanismus und die Aufklärung. Dafür wurden sie eingekerkert, gefoltert oder hingerichtet. Einige folgten einer religiösen Vision wie der charismatische Dominikanermönch Girolamo Savonarola, der im 15. Jahrhundert in Florenz eine kurze Diktatur der reinen Moral zu etablieren versuchte. Andere wandten sich strikt gegen die Kirche und gegen jegliche Form der Religion, die Karl Marx als *Opium des Volkes* abgelehnt hatte.

Das Dilemma der Utopien war stets, dass sie einerseits eine berechtigte Kritik an gesellschaftlichen Missständen und politischen Gewaltverhältnissen formulierten, andererseits aber genutzt werden konnten, um Diktaturen zu etablieren. Wenn sie selbst an der Macht waren, errichteten Revolutionäre häufig Schreckensregime, die die ursprünglichen Ideen einer gerechten Gesellschaft und eines guten Lebens pervertierten oder ins Gegenteil verkehrten. Dies trifft vor allem für die sozialistischen Experimente des 20. Jahrhunderts zu. In der Sowjetunion markierte die Niederschlagung des Kronstädter Matrosenaufstands im Jahr 1921 den Beginn eines roten Faschismus, der sich in den stalinistischen Säuberungen fortsetzen sollte, denen selbst überzeugte Mitglieder der Kommunistischen Partei zum Opfer fielen.[51] In der Volksrepublik China führte das

Konzept der permanenten Revolution des Parteivorsitzenden Mao Tse-tung zu einem Jahrzehnte währenden Terror. Indoktrinierte Jugendliche ermordeten ihre Lehrer, und Kinder denunzierten ihre Eltern als Konterrevolutionäre.[52] Nach Schätzungen sollen 70 Millionen Menschen dem kommunistischen Experiment zum Opfer gefallen sein. Im kleinen demokratischen Kamputschea (Kambodscha) brachte es die fanatisierte Elite der Roten Khmer sogar fertig, ein Viertel der Bevölkerung zu liquidieren.

Überall sollte ein neuer Mensch geschaffen werden, der freudig bereit war, die kommunistischen Ideen umzusetzen. Der Mensch hingegen erwies sich als halsstarrig und widerständig, auch weil der Weg der Partei zu Chaos und Hunger führte. Infolge der Zwangskollektivierung der Landwirtschaft verhungerten in der Sowjetunion zu Beginn der 1930er-Jahre nach Schätzungen acht Millionen Menschen, darunter allein fünf Millionen in der Ukraine.[53] In China sollen allein während des sogenannten *Großen Sprungs nach vorn* (1958–1961) mindestens 45 Millionen Menschen ihr Leben verloren haben.[54] Da sozialistische Systeme darin versagten, die Menschen zu überzeugen, setzten die Regierungen auf ausgeklügelte Strukturen von Bespitzelung und Gewalt. Nichts zeigt das Scheitern des Sozialismus deutlicher als die stacheldrahtbewehrten Mauern und Schießbefehle der Grenzposten, die die Bevölkerung von der Flucht in die dämonisierte kapitalistische Welt abhalten sollten.

Trotz dieses katastrophalen Befunds hielt sich in westlichen Ländern die Mär, dass wahre Freiheit und Gerechtigkeit nur im Sozialismus verwirklicht werden könne. Wer auf die gravierenden Menschenrechtsverletzungen hinwies, wurde entweder als Reaktionär beschimpft oder darüber belehrt, dass die verheerende politische Praxis lediglich eine Folge der falschen Umsetzung der sozialistischen Idee sei. Gewöhnlich reichte es allerdings aus, die Stimmen von Kritikern schlicht auszublenden. Da die Verhältnisse in den westlichen Nachkriegsgesellschaften aufgrund des wachsenden Wohlstands ohnehin nicht geeignet waren, eine revolutionäre

Stimmung zu erzeugen, kam es in Mode, auf die Armut in den Ländern Asiens, Afrikas und Lateinamerikas Bezug zu nehmen. Hier schienen die asymmetrischen Machtverhältnisse zu stimmen, die für eine Legitimation des Sozialismus benötigt wurden. Auf der Seite der sogenannten *Dritten Welt* sah man die Entrechteten und Ausgebeuteten, auf der Seite des Westens wurden Ausbeuter, Imperialisten und alle Profiteure des kapitalistischen Weltsystems verortet.[55]

In der Wissenschaft wurde diese These von Theoretikern wie Dieter Senghaas und André Gunder Frank ausbuchstabiert, die die Ansicht vertraten, die *Dritte Welt* sei seit der Zeit des europäischen Kolonialismus ausschließlich auf die Bedürfnisse des *Erste Welt* genannten Westens ausgerichtet worden. Die Unabhängigkeit der außereuropäischen Staaten nach dem Ende des Kolonialismus habe an dieser Asymmetrie nichts geändert, sondern diese bestehe weiter fort.[56] Eng verbunden mit dieser sogenannten *Dependenztheorie* war die *Weltsystemtheorie*, die mit den Namen Immanuel Wallerstein und Samir Amin verbunden ist.[57] Amin, der in den 1950er- und 1960er-Jahren die ägyptische und die malische Regierung beriet und neben vielen anderen politischen Tätigkeiten das Dritte-Welt-Forum in Dakar leitete, hoffte auf ein Ende der Vormachtstellung der USA und damit auch auf eine neue Weltordnung, die seiner Ansicht nach nur eine sozialistische sein konnte.[58] Wenngleich die genannten Autoren die Korruption und Selbstsüchtigkeit der Eliten im globalen Süden kritisierten, ist doch unstrittig, dass sie Armut und Unterentwicklung ausschließlich als ein von einem kapitalistischen oder imperialistischen Westen verursachtes Problem verstanden. Eine solche Bestandsaufnahme führte zwangsläufig und folgerichtig zu der These, Migration sei eine Folge westlicher Ausbeutung. Wenn der Westen die Lebensbedingungen im globalen Süden vernichtete, dann seien die dort lebenden Menschen gezwungen, ihre Heimat zu verlassen. Es bedarf nur eines kleinen Schritts, um daraus schlussendlich ein Recht auf Einwanderung in westliche Länder abzuleiten.

Obwohl die genannten Theorien weder die Realität abbilden noch Lösungen für existierende Probleme aufzeigen, fühlen sich vor allem junge Menschen von ihnen angesprochen. Vielleicht ist es gerade das Unterkomplexe und wenig Konkrete, das sie interessant macht. Ich selbst habe mich in meinem Studium in den frühen 1980er-Jahren mit Entwicklungssoziologie beschäftigt und die Theorien zur vermeintlich absichtlich herbeigeführten Unterentwicklung begeistert rezipiert. Sie erschienen mir passend, um eine Welt gedanklich zu ordnen, die kompliziert war und über die ich nur Bruchstücke wusste. Ich hatte als Schülerin Marx, Engels und Lenin gelesen, später auch die anarchistischen Autoren Pjotr Alexejewitsch Kropotkin, Michael Bakunin sowie Erich Mühsam, dessen Gedichte ich liebte. Ich war eine undogmatische linke Studentin, und das Denken in utopischen Gebäuden war mir nicht fremd. Damit eine Utopie Wirkung entfaltet, muss die Wirklichkeit defizitär sein. In den 1980er-Jahren war das nicht einfach. Wir lebten nicht mehr in der Zeit der industriellen Revolution, in der weite Teile der Bevölkerung in den katastrophalen Verhältnissen vegetieren, die einen Friedrich Engels zum Verfassen seiner Schrift *Über die Lage der arbeitenden Klasse in England* bewegte.[59] Ich selbst war das Produkt eines typischen Bildungsaufstiegs meiner Eltern, wie er in den 1950er-Jahren möglich wurde. Mein Vater arbeitete zunächst als Bergmann im Ruhrgebiet, bis er auf der Abendschule die Hochschulreife erwarb und ein Ingenieurstudium absolvierte. Meine aus kleinbäuerlichen Verhältnissen stammende Mutter wurde eine gebildete Hausfrau, die sieben Sprachen verstand. Ich hatte also keinen unmittelbaren Bezug zur Situation des von Linken stets beschworenen Proletariats und versuchte diesen durch Praxiserfahrung als Arbeiterin in einem Großbetrieb nachzuholen. Die Arbeiter fanden mich seltsam, und erst als ich an ihren mittäglichen Skatrunden teilnahm, erlebte ich eine Behandlung, die man mit etwas gutem Willen als Anerkennung bezeichnen könnte. Meine Kollegen waren ausnahmslos Gewerkschaftsmitglieder, aber von revolutionären

Flausen denkbar weit entfernt. Wie andere Linke suchte ich nach dieser ernüchternden Erfahrung die Unterdrückten des Kapitalismus fortan in der außereuropäischen Welt. Hier lag tatsächlich vieles im Argen. Internationale Konzerne beuteten in vielen Ländern ungehemmt die heimischen Rohstoffe aus, und die korrupten einheimischen Eliten ließen sie gewähren. Westliche Länder paktierten mit Diktatoren, und die USA stürzten in Lateinamerika, das sie zu ihrem Hinterhof erklärt hatten, sogar demokratisch gewählte Regierungen. In der brutalen Logik des Kalten Kriegs zählte allein, wer welchem Block angehörte, und nicht, welchen Preis die Bevölkerung dafür zahlen musste. Angesichts solcher Missstände ergaben *Dependenz-* und *Weltsystemtheorie* für mich Sinn.

Mein aus heutiger Sicht recht eindimensionales Weltbild wurde allerdings fundamental erschüttert, als ich mich für eine Prüfung intensiv mit den empirischen Befunden der Entwicklungspraxis in unterschiedlichen außereuropäischen Regionen befasste. Ein gründliches Lektürestudium zeigte, dass es für den ökonomischen Determinismus, den Dependenz- und Weltsystemtheoretiker am Werk sahen, keine nachweisbaren Anhaltspunkte gab. Nicht überall herrschte nämlich Stillstand und Elend. Ich las über die rasante Entwicklung, die die sogenannten ost- und südostasiatischen *Tigerstaaten* Hongkong, Taiwan, Südkorea und Singapur seit den 1960er-Jahren vorangetrieben hatten, und den etwas weniger spektakulären, aber dennoch beeindruckenden Aufstieg Indonesiens, Malaysias, Thailands und der Philippinen. Offenbar waren Entwicklung, Modernisierung und Wohlstand möglich, obwohl sich die Weltwirtschaftsordnung nicht grundsätzlich veränderte. Andere Länder wie Indien, die Golfstaaten oder die Türkei rückten ebenfalls auf. Atemberaubend ist der Aufstieg Chinas nach dem Tod Maos. Aufgrund von Marktliberalisierungen und des Systems der gelenkten Improvisation, das von Deng Xiaoping entwickelt wurde, konnte der Anteil der Armen in den vergangenen 40 Jahren um 800 Millionen gesenkt werden.[60] China ist mittlerweile die zweitstärkste

Volkswirtschaft der Welt und übernimmt in vielen Ländern bereits die Rolle einer neuen Supermacht. Als ernsthafte Konkurrenz zu westlichen Staatenbünden entpuppen sich die BRICS-Staaten, denen Brasilien, Russland, Indien, China und Südafrika und somit 40 Prozent der Weltbevölkerung angehören. Ihre Regierungen bekunden, ein Gegengewicht zur westlichen Dominanz und eine gerechtere Welt schaffen zu wollen. Ein Ziel ist die Abschaffung des Dollars als Leitwährung. Wirtschaftlich sind die BRICS-Staaten ein Faktor, der nicht mehr ignoriert werden kann. Das verdeutlicht ihr Anteil am Weltbruttosozialprodukt, das innerhalb der vergangenen zehn Jahre von zehn Prozent auf 31,5 Prozent (2022) stieg, während das der G7-Länder (USA, Großbritannien, Frankreich, Deutschland, Italien, Japan und Kanada) auf 30 Prozent gesunken ist. Mittlerweile haben etliche Länder, darunter Indonesien, Thailand, Saudi-Arabien, Algerien, Iran, Senegal und Venezuela, ihre BRICS-Mitgliedschaft beantragt.

BRICS ist ein Staatenbund, der sehr unterschiedliche politische Systeme vereinigt und sich wenig um demokratische Werte oder die Durchsetzung der allgemeinen Menschenrechte schert. Seine Wirtschaftserfolge sind der Beherrschung von Marktprinzipien sowie staatlichen Eingriffen geschuldet, die Entwicklungsdiktaturen kennzeichnen. Obgleich die ökonomischen und politischen Asymmetrien enorm sind, findet die rasanteste gegenwärtige Entwicklung im globalen Süden statt. Die Zeichen sind unübersehbar, dass sich die Machtkorrelationen in der Welt verschieben.

Armut, Bürgergeld und die Macht der Nichtregierungsorganisationen

Angesichts dieser Anzeichen einer neuen Weltordnung sind simple Narrative über den globalen Süden immer weniger geeignet, zu einem Erkenntnisgewinn beizutragen. Das betrifft auch vermeintliche

Gewissheiten über die Faktoren, die Armut oder Entwicklung und Wohlstand begünstigen. Nehmen wir wieder das chinesische Beispiel. In den meisten Ländern Südostasiens ist die chinesische Bevölkerung die zentrale wirtschaftliche Kraft, obgleich die Chinesen traditionell nicht den etablierten Eliten angehörten.[61] In Malaysia wurden sie beispielsweise während der britischen Kolonialzeit für die Arbeit in Bergwerken und auf Plantagen angeworben, weil sie als fleißig galten. Trotz ihrer schlechten Ausgangssituation schafften sie in kurzer Zeit einen bemerkenswerten Aufstieg. Heute gehören sie zur wirtschaftlich dynamischsten ethnischen Gruppe. Das löste vielfach Neid aus, und im Jahr 1969 kam es zu antichinesischen Pogromen, denen etwa 1000 Chinesen zum Opfer fielen. Die von ethnischen Malaien dominierte postkoloniale Regierung befriedete die Lage mit der Verfügung einer neuen wirtschaftlichen Leitlinie, die den Einfluss von Chinesen durch institutionelle Bevorzugungen der malaiischen Mehrheitsbevölkerung begrenzen sollte. Dennoch konnte sie wenig daran ändern, dass die diskriminierte Minderheit erfolgreicher blieb als die vielfach geförderten Malaien. In Indonesien, Thailand und auf den Philippinen sind Chinesen ebenfalls bis auf den heutigen Tag wirtschaftlich extrem stark. Auch dort kam es in der Vergangenheit immer wieder zu antichinesischen Pogromen. Ähnliches gilt übrigens auch für die indischstämmige Bevölkerung Afrikas.[62]

Sowohl Indien als auch China gehören zu den aktuellen Modernisierungsgewinnern, während andere Länder trotz massiver Entwicklungshilfe nur wenige Fortschritte zu verzeichnen haben. Eine kapitalistische Weltordnung ist dafür ebenso wenig verantwortlich wie das Agieren westlicher Unternehmen. Dass man innerhalb westlicher Staaten – und dies gilt beileibe nicht nur für die politische Linke – nach wie vor davon überzeugt ist, man könne die Entwicklung der gesamten Welt durch das eigene Handeln entscheidend beeinflussen, habe ich bereits in meinem letzten Buch als realitätsferne Hybris kritisiert.[63] Obwohl sich die globalen Machtverhältnisse unübersehbar verändern, sind sowohl die Außen- als auch die Migrationspolitik von einer ungebrochenen westlichen Omnipotenzfantasie geprägt.

Die maßlose Selbstüberschätzung in Verbindung mit der Überzeugung, die Migrationsursachen durch eine ausbeuterische Politik mitverursacht zu haben, ist eine Erklärung, warum sich woke Linke in Deutschland trotz spürbarer desaströser Konsequenzen weiterhin gegen eine Steuerung der Zuwanderung aussprechen. Angesichts der empfundenen eigenen Schuld glaubt man sich nicht berechtigt, jemanden abzuweisen, geschweige denn, wieder in die Heimat zurückzuführen. Da die überwiegende Mehrheit der Bevölkerung zwar willens ist, Notleidenden zu helfen, dabei aber durchaus Grenzen des Machbaren wahrnimmt, bestand die Strategie der woken Linken bislang darin, Fakten zu verheimlichen, die die Akzeptanz von Zuwanderern verringern könnten, oder sogar Falschinformationen zu verbreiten.

Verschwiegen wurden die Beteiligung von Migranten an kriminellen Delikten, Probleme mit Islamisten in Flüchtlingsunterkünften, Kindertagesstätten und Schulen oder die Kosten, die von der Gesellschaft jährlich für die Folgen der Zuwanderung aufgebracht werden müssen. Falschinformationen beziehen sich beispielsweise darauf, wer eigentlich in Deutschland ankommt. NGOs, Medien und Bildungseinrichtungen werben mit Bildern, auf denen überproportional häufig kleine Kinder oder Frauen mit kleinen Kindern zu sehen sind, obwohl der überwiegende Anteil der Migranten aus Männern und männlichen Jugendlichen besteht. Der Grund liegt auf der Hand: Hunderttausende junger Männer würden, im Hinblick auf Kriminalität und öffentliche Ausschreitungen, als Risiko angesehen, Kinder und Frauen dagegen gelten als schutzbedürftig. Wie die Bildsymbolik gehören auch die migrationsbezogenen Sprachregelungen in den Bereich der Desinformation. Der ursprüngliche Terminus *Asylbewerber* wurde durch *Flüchtlinge* und danach durch *Geflüchtete* ersetzt, um Assoziationen von Zwang und

Unfreiwilligkeit auszulösen. Heute werden Zuwanderer als *Schutzsuchende* bezeichnet. Damit wird suggeriert, es handele sich ausnahmslos um Menschen, die einer lebensbedrohlichen Situation entkommen sind. Schutzsuchende abzuweisen ist unmenschlich und für eine menschenrechtsorientierte Gesellschaft nicht akzeptabel, so die implizite Botschaft, die den woken Diskurs prägt. Wer ökonomische Ambitionen von Zuwanderern anspricht oder diese gar als eine Motivation für die Migration ins Spiel bringt, löst noch immer eine mediale Empörung aus, die nicht selten die Grenze zur Hysterie überschreitet. Dabei ist längst bekannt, dass nicht nur die Schlepperpropaganda explizit darauf rekurriert, dass man in Europa und speziell in Deutschland schnell wohlhabend werden könne. In allgemein zugänglichen Dokumentationen lässt sich ersehen, dass rückgeführte Migranten von ihren Familien beschimpft werden, weil sie nicht den versprochenen Geldsegen brachten.

Seitens der Zuwanderer ist es nicht verwerflich, sich auf den Weg in ein Land zu machen, von dem sie vernommen haben, dass man dort zu Reichtum kommen oder zumindest auskömmlich leben kann. Wer wollte es einem Menschen verwehren, in der Ferne sein Glück zu suchen? Aus der Perspektive der Aufnahmegesellschaft sieht dies jedoch anders aus. Hier können humanitäre Aspekte geltend gemacht werden, doch dies kann nicht bis zur Selbstaufgabe gelten. Wirtschaftliche Motive der Zuwanderer sollten nur dann berücksichtigt werden, wenn sie zu einer Win-win-Situation führen. Das ist allerdings oft nicht der Fall. Die überwiegende Mehrheit der Migranten, die als schutzsuchend verbucht werden, ist unqualifiziert, bildungsfern und arbeitet auch nach Jahren nicht, sondern belastet die öffentliche Hand jährlich mit Milliardenbeträgen. Nach Angaben der Bundesagentur für Arbeit waren 2022 nur 36,1 Prozent aller Iraker, 38 Prozent aller Syrer, 40,3 Prozent aller Afghanen, 42,4 Prozent aller Somalier und 47,4 Prozent aller Nigerianer erwerbstätig.[64] Im Juli 2023 erhielten außerdem 1,3 Millionen Ukrainer staatliche Transferleistungen.

Die Bundesregierung hat mit dem Bürgergeld und anderen Unterstützungsleistungen starke Anreize für die Nichterwerbstätigkeit gesetzt. Eine Arbeitspflicht arbeitsfähiger Menschen, wie sie der CDU-Generalsekretär Carsten Linnemann forderte, lehnen Politiker linker Parteien als Zwangsarbeit ab. Daher ist es nicht verwunderlich, dass ca. zwei Millionen offene Stellen nicht besetzt werden, obwohl die Zahl der Arbeitslosen im Juni 2023 nach Angaben der Bundesagentur für Arbeit mit 2,6 Millionen und die der Unterbeschäftigten mit 3,5 Millionen angegeben wurde. Insgesamt bezogen 2023 etwas 3,9 Millionen erwerbsfähige Personen Bürgergeld.

Solche Verhältnisse stellen einen signifikanten Treiber für die irreguläre Zuwanderung nach Deutschland dar. In der Migrationsforschung unterscheidet man zwischen Push- und Pull-Faktoren. Push-Faktoren können Krieg, Verfolgung, persönliche Notlagen wie eine drohende Zwangsverheiratung, Armut oder die Suche nach einem besseren Leben sein. Pull-Faktoren sind Sicherheit, die Existenz eines Sozialstaats mit großzügigen Sozialleistungen und unentgeltlicher Gesundheitsversorgung sowie bereits existierende familiäre, ethnische oder religiöse Netzwerke. Nicht nur Verfolgte, sondern jeder Zuwanderer profitiert von den Transfer- und Versorgungsleistungen des Staates. Aus diesem Grund migrieren zunehmend Menschen, die nicht verfolgt sind, nach Deutschland. Nach Informationen des Bundesamtes für Migration und Flüchtlinge (BAMF) aus dem Jahr 2022 erhielten nur 20,4 Prozent aller Asylbewerber eine Anerkennung als politischer Flüchtling. 69,5 Prozent erhielten subsidiären Schutz. Asylbewerber aus Afghanistan wurden zu 18,3 Prozent als politisch Verfolgte und zu 4,3 Prozent als Kriegsflüchtlinge anerkannt; 59,9 Prozent von ihnen wurden dennoch wegen eines Abschiebeverbots nicht zur Rückkehr in ihre Heimat verpflichtet.[65]

Woke Linke verwischen mit großer Verve die Unterschiede zwischen politischer Verfolgung, Kriegsflucht und ökonomischen Motiven von Migranten, und sie haben sich dabei bis in die CDU hinein durchgesetzt. Spätestens seit Angela Merkels Weigerung, im Jahr

2015 die Grenzen zu schließen, kann jedermann kommen und bleiben. Zwar werden Gerichte nach wie vor damit beschäftigt, Asylverfahren durchzuführen, doch bei einer Ablehnung geschieht in der Regel nichts. Hunderttausende von Menschen sind zurzeit ausreisepflichtig, werden aber nicht in ihre Heimat zurückgeführt. Verantwortlich für diesen Missstand ist eine nahezu unüberschaubare Vielzahl nichtstaatlicher Organisationen, die die Schwächen des Systems ausnutzen und für diese Tätigkeiten staatliche Gelder erhalten. Ihre Mitglieder skandalisieren alle Versuche, Migration zu steuern oder zu begrenzen, reflexartig als inhuman. Dafür steht der Slogan *Kein Mensch ist illegal.* Das besondere Interesse der Aktivisten gilt der Verhinderung von Abschiebungen der Personen, die kein Bleiberecht in Deutschland erhalten haben, weil ihnen in ihrer Heimat weder Krieg noch Verfolgung drohen. Um Rückführungen zu verhindern, werden Sozialarbeiter, die in Flüchtlingseinrichtungen tätig sind, von *Flüchtlingsräten* instruiert, ihre Klientel vor geplanten Abschiebungen zu unterrichten, damit diese sich dem Zugriff entziehen können. Bereits im Jahr 2019 wurde dies vom damaligen Leiter des Bundesamtes für Migration und Flüchtlinge kritisiert.

Ein Beispiel für die Zusammenarbeit zwischen Nichtregierungsorganisationen und staatlichen Stellen ist ein Beschluss der Bundesregierung aus dem Jahr 2022, einer NGO namens United4Rescue – Gemeinsam Retten bis zum Jahr 2026 jährlich zwei Millionen Euro aus Steuermitteln über das von der Grünen-Politikerin Annalena Baerbock geleitete Bundesaußenministerium zukommen zu lassen. United4Rescue betreibt Schiffe, die Migranten im Mittelmeer aufnehmen und an das europäische Festland bringen. Grundsätzlich wäre nichts gegen eine tatsächliche Seenotrettung einzuwenden, doch darum geht es United4Rescue letztendlich nicht. Die Organisation unterstützt in Gerichtsverfahren Personen, die der Schlepperei, des Terrorismus oder anderer Delikte angeklagt werden, und fördert dadurch das Schlepperunwesen, dem jährlich Tausende Menschen zum Opfer fallen. Statt Leben zu retten, kosten solche Unternehmungen zahlreiche Menschenleben. Dies wird offenbar billigend in Kauf genommen, um das geltende Asylsystem außer Kraft zu setzen und offene Grenzen zu erzwingen.

United4Rescue wurde 2019 von der Evangelischen Kirche initiiert. Beteiligt war der Grünen-Politiker Sven Giegold, der damals im Präsidium des Evangelischen Kirchentages eine entsprechende Resolution voranbrachte. Giegold ist mittlerweile Staatssekretär im von seinem Parteifreund Robert Habeck geleiteten Wirtschaftsministerium. Im Vorstand von United4Rescue ist der Theologe Thies Gundlach, der mit der Grünen-Politikerin Katrin Göring-Eckhard liiert ist, die die Seenotretterszene seit Jahren propagandistisch promotet. Während der Ampel-Regierung wurden die losen Enden zwischen linken Nichtregierungsorganisationen, der evangelischen Kirche und der grünen Partei sichtbar miteinander verbunden. Der vorpolitische Raum wurde personell und finanziell an einen Staat gebunden, der sein Personal zwischen den Szenen mäandern ließ.

Die Journalistin Fatima Keilani mutmaßte angesichts dieser Verflechtungen in der *Neuen Zürcher Zeitung*: »Wenn also die evangelische Kirche sogenannte Rettungsschiffe unterstützt, die dann ihrer eigenen Diakonie Nachschub für die von ihr betriebenen Unterkünfte zuführt, so ist das womöglich weniger ein Akt der ›Menschlichkeit‹ als einer der Geschäftstüchtigkeit.«[66] Dieses Argument ist nicht von der Hand zu weisen, denn zu den zahlreichen Bündnispartnern von United4Rescue gehören vor allem kirchliche Einrichtungen. Die NGO ist bestens in einem unübersehbaren Netz weiterer Organisationen verortet, die sich bei der Akquise staatlicher Gelder gegenseitig helfen. So ist sie beispielsweise Trägerverein des Projekts Moving Cities, dessen Kosten von der Robert Bosch Stiftung, der Rosa-Luxemburg-Stiftung und der Heinrich-Böll-Stiftung getragen werden, die ebenfalls steuerfinanziert werden. Es handelt sich um ein Netzwerk europäischer Städte, »die sich für eine fortschrittliche Migrationspolitik einsetzen«. Ziel sei es, die »Aufnahme und gesellschaftliche Teilhabe von Migrant:innen und Geflüchteten in Europa voranzutreiben«.[67]

Aufschlussreich ist auch hier das symptomatische Verschleiern klarer Kategorien, mit denen Zuwanderung rechtlich und moralisch fassbar gemacht werden könnte. Einerseits betont United4Rescue das Recht auf ein faires Asylverfahren, andererseits spricht man von Menschen, die eine menschenwürdige Zukunft suchen und ihr Land aufgrund von »Verfolgung, Krieg, Armut, Unrecht und Klimawandel« verlassen haben. Mit dieser Definition sind der Aufnahme von Migranten keine Grenzen mehr gesetzt. Diese wird zur »humanitären Pflicht« und ist damit nicht mehr verhandelbar.

Das stetige Aufweichen des geltenden Asylrechts und die Förderung jeder Art von Migration zeigen bemerkenswerte Übereinstimmungen mit den Statuten des *UN-Migrationspakts*, der im Dezember 2018 in Marokko unterzeichnet wurde. Das Dokument ist für die unterzeichnenden Staaten nicht bindend, stellt aber dennoch eine politische Übereinkunft dar, auf die sich nationale Regierungen beziehen sollen. Im Wesentlichen werden die Rechte von Migranten gegenüber den aufnehmenden Mehrheitsgesellschaften gestärkt. Sie sollen in den anvisierten Staaten Zugang zu den sozialen Sicherungssystemen und zu juristischer Unterstützung erhalten, wobei explizit Nichtregierungsorganisationen erwähnt werden. Um eventuellen Widerstand in der Aufnahmegesellschaft zu minimieren, sollen Beschwerdestellen eingerichtet und die Medien zu einer migrationsfreundlichen Berichterstattung verpflichtet werden. Damit wird das Verschweigen von Missständen zum Programm erhoben. Zuwiderhandlungen sollen sogar mit dem Entzug finanzieller Förderungen bestraft werden.

Integrationsverweigerung als Programm

Schweigegebote und Schönfärbereien haben allerdings nicht zum erwarteten Ergebnis geführt. Die von den Menschen unmittelbar erlebten Missstände bleiben evident, selbst wenn nicht darüber berichtet wird. Dies bezieht sich nicht nur auf die Überlastung von Kommunen. Wenn Fußgängerzonen nach Einbruch der Dunkelheit vorwiegend von Gruppen junger Männer frequentiert werden, bleiben Frauen diesen Orten fern. Kindertagesstätten, in denen die Mehrheit der Kinder kein Deutsch spricht, werden von bürgerlichen Eltern gemieden. Selbst linke Eltern melden ihren Nachwuchs auf Privatschulen an, wenn der Migrantenanteil an den öffentlichen Schulen zu groß ist, und alteingesessene Migranten wechseln den Stadtteil, wenn er in eine Parallelgesellschaft abzudriften droht. Wir erleben gerade eine Segregation der Gesellschaft im Zeitraffer.

Was sagt die woke Migrationsforschung zu diesen beklagenswerten Dynamiken? Naika Foroutan, Professorin für Integrationsforschung und Gesellschaftspolitik an der Humboldt-Universität, gab jüngst zu, dass es nicht gelungen sei, Migration als Erfolgsgeschichte zu zeichnen. Foroutan leitet das 2017 ins Leben gerufene außeruniversitäre Deutsche Zentrum für Integrations- und Migrationsforschung (DeZIM), eine der ersten Adressen, wenn es um Migrationsexpertise geht. Sie hat den irreführenden Begriff der *postmigrantischen* Gesellschaft erfunden und versteht darunter, dass »Strukturen, Institutionen und politische Kulturen nachholend an die erkannte Migrationsrealität angepasst werden«.[68] Im Klartext bedeutet dies, dass nicht die Zuwanderer, sondern die deutsche Gesellschaft sich anzupassen habe. Dem klassischen Integrationsparadigma fehlten, so Foroutan, die »Integrationsanpassungen oder -leistungen, die von der Dominanzgesellschaft erbracht werden müssten«. Ebenso formuliert dies die Soziologin Annette Treibel, die an der Pädagogischen Hochschule Karlsruhe eine Professur bekleidet. Sie fordert Integrationskurse für Einheimische, um sich in die Migrationsgesellschaft zu integrieren.[69] In einem *Focus*-Artikel vom August 2023 legte auch Foroutan noch einmal nach und behauptete, niemand habe allein deshalb Anspruch auf Deutschland, weil seine Urahnen schon immer hier gelebt haben.[70] Ob Frau Foroutan solche Thesen auch im Zusammenhang mit den USA, Australien oder Neuseeland vertreten würde, in denen indigene Gruppen, die durch europäische Migranten an den Rand gedrängt wurden, jetzt um ihre Rechte kämpfen? Die Vermutung, dass dies nicht der Fall sein würde, liegt auf der Hand.

Von den steilen Thesen Foroutans ist es nicht mehr weit zur Negation einer eigenständigen deutschen Kultur, mit der im Jahr 2017 bereits Aydan Özogus, die ehemalige Integrationsbeauftragte der Bundesregierung, an die Öffentlichkeit trat. Eine deutsche Kultur sei jenseits der deutschen Sprache nicht identifizierbar, behauptete sie. Andere Vertreter einer migrantischen Gegenkultur setzten nach und reduzierten die deutsche Gesellschaft auf eine der ewigen Nazis und Rassisten, in die man sich ohnehin nicht integrieren wolle.[71] Einige schaukeln sich sogar langsam in einen Kriegsmodus hinein. Der iranischstämmige Journalist Behzad Karim Khani ist ein solcher Fall. In der *Berliner Zeitung* schrieb er anlässlich der Debatte zu den Silvesterausschreitungen 2022/2023 unter dem Titel *Integriert euch doch selbst*, Menschen aus einem Land mit *Nazivergangenheit* sei nicht zu trauen, weshalb die Krawalle, bei denen etliche Rettungssanitäter und Polizisten schwer verletzt wurden, die wohlverdiente Antwort der Migranten seien. Ohnehin müssten die Biodeutschen der Tatsache ins Auge sehen, dass sie binnen kurzer Zeit demografisch verschwinden, also wegsterben würden. Migranten würden das Land dann übernehmen.[72] In die Reihe solcher Polemiken passen auch Publikationen wie Max Czolleks Schrift *Desintegriert euch!* oder der Sammelband *Eure Heimat ist unser Albtraum*, der von Fatma Aydemir und Hengameh Yaghoobifarah herausgegeben wurde. Beide entwerfen das Zerrbild einer faschistoiden Mehrheitsgesellschaft, der man sich als Angehöriger einer Minderheit verweigern, ja gegen die man in den Widerstand treten müsse.

Dass solche Aussagen für ein verträgliches Zusammenleben nicht sonderlich förderlich sind, wissen auch die woken Migrationsforscher. Der Soziologe Aladdin El-Mafaalani wies in einer Monografie auf ein Paradox hin. Je gelungener die migrantischen

Aufstiegsbiografien und je erfolgreicher ihr Kampf um Anerkennung seien, desto größer würden die Konflikte, schrieb er in seinem Buch *Das Integrationsparadox*. Die offene Gesellschaft sei keine Wohlfühlveranstaltung.[73] Damit sich diese Zeilen nicht wie eine Drohung lesen, versucht er im letzten Kapitel einen tröstlichen Ausblick auf eine inklusive Utopie zu eröffnen. Ich möchte ihm gern zugestehen, dass er es prinzipiell gut meint, tatsächlich jedoch ist die Wirkung solcher Schriften desaströs. Sie vermitteln der autochthonen Bevölkerung den Eindruck, dass gerade gut gebildete Migranten von einer fundamentalen Feindschaft zur Mehrheitsgesellschaft getrieben würden. Der unverhohlene Machtkampf, zu dem von privilegierten Positionen in Wissenschaft, Medien und Politik aufgerufen wird, wirkt alarmierend – besonders, wenn dabei auf demografische Asymmetrien Bezug genommen wird. Hier wird von linksidentitärer Seite das rechtsidentitäre Narrativ einer angeblichen *Umvolkung* aufgegriffen, die das Bild einer von langer Hand geplanten Ersetzung der einheimischen Bevölkerung an die Wand malt. Wenn dies tatsächlich eine linke Utopie sein sollte, wäre es eine Bankrotterklärung der pluralistischen Gesellschaft.

KAPITEL 5

Die »Islamophobie«-Lobby reicht bis Katar

Islamismus in allen seinen Spielarten ist eine der größten Gefahren für unsere Gesellschaft. Sein Gewaltpotenzial zeigt sich in zahlreichen Anschlägen und Messerattacken sowie in der Bedrohung von Juden, liberalen Muslimen, Kurden und Eziden. Er ist antisemitisch, antichristlich, frauen- und queerfeindlich. Dennoch bleiben seine Vertreter in Deutschland unbehelligt. Gewalttaten werden entschuldigt und antidemokratische Äußerungen nicht ernst genommen. Verantwortlich dafür ist eine woke Ideologie, die Muslime als besonders diskriminierte Gruppe eines angeblich strukturell rassistischen Westens definiert und jegliche Kritik als Islamophobie oder als antimuslimischen Rassismus abwehrt. Deutsche Linke machen sich dadurch zu willfährigen Werkzeugen von Diktatoren in Katar, der Türkei und in Iran.

Die verlorene Ehre des Constantin Schreiber

Am 14. September 2023 veröffentlichte die Wochenzeitung *Die Zeit* ein Interview ihres Herausgebers Giovanni di Lorenzo mit dem *Tagesschau*-Sprecher Constantin Schreiber, in dem jener bekanntgab, sich zukünftig »zu allem, was mit dem Islam auch nur im Entferntesten zu tun hat, nicht mehr zu äußern«. Als Grund gab er die

Herabwürdigungen und Bedrohungen seiner Person an, denen er seit Jahren ausgesetzt ist. Der 1979 geborene Schreiber war einst ein Shootingstar der jungen Journalistenszene. Als Jugendlicher lernte er in Syrien die Grundzüge der arabischen Sprache, die er später bei Auslandsaufenthalten weiterentwickelte. Nach dem Abitur absolvierte er ein Praktikum in Ägypten, studierte Jura und schloss mit dem ersten Staatsexamen ab. Von 2004 bis 2006 folgte ein Volontariat bei der *Deutschen Welle*, und 2006 begann er für die libanesische Zeitung *Daily Star* zu schreiben. Von 2006 bis 2009 arbeitete Schreiber für das arabische Programm der *Deutschen Welle* in Dubai. Zwei Jahre als Medienberater für das Auswärtige Amt schlossen sich an. Im Jahr 2011 moderierte er die Wissenschaftssendung *Scitech* beim ägyptischen Sender ONTV, ein Jahr später auch Programme in Deutschland bei N-TV. Seine große Stunde schlug mit Beginn der Flüchtlingskrise im Jahr 2015. Es gab einen großen Bedarf an kultur- und sprachkundigen Menschen, die in der Lage waren, Zuwanderern aus dem arabischen Raum die hiesige Kultur und Gesellschaft zu vermitteln. Constantin Schreiber wurde gebraucht, und er nahm seine Chance wahr. In der wöchentlichen Sendung *Marhaba – Ankommen in Deutschland* informierte er in arabischer Sprache und lockerem Ton über Alltägliches und Grundsätzliches, etwa darüber, dass Deutsche an der roten Ampel stehenbleiben, wie man in einer Bäckerei einen Überblick über die verschiedenen Brotsorten gewinnt oder was die in der Verfassung garantierte Gleichberechtigung von Frauen bedeutet. Dafür erhielt er 2016 den Grimme-Preis, aber bereits 2015 hatte die Journalistin Eva Thöne im *Spiegel* moniert, dass Integration von ihm zu sehr als Anpassung verstanden werde. 2017 wechselte Schreiber zur ARD, und seit 2021 liest er um 20 Uhr die Nachrichten der *Tagesschau*.

Man könnte jetzt meinen, Constantin Schreibers Laufbahn sei typisch für einen begabten und dazu noch charmanten jungen Journalisten, der zur rechten Zeit am rechten Ort war und seine Fähigkeiten unter Ausblendung heikler Themen für einen geschmeidigen

Aufstieg nutzte. Doch dies war mitnichten der Fall. Bereits im Jahr 2015 positionierte er sich eindeutig mit einer kritischen politischen Haltung. Zusammen mit Ensaf Haidar publizierte er das Buch *1000 Peitschenhiebe. Weil ich sage, was ich denke*. Es handelte sich um verbotene Texte des saudischen Dissidenten Raif Badawi, der 2008 ein digitales Forum gegründet hatte, in dem er sich für Religionsfreiheit und liberale Freiheitsrechte einsetzte. Die saudischen Behörden reagierten erwartungsgemäß repressiv. Badawi wurde im Jahr 2012 wegen des Vorwurfs der Apostasie inhaftiert und wegen Beleidigung des Islam zu 1000 Peitschenhieben und zehn Jahren Haft verurteilt. Nach anfänglichen Teilvollstreckungen des Urteils wurden die Körperstrafen ausgesetzt, und im Jahr 2022 folgte die Haftentlassung – allerdings bei Verhängung eines zehnjährigen Ausreiseverbots.

Durch diese Erfahrungen sensibilisiert, war Schreibers Interesse geweckt, auch hinter die Fassaden des in Deutschland praktizierten Islam zu schauen, der ja bekanntermaßen weitgehend auslandsabhängig ist. Er wollte wissen, was in Moscheen gepredigt wurde, und besuchte acht Monate lang 13 muslimische Gotteshäuser, die nach dem Zufallsprinzip ausgewählt wurden. Schreiber führte Gespräche mit Imamen, nahm die Predigten auf, übersetzte sie unter Hinzuziehung von zertifizierten Dolmetschern und ließ sie anschließend von Wissenschaftlern kommentieren, um das Gesagte auch inhaltlich einordnen zu können. Das Projekt hatte weder einen wissenschaftlichen Anspruch, noch sollte es repräsentativ sein, aber es war eine solide journalistische Arbeit. 2016 erschien sie unter dem Titel *Inside Islam. Was in Moscheen gepredigt wird* im Econ Verlag und wurde sofort zum Bestseller. Das Buch erregte vor allem deshalb Aufmerksamkeit, weil es einen Blick in ein Paralleluniversum erlaubte, das dem gewöhnlichen Bundesbürger vollkommen fremd war. Was man dort sah, war ernüchternd. Nichtmuslime wurden als Ungläubige verunglimpft, und in vielen Predigten wurden Muslime zur Abschottung aufgerufen. Einige Imame warnten die Mitglieder ihrer Gemeinde davor, mit Nichtmuslimen Freundschaft zu schließen;

ein Imam spricht von einer *Weihnachtsgefahr* und *Neujahrsgefahr*, in der die Muslime verführt werden könnten, an fremden Bräuchen teilzunehmen und sich dadurch ihrer Religion zu entfremden.[74] Für viele Menschen waren Constantin Schreibers Befunde schockierend, für Experten jedoch alles andere als überraschend. In meiner eigenen, mehr als vier Jahre dauernden empirischen Studie über Moscheegemeinschaften war ich ebenfalls auf einen eisernen Willen zur Separation, auf ein durch religiöse Texte genährtes Überlegenheitsgefühl und auf eine extreme Intoleranz gestoßen.[75] Ein ähnliches Bild brachte auch eine Erhebung von Heiko Heinisch und Imet Mehmedi zutage, die der Österreichische Integrationsfonds in Auftrag gegeben hatte.[76] Die Aufdeckung dieser Strukturen ist gerade für konservative Muslime alles andere als schmeichelhaft, weil sie die geglättete Außendarstellung infrage stellt. Daher war es vorhersehbar, dass aus diesen Kreisen gegen Schreibers Buch mobilgemacht wurde. Er erhielt das Stigma des Antimuslimischen und sollte es niemals wieder loswerden.

2019 erschien eine weitere Monografie mit dem Titel *Kinder des Koran. Was muslimische Schüler lernen*. Constantin Schreiber analysierte dabei Schulbücher aus dem Irak, Jordanien, Libanon, Ägypten, Iran, der Türkei, Afghanistan und den palästinensischen Gebieten. Jedem Kapitel wurden kurze Länderbeschreibungen vorangestellt, dann folgten übersetzte Originalauszüge aus ausgewählten Schulbüchern, die wiederum von Experten kommentiert wurden. Die Arbeit offenbarte, dass muslimische Kinder mit antisemitischen, frauenfeindlichen und extremistischen Positionen indoktriniert wurden und dass man Hass auf Nichtmuslime mit Verweisen auf Koranverse begründete. In vielen Fällen appellierten die Autoren an die Emotionen der Schüler, was die Beeinflussung besonders nachhaltig macht. »Was bedeutet es«, so Schreiber in seinem Fazit, »wenn junge Menschen, die einer solchen Bildung ausgesetzt waren, nach Deutschland kommen?«[77] Die Antwort liegt auf der Hand.

Die Prägungen der Kindheit und Jugend werden nicht einfach mit dem Grenzübertritt nach Deutschland abgestreift. Darauf verweisen Forschungen des islamischen Religionspädagogen Ednan Aslan zu muslimischen Flüchtlingen in Graz oder ein Survey des bereits erwähnten Berliner Migrationsforschers Ruud Koopmans.[78] Koopmans hatte fundamentalistische Einstellungen bei Christen und Muslimen in Deutschland, Frankreich, Schweden, Österreich, den Niederlanden und Belgien erhoben und signifikante Unterschiede zwischen den Religionsgruppen festgestellt. 65 Prozent der befragten Muslime, aber nur 13 Prozent der Christen gaben an, dass ihnen religiöse Regeln wichtiger seien als weltliche Gesetze. Eine durchgängig fundamentalistische Gesinnung trat bei 44 Prozent der Muslime, aber nur bei vier Prozent der Christen auf. 45 Prozent der Muslime und neun Prozent der Christen gaben an, dass man Juden nicht trauen könne, 60 Prozent der Muslime und 13 Prozent der Christen lehnten Homosexuelle ab. Koopmans gilt in woken Kreisen seit der Veröffentlichung dieser Studie als Islamfeind, obwohl die empirische Validität seiner Daten niemals bezweifelt wurde. Ähnliches gilt für Aslan, der als liberaler Muslim seit langem ein Hassobjekt islamistischer und woker Akteure ist. Dass auch Constantin Schreibers Buch bei woken Rezensenten Empörung hervorrufen musste, ist nicht überraschend. In der notorisch woken Internetzeitschrift *dis:orient* wurde daher tief in die Kiste abwertender Schlagwörter gegriffen. Frei nach dem Motto, »wer Muslime oder den Islam kritisiert, kann nur rechtsextrem sein«, behauptet der Rezensent: »Schreibers Analyse enthält rassistische, islamophobe und vielfach AfD-nahe Positionen und befeuert, verbreitet und legitimiert rechtsextreme Diskurse.«[79]

2021 erschien Constantin Schreibers erster Roman *Die Kandidatin*, der erneut für woke Übersprungreaktionen sorgte. Er entwirft darin eine Dystopie, in der Menschen nach Diversitätsmerkmalen in Gruppen einsortiert werden und dadurch Vor- oder Nachteile haben. Muslime und Personen mit nichtweißer Hautpigmentierung befinden sich auf der Gewinnerseite. Ein Vielfaltsförderungsgesetz sorgt dafür, dass sie bei Einstellungen, besonders auf Führungspositionen, bevorzugt werden, eine Weißensteuer ist im Gespräch, und eine muslimische Kanzlerkandidatin, in der man die Berliner SPD-Politikerin Sawsan Chebli zu erkennen glaubt, vertraut darauf, dass ihr der Wahlsieg sicher ist, weil monatlich Tausende muslimische Migranten eingeflogen werden. Dass das mediale Echo gespalten war, ist verständlich. Während Thomas Brussig den Roman im *Tagesspiegel* mit George Orwells *1984* und Michel Houellebecqs *Unterwerfung* vergleicht und konstatiert, dass alle Details den Forderungen von tatsächlich existierenden Diversitätsaktivisten entnommen sind, bezeichnete Schreibers ARD-Kollege Stefan Buchen ihn in der *Tageszeitung* als antimuslimische Hetzschrift.[80]

Seit dem Erscheinen von *Inside Islam* wurde Constantin Schreiber immer wieder öffentlich als Rassist und als jemand bezeichnet, der Rechtsradikalen die notwendigen Argumente liefert. So etwas ist nicht einfach auszuhalten, doch wenn die Denunziationen zu einer realen Gefährdung führen, ist das Maß des Akzeptablen überschritten. Bei Constantin Schreiber war dies der Fall. Ein Taxifahrer, der ihn nach einer späten Sendung nach Hause brachte, drohte unverhohlen, dass man jetzt wisse, wo er wohne, und bei einer Einladung an die Friedrich-Schiller-Universität Jena wurde er am 29. August 2023 tätlich angegriffen. Ungehindert durch Sicherheitskräfte, Personal der Hochschule oder die miteinladende Thalia-Buchhandlung attackierte ein Mitglied der Unabhängigen Radikalen Linken (URL) den Autor mit einem Tortenwurf ins Gesicht. Zwei Aktivisten hatten zuvor bereits ein Transparent entrollt, auf dem Schreiber als Rassist bezeichnet wurde, andere verteilten Flugblätter, auf denen seine Bücher mit dem antisemitischen Nazi-Film *Jud Süß* verglichen wurden. Später stellte sich heraus, dass die Universität bereits Tage vorher von der geplanten Attacke wusste, aber weder Sicherheitsvorkehrungen getroffen noch den Autor davon informiert hatte. Erst nach mehrfachen Anfragen, so Schreiber, habe sie eine öffentliche Erklärung zu dem Vorfall abgegeben. Diese fiel denkbar lahm aus. Man unterstütze den offenen gesellschaftlichen Austausch, auch zu kontroversen Themen, hieß es, und spreche sich gegen tätliche Angriffe aus. Schreiber wollte an besagtem Abend sein neues Buch vorstellen, dass allerdings kein umstrittenes Thema behandelte, sondern sich um *Glück im Unglück* drehte.[81] Anders als die universitäre Verlautbarung suggerierte, ging es den Aktivisten mitnichten um eine Debatte, sondern darum, dem Autor zu zeigen, dass die Hochschule kein sicherer Ort für ihn ist. Sicherheit hätte die Universitätsleitung allerdings herstellen müssen. Als Hausherrin wäre es sogar ihre Pflicht gewesen, den eingeladenen Gast zu schützen. Wenn sie sich außerstande gesehen hätte, dieser Verpflichtung nachzukommen, hätte sie umgehend die Polizei informieren müssen. Dass dies alles nicht passiert ist, zeigt einmal mehr, in welchem Zustand sich die Hochschulen befinden.

Doch der Fall wirft auch ein bezeichnendes Licht auf die öffentlich-rechtlichen Medien. Aus den Reihen der Redakteure und Intendanten, die mit Constantin Schreiber zusammenarbeiten, war außer einem dröhnenden Schweigen nichts zu vernehmen. Weder wurde der skandalöse Vorfall verurteilt, noch gab es Solidaritätsadressen. Vergleichsweise souverän dagegen agierte just die im Roman karikierte Politikerin Sawsan Chebli. »Als Muslimin, die durch die Aussagen und Bücher von Constantin Schreiber viel Hass, Hetze und Verleumdungen erlebt hat, weil er mir Nähe zum Islamismus unterstellt hat, hat er meine Solidarität«, schrieb sie auf Twitter. »Nichts rechtfertigt Gewalt, Hass und Hetze.«

Es ist erklärungsbedürftig, warum Kritik am politischen Islam sowie an antisemitischen, frauenfeindlichen und antidemokratischen Strukturen in muslimischen Organisationen von woken Linken als rassistisch skandalisiert wird. Teilweise mag dies an einem beklagenswerten Wissensdefizit liegen. Für die Unabhängige Radikale Linke (URL) in Jena scheint eine solche Bildungslücke evident. Die Gruppe bekundet auf ihrer Homepage, sich für die kurdische

Bevölkerung in Nordsyrien einzusetzen, die bei Linken große Sympathien genießt, weil dort unter Führung der Partei der Demokratischen Union (PYD), einem Ableger der verbotenen Kurdischen Arbeiterpartei (PKK), ein revolutionäres Gesellschaftsexperiment ins Leben gerufen wurde. Der Gesellschaftsvertrag der Demokratischen Föderation von Nordsyrien (Rojava) versteht sich als radikaldemokratisches, ökologisches und interethnisches Projekt, das sich unter anderem der Emanzipation der Frauen auf allen Ebenen der Gesellschaft verpflichtet fühlt. Die militärische Abteilung der PYD, die Kurdischen Selbstverteidigungseinheiten (YPG), setzte den Milizen des Islamischen Staats (IS) nicht nur nachhaltigen Widerstand entgegen, sondern besiegte diese letztendlich mit Luftunterstützung der US-Armee auch militärisch. Die Einheiten der YPG wurden international durch ihre Frauenbataillone bekannt. Heute wird Nordsyrien sowohl von syrischen Dschihadisten als auch von der türkischen Armee bedroht. Unmittelbar, nachdem der IS in Nordsyrien geschlagen war, ordnete der türkische Präsident Recep Tayyip Erdogan einen völkerrechtswidrigen Einmarsch in die von Kurden bewohnten Gebiete Nordsyriens an. Die türkischen Soldaten verbrannten die Felder der Bauern, zerstörten ihre Häuser und vertrieben die Menschen. Es kam zu Morden und Vergewaltigungen. In deutschen Moscheen wurde die Militäroperation durch eine antikurdische Propaganda unterstützt, die die türkischstämmigen Muslime auf Regierungskurs bringen sollte. Dabei wurden islamistische Glaubenssätze und eine ultranationalistische Ideologie zu einem giftigen Cocktail vermengt, der die Moscheebesucher emotional für den antikurdischen Feldzug einnehmen sollte. Als Reaktion darauf kam es zu Angriffen kurdischer und deutscher Aktivisten aus dem Spektrum der autonomen Linken auf türkische Kulturzentren und Moscheegemeinden. Mal wurden Graffiti angebracht, mal Scheiben eingeworfen. Von der Seite türkisch-muslimischer Verbandsvertreter wurden die Attacken zu Zeichen eines *antimuslimischen Rassismus* umgedeutet. Ich kann mich an einen von Constantin Schreiber in Berlin geleiteten Workshop erinnern, in dem ich die Vertreterin eines deutschen Islamverbands, die von einer Zunahme antimuslimischer Übergriffe schwadronierte, mit diesen Tatsachen konfrontierte. Müßig zu erwähnen, dass sie davon nichts hören wollte, weil es nicht in ihr Kalkül passte. Die Mär einer allgegenwärtigen Islamfeindlichkeit sollte im öffentlichen Diskurs platziert werden, und Konfrontationen mit der Realität störten.

Die strategischen Gründen geschuldete Abwehrreaktion der Verbandsvertreterin ist daher nachvollziehbar, doch was treibt deutsche radikale Linke, die sich mit den Kurden solidarisieren, dazu, sich gleichermaßen in den Dienst der ultranationalistischen Islamisten zu stellen, die Rojava bedrohen und seine Bewohner massakrieren? Constantin Schreiber hat in seinem Buch *Inside Islam* genau die Moscheegemeinschaften kritisiert, die sich auf der Seite des türkischen Präsidenten positionieren. Dafür wurde er in Jena von denjenigen attackiert, die großmäulig vorgeben, auf kurdischer Seite zu stehen.

Im linksradikalen Bereich tummeln sich etliche Gruppen, die durch eine ideologische Nähe zu Islamisten auffallen, obgleich sie selbst säkular sind. Dazu gehören die bereits aus dem zweiten Kapitel bekannten Studis gegen rechte Hetze, Young Struggle, Zora und Sozialistisch-Demokratischer Studierendenverband, aber auch eine ganze Reihe von Palästina-Komitees wie Palästina Spricht, Palästina e.V. oder das bundesweite Netzwerk Migrantifa, in dem Weiße unerwünscht sind. Migrantifa wittert überall strukturellen Rassismus, wirbt mit dem etwas antiquierten Begriff *Klassenkampf* für einen radikalen Antikapitalismus und hatte die türkischstämmige Integrationsbeauftragte von Neukölln bedroht, weil diese sich islamismuskritisch äußerte. Alle genannten Gruppen fielen in der Vergangenheit als Organisatoren von Pro-Hamas-Demonstrationen und Kundgebungen auf. Auch das trotzkistische Netzwerk Marx21 tritt immer wieder proislamistisch in Erscheinung. In einem Internetbeitrag wird der Terminus *Islamismus* gar als »rechter Kampfbegriff« verurteilt.[82]

Die Linken-Politikerin Janine Wissler war Mitglied bei Marx21, bis sie 2020 austrat, wie auch Christine Buchholz, die von 2009 bis 2021 Mitglied des Bundestags war und seit 2007 zum Vorstand der Partei Die Linke gehört. Sie unterstützt die sogenannte BDS-Kampagne, die für einen umfassenden Boykott Israels eintritt und in einer Bundestagsresolution als antisemitisch bezeichnet wurde.[83] Christine Buchholz hat sich, zusammen mit islamistischen Akteurinnen, gegen das Berliner Neutralitätsgesetz ausgesprochen, das staatlichen Angestellten das Tragen religiöser Symbole untersagt. Da dies auch das muslimische Kopftuch betrifft, hielt sie das Gesetz für diskriminierend. Wie andere Politiker der Partei Die Linke fiel Buchholz zudem wiederholt durch eine sehr einseitige Parteinahme für unter Kritik geratene islamistische Akteure und auch durch die Legitimierung vom Hamas und Hisbollah auf. Welche Auswirkungen solche Positionierungen auf den Alltag von Menschen in sogenannten Brennpunktvierteln haben, zeigt ein Beispiel aus Neukölln.

Warum über islamistisches Mobbing an Schulen nicht gesprochen werden soll

Der Berliner Verwaltungsbezirk Neukölln ist dicht besiedelt und hat mit fast 330 000 Einwohnern das Format einer deutschen Großstadt. Statistisch gesehen läge er, vor Mannheim, Karlsruhe und Münster, auf Platz 20 der bevölkerungsreichsten deutschen Städte. Es gibt studentisch geprägte Viertel und solche, in denen gerade eine Aufwertung durch Gentrifizierung stattfindet. Bundesweit bekannt ist der Bezirk aber durch Quartiere, die in starkem Maß durch Migranten aus muslimischen Ländern geprägt sind und zum Symbol für eine vollkommen gescheiterte Integration wurden. Die Richterin Kirsten Heisig wurde durch die dort grassierende Jugendkriminalität zu ihrem *Neuköllner Modell* einer besseren und schnelleren Verfolgung von jugendlichen Straftätern inspiriert, und der ehemalige Bezirksbürgermeister Heinz Buschkowsky sah Neukölln als Musterbeispiel für Problemlagen, die auch in anderen urbanen Brennpunkten zu beobachten seien.[84] Weder die Lösungsvorschläge der Richterin noch die des Bürgermeisters konnten den Stadtteil jedoch aus der Sackgasse von Armut, Gewalt und Perspektivlosigkeit führen.

In die Schlagzeilen geriet Neukölln nicht zuletzt durch die katastrophale Situation an vielen Schulen, die zu Sinnbildern für Probleme mit dem Islamismus wurden. 70 Prozent aller Schüler an öffentlichen Schulen sprachen einer Statistik aus dem Jahr 2019/2020 zufolge in ihren Familien eine nichtdeutsche Sprache, und in einzelnen Distrikten ist die Zahl noch weitaus höher. Immer wieder wurden Gewaltprobleme in Schulen offenkundig. In der Rütli-Schule verfasste die Rektorin im Jahr 2006 einen offenen Brief, in dem sie schrieb, dass Unterricht nicht mehr möglich sei. Arbeitsaufträge würden ignoriert, Leistungsbereitschaft sei bei vielen Schülern nicht vorhanden, und Lehrern werde mit Respektlosigkeit begegnet. In den meisten Familien herrsche Verwahrlosung. Der Brandbrief zeigte Wirkung. Mit einem neuen pädagogischen Programm, klaren Regeln und Sanktionen sowie einer verbesserten sozialen Betreuung gelang es, die Schule aus der Sackgasse zu führen.

Eine Breitenwirkung entfaltete das Rütli-Wunder allerdings nicht. Der Verein für Demokratie und Vielfalt in Schule und beruflicher Bildung (DeVi), der unter anderem in der Lehrerfortbildung engagiert ist, veröffentlichte im Jahr 2018 einen Bericht über untragbare Verhältnisse, die durch religiöses Mobbing und konfrontative Religionsbekundungen muslimischer Schüler gekennzeichnet seien. Drei Jahre später folgte die Publikation einer Pilotstudie, bei der Lehrer und Sozialarbeiter aus acht Neuköllner Schulen Auskunft über diesbezügliche Problemlagen gaben. Die involvierten Schulen liegen in stark segregierten Quartieren, die Schüler stammen aus Familien, die weitgehend von staatlichen Transferleistungen leben, und mehr als 90 Prozent von ihnen sprechen eine nichtdeutsche

Herkunftssprache. Viele Familien wurden von den Interviewten als bildungsfern und unfähig beschrieben, ihren Kindern ein Lern- und Lebensumfeld zu bieten, in dem sie ihre Fähigkeiten entwickeln können. Die Mehrheit der Schüler ist muslimischen Glaubens. DeVi betont, dass das entscheidende Merkmal der Schüler und ihrer Familien nicht Vielfalt sei, wie man vielleicht erwartet hätte, sondern ethnische und religiöse Homogenität. Kinder und Jugendliche, die sich im Einflussbereich fundamentalistischer Moscheen befänden, könnten der von diesen ausgehenden Indoktrination kaum ausweichen. Bei älteren Schülern seien Anzeichen extremistischer Radikalisierung und Sympathie für dschihadistische Gewalttäter bemerkt worden.

Konflikte entzündeten sich an Essensvorschriften, am Fasten während des Ramadan oder an der Nötigung von Mädchen, sich islamisch zu verhüllen. Selbst das pädagogische Personal der Schulen sei mit islamistischen Normen in Bezug auf die eigene Kleidung konfrontiert und teilweise aggressiv angegangen worden. Eklatant waren die bekundete Intoleranz gegenüber anderen Religionen und die Verweigerung, nichtmuslimische Gotteshäuser bei Ausflügen zu besuchen. Diskriminierendes Verhalten und abwertende Einstellungen existieren auch gegenüber Homosexuellen und speziell gegenüber Juden. Ein immer wieder genanntes Problem sei die nur schwer herzustellende Zusammenarbeit mit Eltern. Diese erschienen hauptsächlich dann, wenn das eigene Kind angeblich beleidigt worden sei, um Genugtuung für die Familie einzufordern, die sich als Ganzes angegriffen fühle. Obwohl die Lehrkräfte, Sozialarbeiterinnen und Sozialarbeiter von DeVi als engagiert und empathisch geschildert werden, seien sie vielfach von der Situation entmutigt und wünschten sich mehr Unterstützung, auch im Bereich der religiösen Bildung, um dem Einfluss radikaler Moscheen etwas entgegensetzen zu können.

Aufgrund dieser nachweisbaren Problemlage entwickelte DeVi ein Projekt, das aus einer Forschungs- und einer Beratungskomponente bestehen sollte. *Dokumentations- und Beratungsstelle konfrontative Religionsbekundungen* lautete der sperrige Titel, in dem der Begriff des Islamismus sorgsam vermieden wurde, um eine reflexartige Ablehnung der üblichen woken Kreise zu vermeiden. Die sprachlichen Vorsichtsmaßnahmen zahlten sich nicht aus, denn anhand der Problembeschreibung war unübersehbar, dass es sich nicht um Christen, Juden, Hindus oder Buddhisten handelte, die in den Neuköllner Schulen provozierten. Ich war von Anfang an als wissenschaftliche Begleitung in das Projekt involviert und evaluierte es nach einer Pilotphase. Bereits bei einer öffentlichen Diskussionsveranstaltung, auf der das Projekt vorgestellt wurde, zeigte sich, dass es von Politikern der im Senat vertretenen Linken und Grünen vollständig abgelehnt wurde. Der Vorwurf eines Generalverdachts gegen Muslime wurde erhoben und die Fokussierung auf den Islamismus als antimuslimischer Rassismus bezeichnet.

Unmittelbar vor der Antragstellung hatte eine andere Nichtregierungsorganisation, die Anlaufstelle Diskriminierungsschutz an Schulen (ADAS), eine eigene Studie veröffentlicht, die eine Steilvorlage für die Diffamierung bot.[85] ADAS ist eine von zahlreichen Nichtregierungsorganisationen im expandierenden Feld von Einrichtungen, die mit öffentlichen Mitteln für ihre Aktivitäten gegen eine angeblich strukturell rassistische Mehrheitsgesellschaft bezahlt werden. Ihre Studie basierte auf Interviews mit 274 Jugendlichen, die ausnahmslos in Moscheegemeinden engagiert waren. 40 Prozent der Moscheen, in denen die befragten Jugendlichen aktiv waren, wurden in der Vergangenheit in Verfassungsschutzberichten erwähnt und dem Umfeld der Muslimbruderschaft zugeordnet. Obwohl die Verfasser einleitend die Nichtrepräsentativität der Studien angaben, behandelten sie sie dennoch, als ob sie repräsentativ sei, und empfahlen im Fazit allgemeine Maßnahmen.

Bezeichnend ist auch der Begriff der Diskriminierung, den ADAS verwendete. Es gehe nicht um messbare Benachteiligungen, schrieben die Autoren, sondern um subjektive Empfindungen. Konkret heißt es: »Es ist möglich, dass Jugendliche eine Situation als diskriminierend erleben, in der in einer juristischen oder sozialwissenschaftlichen Perspektive keine Diskriminierung vorliegt.« Es sei aber auch möglich, dass sie diskriminiert würden, ohne dies zu bemerken. Vieles an der methodisch mehr als fragwürdigen Studie blieb nebulös, darunter auch, wie sich eine muslimische Identität im schulischen Alltag zeige und wann sie negative Reaktionen hervorrufe. Eines der wenigen konkreten Beispiele bezog sich auf Forderungen, in der Schule zu beten, die bereits seit vielen Jahren aus gutem Grund zu öffentlichen Debatten führen. Gebetsräume wurden nämlich häufig für extremistische Agitation und das Beten für die Art der Provokation genutzt, die DeVi als konfrontative Religionsbekundung bezeichnete. Auf solche Schwierigkeiten ging die ADAS nicht ein, sondern beließ es beim Skandalisieren eines vermeintlichen Missstands, der aus der Ablehnung öffentlichen Betens abgeleitet wurde. Den Begriff der konfrontativen Religionsbekundung verurteilten die Autoren ebenso als stigmatisierend wie den des religiösen Mobbings.

Mit dieser Haltung konnten sie sich in guter Gesellschaft wähnen. Es dauerte nicht lange, bis die woke Linke ihre Netzwerke gegen DeVi in Stellung gebracht hatte. Am 24. Januar erschien ein offener Brief unter dem Titel *Namhafte Vertreter*innen aus Wissenschaft und Zivilgesellschaft kritisieren das geplante Projekt einer Registerstelle für konfrontatives Religionsverhalten.* Die Kritik erschöpfte sich in den sattsam bekannten Stigmatisierungsvorwürfen. Die Existenz der von DeVi beschriebenen Probleme wurde zwar nicht geleugnet, doch man behauptete, alles im Griff zu haben, und schwenkte dann umstandslos auf die Diskriminierungsnarrative um. Gefordert wurden die Einstellung der Finanzierung des Projekts und ein Ausbau von Beschwerdestellen, *diskriminierungskritischen Regelstrukturen* sowie Maßnahmen einer entsprechenden Instruierung von Lehrkräften. Nicht die Übergriffe auf muslimische Mädchen, die Beleidigungen von Lehrerinnen, die Bedrohungen nichtmuslimischer Schüler, der virulente Antisemitismus oder extremistische Einstellungen wurden als Problem gesehen, sondern die Tatsache, dass DeVi diese Probleme offen benannte. Die Lösung sollte in der Verhängung eines Schweigegebotes bestehen, wie wir es aus den Universitäten bereits kennen. Die Liste der Unterzeichner bestand weitgehend aus Personen aus Wissenschaft, Kirchen, linken, islamischen und migrantischen Organisationen, die für ihre Abwehr jeglicher Missstände bekannt sind, die mit dem Islam in Verbindung stehen.

Am selben Tag erfolgte eine Verurteilung des Vorhabens durch den Rat der Berliner Imame, der teilweise die Moscheen vertritt, aus denen die Interviewten der ADAS-Studie entstammten. Zwei Tage später veröffentlichten auch die Bundesarbeitsgemeinschaft religiös begründeter Extremismus und das Kompetenznetzwerk islamischer Extremismus eine Stellungnahme, die die Vorhaltungen wiederholte. DeVis Projekt ziele darauf ab, »alarmierende und pauschalisierende pseudowissenschaftliche Scheinfakten über als muslimisch gelesene Jugendliche, deren Familien, Moscheen und den Islam als Ganzes zu produzieren«. Besonders echauffierte man sich über die Bemerkung DeVis, dass die mit staatlichen Mitteln für Extremismusprävention ausgestatteten Nichtregierungsorganisationen die islamistische Gefahr verharmlosten und sich weniger mit Islamismus als mit dem Kampf gegen angebliche Islamophobie beschäftigten. Durch ihr Agieren bestätigten die kritisierten Vereinigungen allerdings die erhobenen Vorwürfe eindrucksvoll.

Die vereinigte Islamophobie-Front hatte Erfolg und wurde durch den rot-rot-grünen Senat bestätigt. Das Vorhaben wurde nicht gefördert, und DeVi, die eine ganze Reihe anderer Projekte im Bereich der Demokratie- und Bildungsförderung unterhielt, wurde durch den Entzug finanzieller Mittel abgestraft. Damit setzte sich eine unheilvolle Diskreditierung der Thematisierung islamistischer Umtriebe an öffentlichen Schulen fort, die eineinhalb Jahrzehnte zurückreicht. Damals wandten sich Lehrer sowohl an die Gewerkschaft Erziehung und Wissenschaft (GEW) als auch an die Medien, weil sie die Gewalt, mit der türkisch- und arabischstämmige Schüler ihre deutschen Klassenkameraden traktierten, tief erschütterte. Schon damals waren Lehrerinnen sexistischen Angriffen ausgesetzt und wurden als Schlampen und Nazis beschimpft. Die Rede von einer migrantisch-muslimischen Deutschenfeindlichkeit machte die Runde. Eine kurze Debatte zum Phänomen wurde jedoch auf einer Tagung der GEW im Oktober 2010 endgültig mit dem Argument abgewehrt, die Schüler reagierten lediglich auf erlebte Islamophobie. Migrantischer Rassismus passte nicht ins linke Weltbild und durfte deshalb nicht existieren.

Der Befund selbst war damals allerdings bereits unstrittig. 2009 hatte Güner Balci, die heute als Integrationsbeauftragte von Neukölln wirkt, mit Nicola Graef einen Film mit dem Titel *Kampf im Klassenzimmer* über die alltägliche Gewalt muslimischer Schüler gegen nichtmuslimisch-deutsche Schüler im Ruhrgebiet produziert. Muslimischer Überlegenheitsdünkel, gepaart mit der schieren Dominanz von Verwandtschaftsnetzwerken, die deutsche Schüler damit bedrohten, bei Gegenwehr gegen Mobbing und Gewalt mit einer Phalanx türkischstämmiger Cousins konfrontiert zu werden, schuf ein Klima permanenter Einschüchterung. 2012 verwies die Stiftung SPI (Sozialpädagogisches Institut Berlin) auf einen zunehmenden Einfluss islamistischer Schüler an Berliner Schulen.[86] Selbst ernannte muslimische Moralwächter schikanierten Mädchen und machten gegen Christen, Alewiten, liberale Muslime und Juden mobil. Die Berliner Schulbehörde erwies sich schon damals als unfähig, der Macht der Islamisten etwas entgegenzusetzen. Vielmehr spielte sie ihnen durch aberwitzige Handreichungen in die Hände. Lehrer wurden beispielsweise ermahnt, ihre muslimischen Schüler *nicht mit westlichen Freiheitsrechten moralisch zu überwältigen.*

Dass Islamismus kein spezifisches Berliner Problem ist, wurde spätestens 2018 deutlich, als der Journalist Joachim Wagner eine überregionale Studie vorlegte, für die er mit Lehrern anderer Bundesländer gesprochen hatte.[87] Provokationen, Leistungsverweigerungen und Respektlosigkeit gegenüber Lehrern und besonders gegenüber Lehrerinnen prägten den schulischen Alltag, schrieb er, wenn der Anteil der muslimischen Schüler hoch war. Ein spezielles Problem sah er im tief verwurzelten Antisemitismus der muslimischen Schüler.

Dieser ist seit vielen Jahren ein ungelöstes Problem. Immer wieder kam es in der Vergangenheit zu massiver Gewalt gegen jüdische Schüler, die letztendlich dazu führte, dass diese entweder die staatlichen Schulen verließen oder sich unsichtbar machten.[88] Medial wurden diese Fälle nur selten thematisiert. Wenn ein besonders gravierendes Ereignis öffentlich bekannt wurde, erfolgten allenthalben vollmundige Bekundungen, dass Antisemitismus nicht geduldet werde und man alles unternehmen wolle, um diesen einzudämmen. In der Regel erfolgte allerdings nicht mehr als die Aufstockung finanzieller Mittel an Nichtregierungsorganisationen, die ein Potpourri von Antidiskriminierungsprogrammen anboten und damit einträglich wirtschafteten. Eine tatsächliche Prävention fand nicht statt, weil man Muslime nicht brüskieren wollte und sich davor fürchtete, als islamophob verurteilt zu werden.

Kampfbegriffe Islamophobie und antimuslimischer Rassismus

Der Terminus *Islamophobie* meine nicht, wie das Grundwort Phobie innerhalb des Kompositums nahelegt, eine krankhafte Angst, die behandlungsbedürftig sei, sondern Vorurteile gegenüber dem Islam sowie die Diskriminierung von Muslimen, schreibt die Organisation Islamischer Zusammenarbeit (OIZ) auf ihrer Homepage. Als Beispiele für Diskriminierungen werden Beleidigungen des Propheten Mohammed oder Ablehnungen des muslimischen Kopftuchs genannt.[89] Damit werden die Karikaturen der Pariser Satirezeitschrift *Charlie Hebdo* ebenso als islamophob definiert wie der französische Republikanismus, der religiöse Symbole in Schulen und staatlichen Einrichtungen untersagt. Nach langer propagandistischer Vorbereitung konnte die OIZ die Generalversammlung der Vereinten Nationen im März 2022 zur Annahme einer Resolution bewegen, in der Islamophobie geächtet und ihr der Kampf angesagt wird. Dabei bemüht man skurrilerweise die Prinzipien der Toleranz, die Religions- und Meinungsfreiheit. Der Sitz der Organisation befindet sich in Saudi-Arabien, einem Land, das bislang nicht durch politische oder soziale Liberalität in Erscheinung getreten ist. Das Schicksal des erwähnten Bloggers Raif Badawi, dessen Schriften Constantin Schreiber herausgegeben hatte, spricht hier eine deutliche Sprache. Auch die Mehrheit der anderen Staaten, die sich unter dem Dach des OIZ zusammengefunden haben, fällt eher durch eine Politik auf, die Nichtmuslime und Frauen systematisch benachteiligt, die Meinungsfreiheit wie auch andere demokratische Rechte einschränkt und sich beim Ausschluss großer Teile der Bevölkerung von gleichberechtigter Teilhabe auf den Islam beruft. Immer wieder machen die OIZ-Staaten gegen die Rechte sexueller Minderheiten mobil. In einigen Fällen konnten Einzelstaaten wie die Türkei den Zusammenschluss für die Instrumentalisierung eigener nationaler Interessen nutzen, als sie gegen die Anerkennung des Völkermordes an den Armeniern mobilisierte. Der Anlass zur Gründung der Vorläuferorganisation des OIZ, des Kongresses islamischer Staaten, war übrigens der israelische Sieg nach dem Sechstagekrieg im Jahr 1967. Als wichtigstes Ziel wurde damals die Wiedereroberung Jerusalems angegeben. Im Jahr 1990 verabschiedete die OIZ in Kairo eine *Erklärung der Menschenrechte im Islam*, die alle Menschenrechte unter den Vorbehalt einer Vereinbarkeit mit der Scharia stellte.

Man sollte meinen, dass die OIZ nicht unbedingt ein Gremium darstellt, dessen Richtlinien und Anregungen von Anhängern linker Organisationen in westlichen Ländern übermäßige Sympathien entgegengebracht werden, doch in Bezug auf das Islamophobie-Diktum war dies durchaus der Fall. Bereits Ende der

1990er-Jahre wurde der Begriff von linken Organisationen in Europa übernommen, und man startete Programme zur Behebung des vermeintlichen Problems. In den USA beflügelte der von George W. Bush ausgerufene *Krieg gegen den Terror* nach den Anschlägen vom 11. September 2001 die Konstituierung einer linken Allianz aus Islamisten und Linken. Als anschlussfähige linke Agenda sollte sich die postkoloniale Theorie erweisen, deren Vertreter behaupteten, der Westen befinde sich ungebrochen in der Tradition kolonialen Denkens und benötige stets ein abgewertetes Anderes, um die eigene Dominanz zu begründen.[90] Dieses abgewertete Andere wurde in den Menschen der ehemaligen Kolonien, allen Nichtweißen und vor allen in den Muslimen gefunden. Der Begriff des antimuslimischen Rassismus geht auf ein Konzept des Soziologen Stuart Hall zurück, der von einer *Kulturalisierung des Rassismus* sprach und den Begriff damit für die Erfassung von Ungleichheitsverhältnissen in der Migrationsgesellschaft Großbritanniens nutzbar machen wollte.[91] Die definitorische Gleichsetzung von Rassismus und Ungleichheit weist erhebliche analytische Unschärfen auf. In einem rassistischen System ist die Trennung zwischen vermeintlichen *Rassen* per definitionem unüberwindbar, in nichtrassistischen Systemen kann Ungleichheit überwunden werden. In Großbritannien oder in anderen modernen westlichen Ländern existieren weder verschlossene Räume noch werden Menschen aufgrund äußerer Merkmale an einem sozialen Aufstieg gehindert. Muslime und Nichtweiße sind in westlichen Ländern in allen Berufssparten, auch in höchsten Staatsämtern vertreten, wie die Beispiele Barak Obamas als ehemaligem Präsidenten der USA, Sadiq Khans, des Oberbürgermeisters Londons, oder Rishi Sunaks, des Britischen Premierministers zeigen. Der neue entgrenzte Rassismusbegriff eignet sich daher nicht für eine wissenschaftliche Beschreibung. Er steht vielmehr im Dienste einer Dramatisierung von Differenzen.

Auf der Ebene einer politischen Problemkonstruktion wurden die Begriffe antimuslimischer Rassismus und Islamophobie nicht nur gleichermaßen von woken Linken wie von Islamisten genutzt, sondern sie begründeten auch eine denkwürdige Allianz. Wie so etwas funktioniert, konnte man in den vergangenen Jahren anhand der Person des Islamwissenschaftlers Farid Hafez sehen. Hafez gibt zusammen mit Enes Bayrakli den *European Islamophobia Report* heraus, der im Jahr 2018 mit 127 000 Euro von der Europäischen Union sowie von dem Erdogan-nahen Thinktank SETA gefördert wurde. SETA war bereits durch Publikationen aufgefallen, in denen gegen deutsche Bürger mit türkischen, besonders aber mit kurdischen Wurzeln gehetzt wurde. Dies betraf unter anderem die Journalisten Deniz Yücel und Mesale Tolu, den Grünen-Politiker Cem Özdemir sowie Ali Ertan Toprak, den Vorsitzenden der Kurdischen Gemeinde Deutschlands. Auch der *European Islamophobia Report* war nichts anderes als eine Denunziationsplattform. Liberale Muslime, zu denen der Theologe Mouhanad Khorchide und die Imamin Seyran Ates gehören, wurden ebenso als Islamfeinde gebrandmarkt wie Kritiker des politischen Islam oder des türkischen Präsidenten. Als besonders perfide sollte sich das Vorgehen erweisen, diese Menschen zusammen mit Rechtsradikalen und tatsächlichen Islamfeinden in einem Block zu präsentieren. Das Ziel war klar ersichtlich: Wer sich dem Islamismus entgegenstellte oder eine theologisch begründete Alternative anbot, sollte als rechtsextremistisch verunglimpft werden. Diese Strategie hatte Hafez bereits an der amerikanischen Georgetown-Universität im Rahmen eines ähnlich strukturierten Denunziationsprojektes, der Bridge Initiative, angewendet. Unnötig zu betonen, dass ich sowohl in der Bridge Initiative als auch im *European Islamophobia Report* als Feindin des Islam erwähnt wurde. Leiter der Bridge Initiative ist John L. Esposito, der an der Georgetown-Universität Gründer und bis 2023 auch Direktor des mit saudischem Geld finanzierten Prince Alwaleed bin Talal Center for Muslim-Christian Understanding war. Zusammen mit der deutschen Professorin Iman Attia sitzt Esposito im Beirat des *Jahrbuchs für Islamophobieforschung*, das ebenfalls von Hafez herausgegeben wird. Esposito hatte auch die Denunziationserklärung des Bayreuther Exzellenzclusters Africa Multiple gegen mich unterzeichnet. So schließen sich Kreise.

Die Georgetown-Universität unterhält übrigens enge Beziehungen zu Katar, die finanzielle Transferleistungen beinhalten. Der Golfstaat wird immer wieder als Förderer der radikalen Muslimbruderschaft genannt und ist vor einigen Jahren durch Recherchen der französischen Journalisten Christian Chesnot und Georges Malbrunot in die Schlagzeilen geraten, die nachweisen konnten, wie von dort aus die Ausbreitung eines fundamentalistischen Islam in Europa gefördert wird. Das ist auch für Berlin evident. Taha Sabri, der Imam der von Berliner Grünen und insbesondere von der früheren Bürgermeisterin Bettina Jarrasch gefeierten Dar-Assalam-Moschee in Neukölln, hatte sich Recherchen des Rundfunks Berlin-Brandenburg und des Bayerischen Rundfunks zufolge in einem Video bei den katarischen Finanziers seiner Moschee bedankt. Sabris Einrichtung wird besonders von palästinensischen Muslimen genutzt, und diese stehen unter dem expliziten Schutz Katars. Das Emirat ist einer der wichtigsten Geldgeber der Hamas und außerdem ein luxuriöser Rückzugsort der terroristischen Führungsclique.

Trotz der geschilderten engen Verbindungen zu problematischen Regimen hatte dies niemals Auswirkungen auf ein wokes Milieu, in dem Islamophobie die Leitmetapher für eine islamo-linke Allianz bilden sollte. Darin hatte auch Farid Hafez immer einen sicheren Platz. Die Bundeszentrale für politische Bildung verlegt seine Schriften, und kulturelle Einrichtungen boten ihm eine Bühne. Selbst die Akademie des Jüdischen Museums Berlin beteiligte sich daran und führte 2018 eine große Konferenz mit dem Titel *Living with Islamophobia* durch, deren Programm von Farid Hafez, Iman Attia, Naika Foroutan und anderen Personen des bundesweiten Islamophobie-Netzwerkes bespielt wurde.

Das jüngste Erzeugnis dieser Kreise ist der Bericht einer Unabhängigen Expertenkommission Muslimfeindlichkeit (UEM), die Horst

Seehofer als ehemaliger Bundesinnenminister im Jahr 2020 einsetzte. Ein zweiter Expertenkreis sollte sich mit dem politischen Islamismus befassen, allerdings war die Ausstattung der beiden Kommissionen höchst unterschiedlich. Während die UEM an der Universität Erlangen-Nürnberg eine eigene Geschäftsstelle mit Mitarbeitern und einem eigenen Etat erhielt, war der Expertenkreis politischer Islamismus (EPI) unter vollständiger Kontrolle des Bundesinnenministeriums. Als Nancy Faeser im Jahr 2022 zur Bundesinnenministerin ernannt wurde, bestand ihre erste Amtshandlung darin, den EPI aufzulösen. Es bestehe kein Bedarf, hieß es, was angesichts des grassierenden Islamismus, der sich verfestigenden Parallelgesellschaften und eines kaum mehr zu bewältigenden muslimischen Antisemitismus mehr als unverständlich war. Die UEM hingegen konnte weiterarbeiten und legte im Juni 2023 einen 400 Seiten starken Bericht vor, in dem unmittelbar an die These angeknüpft wurde, in Deutschland herrsche ein struktureller Rassismus. Da lag es auf der Hand, bereits in den Eingangsstatements den Begriff des antimuslimischen Rassismus anstelle des ursprünglichen Terminus Muslimfeindlichkeit zu setzen. Dieser sei ein allgemeines Problem, hieß es, denn jeder zweite Bundesbürger stimme muslimfeindlichen Aussagen zu. Diese bestünden im Vorurteil, dass muslimische Mädchen unterdrückt seien, dass Muslime eine mangelnde Integrationsfähigkeit aufwiesen oder dass es bei Muslimen eine höhere Gewaltaffinität gäbe. Dass es sich beim Ansprechen von Missständen nicht immer um falsche Zuschreibungen, sondern um Tatsachen handeln könnte, wird im Forschungsdesign ausgeschlossen.

Skandalös ist auch der Forderungskatalog der UEM, der eine allgemeine Umerziehung der Bevölkerung anstrebt. Muslime sollten den Status einer besonders diskriminierten Gruppe erhalten und diese Position durch Einrichtung flächendeckender Beschwerde- und Verfolgungsstellen absichern. Dafür sollte das Personal staatlicher Einrichtungen mit sogenannten rasssimuskritischen, diversitäts- und religionssensiblen Fort- und Weiterbildungen, die dem dystopischen Roman von Constantin Schreiber entsprungen sein könnten, auf eine entsprechende Linie gebracht werden. Für angehende Beamte sollte diese Indoktrination ein verpflichtender Teil der Ausbildung sein. Lehrpläne sollten islamkonform umgearbeitet werden, Museen werden angehalten, Muslime als Korrekturinstanzen in Ausstellungsplanungen einzubeziehen, und Journalisten sollen einen Regelkanon abarbeiten, in dem der Islam weniger mit verstörenden Themen wie Extremismus und Antisemitismus als mit netten Alltagsbeschreibungen in Verbindung gebracht wird. So sollen beispielsweise Moscheebauten als Zeichen einer gelungenen Integration gewertet werden. Dass in Moscheen auch Hass auf Ungläubige gepredigt wird, dass Imame vor einer Integration der Gläubigen warnen und Gotteshäuser für Auftritte politischer Akteure aus der Türkei, Iran oder dem arabischen Golf genutzt werden, war für die Autoren nicht der Rede wert. Im Gegenteil, wer auf solche Zustände verweist, muss, entsprechend den Empfehlungen der UEM, zukünftig mit einer Verurteilung als antimuslimischer Rassist rechnen. Ähnliches soll für Debatten um Ehrenmorde, Kopftücher, den politischen Islam oder Clankriminalität gelten.

Im Bericht der UEM zeigt sich wie in einem Brennglas die Auswirkung woker Ideologieproduktion, die an den Universitäten beginnt, über staatlich geförderte Organisationen in die Politik eingespeist und letztendlich durch Handlungsvorgaben und Regularien zum Instrument einer totalitären Zurichtung der Gesellschaft wird.

KAPITEL 6

Die Irrwege des Feminismus

Frauenquoten hebeln das Prinzip der Bestenauslese aus, Behörden verordnen eine immer kryptischer werdende Gendersprache, und im Jahr 2023 wurde eine mit Steuermitteln finanzierte Meldestelle eröffnet, an der Verstöße gegen einen offenbar zur bundesdeutschen Leitkultur avancierten Feminismus angezeigt werden können. Gleichzeitig feiern universitäre und aktivistische Feministinnen das muslimische Kopftuch als Zeichen weiblicher Selbstermächtigung, verbannen Zwangsverheiratungen, Ehrenmorde und frauenfeindliche islamistische Ideologien aus der öffentlichen Debatte. Ein gewichtiger Teil von ihnen hält die biologische Zweigeschlechtlichkeit für eine transphobe Konstruktion und glaubt, dass der geschlechtlich geprägte Körper durch einen Sprechakt ausgelöscht werden könne. Die Frauenbewegung, die einst antrat, um weltweit gleiche Rechte für Männer und Frauen zu erstreiten, ist ultimativ in einer woken Sackgasse gelandet.

Gleichberechtigung oder Gleichstellung?

Beginnen wir mit einem positiven Befund: Die Frauenbewegung war die erfolgreichste soziale Bewegung der Welt. Ihr ist es zu verdanken, dass ein Ungleichheitsverhältnis, das die Hälfte der Menschheit von fundamentalen Rechten ausschloss, ins öffentliche Bewusstsein rückte, zahlreiche Programme zur Gleichstellung entwickelt wurden und sich die Situation von Frauen und Mädchen in vielen Ländern grundlegend verbesserte. Diese Feststellung bedeutet nicht, dass Frauen nur in modernen Gesellschaften ein glückliches Leben führen können. In etlichen vormodernen und in vielen rezenten indigenen Gesellschaften hatten sie wirkungsvolle Strategien entwickelt, um ihre Interessen durchzusetzen, und in einigen von ihnen waren sogar weiblich dominierte Sektoren entstanden. Wissenschaftler des 19. Jahrhunderts und einige Frauenrechtlerinnen des späten 20. Jahrhunderts waren davon so fasziniert, dass sie sogenannte Matriarchate entdeckt zu haben glaubten.[92] Tatsächlich handelte es sich jedoch nirgendwo um eine Umkehr patriarchalischer Machtrelationen oder um herrschaftsfreie Genderparadiese, sondern eher um weibliche Zuständigkeitsbereiche, denen männliche Handlungsfelder gegenüberstanden.[93]

Frauen waren in der Menschheitsgeschichte vor allem durch ihre Körperlichkeit benachteiligt. Obwohl sie in vielen Völkern nachweislich als Kriegerinnen an Kampfhandlungen teilnahmen, waren sie, ebenso wie moderne Sportlerinnen, letztendlich durch physiologische Dispositionen weniger konkurrenzfähig. Frauen haben weniger Muskelmasse als Männer und sind bezüglich ihrer geringeren Herz- und Lungenfunktion für bestimmte körperliche Tätigkeiten schlechter geeignet. Dazu kamen in der Vergangenheit häufige Schwangerschaften, lange Stillzeiten und die Verantwortung für kleine Kinder. Der weibliche Körper hat sich evolutionär auf die spezifischen Anforderungen der Mutterschaft eingestellt, der männliche Körper ist ein Produkt des Umstandes, dass das Überleben auch von der Fähigkeit abhing, die eigene Gruppe bei kriegerischen Auseinandersetzungen zu verteidigen.[94] Krieg strukturierte die vormodernen Gesellschaften und führte dazu, dass Frauen weniger als Verteidigerinnen der Gemeinschaften, sondern vielmehr als Schutzbedürftige beziehungsweise als Kriegsbeute wahrgenommen wurden. Ihre Rolle als Mütter und damit als unverzichtbare

Reproduzentinnen der sozialen Gruppe führte zwar teilweise zu einer respektablen Anerkennung, aber auch zu signifikanter Repression.[95] Mutterschaft ist eindeutig, Vaterschaft ist es nicht. Fast alle Gesellschaften haben aus diesem Grund Regularien erlassen, die die Verwandtschaft eines Kindes mit dem vermuteten Vater ein wenig sicherer machen sollten. Dazu gehören rigorose Beschränkungen der weiblichen Sexualität, die Überhöhung der Jungfrauenschaft und patriarchalische Kulturen der Ehre. In fast allen vormodernen Gesellschaften wurden Heiraten als Mittel zur Etablierung oder Stabilisierung von Allianzbeziehungen genutzt. Man tauschte Frauen, um verfeindete Gruppen zu befrieden oder um politische Netzwerke zu erneuern. Die dabei entstandenen Kinder waren Garanten der eigenen Sicherheit. Das funktionierte allerdings nur, solange die Gewissheit der Vaterschaft nicht angezweifelt wurde.

Mit zunehmender sozialer Diversifizierung im Verlauf der kulturellen Evolution veränderten sich auch die Positionen von Frauen. Einerseits wurden sie stärker reglementiert, andererseits erweiterten sich ihre Handlungsspielräume. Gehörten sie der herrschenden Elite an, konnten sie unter Umständen sogar politische Macht erlangen. Beispiele sind erfolgreiche Mätressen französischer Könige wie Madame de Maintenon (1635–1719) und Madame de Pompadour (1721–1764), europäische Fürstinnen und Königinnen wie Elisabeth I. von England (1533–1603) und ihre Konkurrentin Maria I. von Schottland (1542–1587), die Sultaninnen, die die südostasiatische Handelsmacht Aceh von 1641 bis 1699 regierten, oder die chinesische Kaiserin Wu-Zetian (625–705) und die Kaiserinwitwe Cixi (1835–1908).[96] Doch diese Frauen waren Ausnahmen.

Ideen einer allgemeinen Gleichberechtigung kamen erst im Zuge der Aufklärung auf. Die französische Revolutionärin Olympe de Gouges (1748–1793) forderte 1791 in einer Streitschrift gleiche Rechte für Bürgerinnen, und die englische Literatin Mary Wollstonecraft (1759–1797) verfasste 1792 ein Plädoyer für ein weibliches Leben jenseits der Rolle einer Hausfrau und Mutter.[97] Die frühen Frauenrechtlerinnen setzten sich für weibliche Bildung, für die Berufstätigkeit von Frauen und für das Frauenwahlrecht ein. Später folgten Forderungen nach einer Reform des Personenstandsrechts und einer Ächtung sexueller Gewalt. Mittlerweile hat die Mehrheit aller Staaten in ihren Verfassungen ein Bekenntnis zur Gleichberechtigung der Geschlechter niedergelegt, und UN-Konventionen verpflichten die Weltgemeinschaft zur Beendigung der Diskriminierung von Frauen. Vieles wurde unterzeichnet und ratifiziert, doch nicht selten wurden diese Bekenntnisse durch traditionelle oder religiöse Normen wieder aufgehoben. Ein Beispiel ist die bereits erwähnte Erklärung der Menschenrechte im Islam aus dem Jahr 1990, die das Gleichberechtigungsgebot durch den Passus relativiert, dass jedes Recht mit der Scharia kompatibel sein müsse. Ohnehin ist die soziale Praxis in vielen Ländern weit von den politischen Absichtsbekundungen entfernt. Genitalverstümmelungen und Kinderheiraten werden nach wie vor praktiziert, sexualisierte Gewalt ist weit verbreitet.

In den meisten westlichen Ländern ist der juristische Rahmen für die Gleichberechtigung der Geschlechter weitgehend abgeschlossen. Rechtlich steht einer vollumfänglichen Teilhabe von Frauen in Politik, Wirtschaft und Gesellschaft nichts mehr im Wege. Dennoch ist es nicht zu einer Einebnung von Geschlechterasymmetrien gekommen. Frauen sind stärker in sozialen Berufen vertreten, während Männer in technischen Bereichen sowie in Arbeitsfeldern dominieren, in denen körperliche Kraft notwendig ist. Frauen verdienen weniger als Männer, und das Risiko der Altersarmut ist für sie höher. Auch in Führungspositionen sind Frauen weniger stark vertreten als Männer. In Deutschland stagniert der Anteil weiblicher Führungskräfte seit zehn Jahren bei knapp 29 Prozent. Bei der Hausarbeit sieht es umgekehrt aus. 72 Prozent aller Frauen, aber nur 29 Prozent aller Männer verrichten täglich häusliche Arbeiten. Insgesamt engagieren sich Männer seltener in unbezahlter Sorgearbeit. Die Diskrepanz zwischen den Geschlechtern ist bei Familien mit Kindern am größten, aber sie ist auch in kinderlosen Haushalten signifikant. Sind beide Eltern gleichermaßen berufstätig, reduziert sich das sogenannte *Gender Care Gap* allerdings deutlich, wenngleich Frauen dennoch den größten Anteil an unbezahlter Arbeit haben. Väter beteiligen sich zwar zunehmend an der Betreuung kleiner Kinder, aber in erster Linie sind nach wie vor die Mütter zuständig.

Seitens der Politik, staatlicher Einrichtungen und privatwirtschaftlicher Unternehmen werden die genannten Asymmetrien als Makel begriffen. Nicht mehr Gleichberechtigung, sondern Gleichheit wird jetzt als Ziel festgelegt. Dieser Paradigmenwechsel ist nicht trivial. Anstelle einer Beseitigung von Hindernissen, die einer freien Entfaltung von Frauen entgegenstehen, sollen diese jetzt in eine Matrix integriert werden, die andere für sie erdacht haben. Mit Quotierungen versucht man eine numerische Gleichheit der Geschlechter in Berufsfeldern, in denen Männer überrepräsentiert sind, sowie in Stiftungen und politischen Parteien herzustellen, mit pädagogischen Maßnahmen soll bei Mädchen eine Begeisterung für MINT-Fächer (Mathematik, Informatik, Naturwissenschaften, Technik) geweckt werden. Die Auswahl der Bereiche, in denen man eine Ungleichheit beheben möchte, ist allerdings erkennbar selektiv. Bislang hat niemand eine Frauenquote bei der Müllabfuhr oder eine Männerquote in von Frauen überrepräsentierten Pflegeberufen gefordert – vielleicht weil die Grenzen des Machbaren dann klar zutage treten würden. Ohnehin sind die Erfolge aller Anstrengungen, mit denen Gleichheit statt Gleichberechtigung hergestellt werden soll, eher kläglich.

Sie scheitern allerdings weniger an der Behäbigkeit von Institutionen als an privaten Entscheidungen. Niemand zwingt Frauen, sich einen Partner zu suchen, der mehr verdient als sie, und doch entscheiden sie sich häufig für einen Mann, der beruflich besser aufgestellt ist. Einer Studie des Deutschen Instituts für Wirtschaftsforschung zufolge führt diese Paarkonstellation sowohl bei Männern als auch bei Frauen zu größerer Zufriedenheit als andere

Konstellationen. Aus solchen Priorisierungen folgen gewöhnlich Konsequenzen. Bei Familiengründungen bleiben die gering verdienenden Frauen eher zu Hause als die Männer, die das Gros des Familieneinkommens erwirtschaften. In dieser Aufgabenteilung liegt auch das immer wieder beklagte *Gender Pay Gap* begründet, die Einkommensdifferenz zwischen Männern und Frauen, die bei gleichen Berufen nahezu vollständig auf unterschiedlich lange Arbeitszeiten der Geschlechter zurückzuführen ist. Mütter reduzieren nach der Geburt ihrer Kinder häufig ihre Berufstätigkeit, Väter tun dies nicht. Hier liegt also auch eine persönliche Priorisierung zugrunde, und sie scheint ebenfalls akzeptiert zu werden. Frauen fühlen sich wohler, wenn sie weniger arbeiten, Männer dann, wenn sie mehr arbeiten, fand der Soziologe Martin Schröder bei einer Auswertung von 700 000 Interviews heraus.[98] Ähnlich stehe es um eine Präferenz für bestimmte Berufe. Frauen würden nicht davon abgehalten, technische Berufe zu ergreifen, sie hätten lediglich kein Interesse daran. Mit dieser Arbeitsteilung und den Konsequenzen für die persönliche Lebensführung seien sowohl Männer als auch Frauen zufrieden, schreibt Schröder. Frauen könnten beruflich genauso erfolgreich sein wie Männer, doch sie wollten häufig etwas anderes.

In eine ähnliche Richtung ging eine Studie zweier Wissenschaftlerinnen der ETHZ und der UHZ Zürich. Die Soziologin Katja Rost und die Ökonomin Margit Osterloh wollten wissen, warum so viele Frauen trotz umfangreicher Gleichstellungsmaßnahmen keine Universitätslaufbahn einschlagen und der Anteil von Frauen mit steigender Qualifizierungsstufe sinkt.[99] Im Jahr 2022 befanden sich beim Eintritt an die Züricher Universität noch 60 Prozent Frauen, auf der Ebene der Professuren waren es jedoch nur noch 25 Prozent. Ursprünglich gingen die beiden Forscherinnen davon aus, äußere Mechanismen aufdecken zu können, die eine erfolgreiche Laufbahn behindern, doch das Ergebnis der empirischen Untersuchung zeigte, dass es sich um freie Entscheidungen handelte. Viele Studentinnen bekundeten, eine Ehe mit einem älteren und gut verdienenden

Mann anzustreben, um auf eine Karriere verzichten zu können. An einer höheren Laufbahn bestand kein Interesse. Erwartungsgemäß löste die Veröffentlichung erster Ergebnisse große Empörung aus. Man habe die Kausalität der Entscheidungen nicht mitberücksichtigt, lautete ein Gegenargument, denn es sei nicht klar, ob Frauen sich tatsächlich frei entschieden oder nur die erschwerten Karrierewege antizipiert hatten. In einer wissenschaftlichen Untersuchung lässt sich methodisch nicht zwischen einer freien und einer tatsächlich freien Entscheidung differenzieren, aber dass universitäre Laufbahnen für Frauen problematischer sind als für Männer, ist definitiv falsch. In vielen Ausschreibungen steht unmissverständlich, dass Frauen bei gleicher Eignung bevorzugt eingestellt werden, und gewöhnlich werden Rechtfertigungen erwartet, wenn ein Mann eine begehrte Stelle erhält. In 50 Jahren Frauenbewegung haben Frauen eigene Netzwerke geschaffen, die dafür sorgen, dass Gleichbehandlung stattfindet. Es gibt spezifische Förderstrukturen und Mentoringprogramme, die ausschließlich Frauen zugutekommen, Belästigungen und sexuelle Übergriffe werden konsequent geahndet. Im Ergebnis lässt sich sagen, dass Frauen auf dem Arbeitsmarkt alles andere als benachteiligt sind – es sei denn, sie seien Mütter.

Die Diskriminierung von Müttern wird im woken Weltbild gern ausgeblendet, und auch Konservative machen sich selten für die berufstätige Mutter stark. Daher hat sich in den vergangenen 40 Jahren, seit ich selbst als berufstätige Mutter mit mütterfeindlichen Strukturen kämpfte, wenig geändert. Es fehlt an Betreuungsplätzen für Kinder jeden Alters sowie an Öffnungszeiten, die eine Vollzeitstelle möglich machen. Vor allem fehlt es an Einrichtungen, die die Bedürfnisse mittelständischer Eltern befriedigen. Wer sich mehr als eine Aufbewahrung seiner Kinder wünscht und von der Kita etwas anderes als das Einüben simpler sozialer Verhaltensweisen erwartet, gibt sein Kind oft in eine private Einrichtung, eine Elterninitiative, eine Montessori-, Waldorf- oder internationale Schule. Diese Einrichtungen sind teuer und verschlingen einen guten Teil des mühsam erwirtschafteten Einkommens. Ab dem zweiten Kind muss sich jede Mutter fragen, ob sich ihre Arbeit finanziell noch auszahlt. Auch die Organisation der Arbeit diskriminiert Mütter. In der Wissenschaft, wo flexible Arbeitszeiten eigentlich ein Vorteil für Mütter sein könnten, wird in der Qualifizierungsphase, in der Frauen üblicherweise Kinder bekommen, erwartet, dass man internationale Konferenzen besucht, mindestens ein Jahr im Ausland forscht oder lehrt und einen Arbeitsalltag absolviert, der 50 Wochenstunden überschreitet. Wenn Drittmittelanträge, die gegenwärtige Königsdisziplin der Wissenschaft, finalisiert werden, dann sind auch Abendstunden, Wochenenden und Feiertage nicht tabu. Von jungen Wissenschaftlerinnen wird selbstverständlich erwartet, dass sie sich an universitären Gremien beteiligen, doch die Sitzungen gehen oft bis in den späten Nachmittag und manchmal sogar bis in die Abendstunden hinein. Aus meinen Erfahrungen im universitären Alltag kann ich sagen, dass es keine sachlichen Gründe für diese ausufernden Zusammenkünfte gibt. Ich hatte vielmehr oft den Eindruck, dass sie für Männer und kinderlose Frauen als Ort der Selbstdarstellung genutzt wurden oder dass man damit auf angenehme Weise Zeit totschlagen wollte.

Das Ergebnis solcher Strukturen liegt auf der Hand. Frauen in Führungspositionen sind oft kinderlos, während Mütter seltener Führungspositionen einnehmen. Fast zwei Drittel aller Professorinnen, aber nur ein Drittel aller Professoren haben keine Kinder. Solche Missstände könnten problemlos behoben werden. Unternehmen könnten mit eigenen Kinderbetreuungseinrichtungen bei der Anwerbung um gesuchte Fachkräfte punkten, Arbeit im Homeoffice könnte ausgebaut und die Anzahl und Dauer von Arbeitsgruppen- und Gremiensitzungen abgebaut werden. Für solche pragmatischen Lösungen fehlt allerdings sowohl in der Politik als auch in anderen Institutionen bislang der Wille.

Statt sich um tatsächlich vorhandene Diskriminierungen zu kümmern und eine pragmatische Abhilfe zu schaffen, treiben Feministinnen immer neue Regelwerke voran, die sich am Weiblichkeitsideal der kinderlosen berufstätigen Frau orientieren. Wer andere Prioritäten entwickelt und ein Leben mit Kindern und Beruf anstrebt, wird abgestraft. Wer sich für eine Vollzeitmutterschaft oder eine Teilzeitbeschäftigung entscheidet, muss sogar mit dem Vorwurf eines falschen Bewusstseins rechnen. Genau betrachtet, ist dies ein Armutszeugnis. Die Frauenbewegung, die einst angetreten war, Rechtsgleichheit zwischen Männern und Frauen zu schaffen und beiden Geschlechtern eine selbstbestimmte Lebensführung zu ermöglichen, ist zu einer dogmatischen Ideologie verkommen, in der es vermeintlich richtige und falsche Entscheidungen gibt. Es sind nicht mehr die Frauen, die bestimmen, was für sie stimmig ist, sondern woke Akteure, die sich vorgenommen haben, die Wirklichkeit anhand ihrer eigenen Ideologie umzugestalten.

Die feministische Rechtfertigung patriarchalischer Gewaltverhältnisse

Unter dem Einfluss neuer Ideen seit den 1960er-Jahren haben Teile der Frauenbewegung nicht nur Abschied von ihrer vormals freiheitlichen Orientierung genommen, sondern sind sogar explizit zu Verfechterinnen patriarchalischer Genderordnungen mutiert. Das ist der Etablierung des sogenannten *intersektionalen Feminismus* geschuldet, dessen Vertreterinnen das ursprüngliche Ziel der Frauenbewegung, weltweit gleiche Rechte für Männer und Frauen durchzusetzen, aufkündigten und sich fortan als Teil einer postkolonialen Denkschule verstanden. Auslöser dieses Richtungswechsels war die Kritik schwarzer Feministinnen in den USA an ihren weißen Mitstreiterinnen, die bereits Ende der 1960er-Jahre bezichtigt wurden, eine *weiße Mittelstandsideologie* zu verabsolutieren und sich an der Unterdrückung schwarzer Frauen zu beteiligen. In den 1980er-Jahren folgten ähnliche Interventionen aus den Reihen feministischer

Intellektueller aus nichtwestlichen Ländern, die sich Women of Colour nannten.[100] Beide Gruppen forderten eine Integration antirassistischer Konzepte in die Frauenbewegung, und die weißen Feministinnen kamen dem Ansinnen widerspruchslos nach.[101]

In den 1980er-Jahren erhielt der neue Feminismus einen Namen. Er geht auf die amerikanische Juristin Kimberlé Crenshaw zurück, die das Konzept einer wechselseitigen Beeinflussung beziehungsweise Verstärkung unterschiedlicher Unterdrückungsverhältnisse entwickelte, die sie als *intersektional* bezeichnete.[102] Der Begriff *intersektionaler Feminismus* meint wörtlich sich kreuzende oder überschneidende Formen der Benachteiligung. Zunächst wurde der antipatriarchalischen Agenda die Kategorie Rassismus hinzugefügt. Crenshaw definierte sie als Diskriminierung nichtweißer Frauen durch weiße Männer und Frauen. In Bezug auf die Kategorie des Rassismus wurden weiße Feministinnen in einer Tätergruppe verortet, nichtweiße Frauen und Männer jedoch in einer Opfergruppe. Bezüglich der Kategorie Sexismus blieben weiße und nichtweiße Frauen Opfer, Männer jedweder Hautfarbe jedoch potenzielle Täter. Eine dritte Kategorie war die der *Klassenzugehörigkeit*, die der marxistischen Theorie entlehnt war. Sie eignete sich allerdings nur bedingt für die politische Agitation, da die Feministinnen ungeachtet ihrer Hautfarbe oder Herkunft mehrheitlich der gesellschaftlichen Elite angehörten. Rassismus entpuppte sich gegenüber dem *Klassismus* als weitaus wirkmächtiger und überlagerte schließlich sogar die feministische Agenda.

Eine zusätzliche Erweiterung der Opferkategorie erfolgte in den 1980er-Jahren. Es war die Figur des Migranten, in dem der Philosoph Étienne Balibar, der Soziologe Immanuel Wallerstein und der Kulturwissenschaftler Stuart Hall das ultimativ marginalisierte Andere des Westens sahen.[103] Sie folgten dabei der These des Literaturwissenschaftlers Edward W. Said, dass der Okzident stets ein abgewertetes Anderes benötige, um seine Dominanz zu rechtfertigen, und übertrugen diese auf moderne Einwanderungsgesellschaften.

In der Tat sind Migranten zunächst einmal Fremde. Allerdings trifft diese Erkenntnis nicht nur auf westliche, sondern auf alle Gesellschaften zu. Fremde besitzen einen besonderen Status, und in der Regel begegnen die Einheimischen ihnen mit Misstrauen oder sogar Ablehnung. Zur spezifischen Charakterisierung des Westens eignet sich das Gegensatzpaar *fremd – einheimisch* daher nicht. Es ist nämlich universal. Hinzu kommt, dass westliche Gesellschaften, anders als viele nichtwestliche Gesellschaften, Fremde nicht essentialisieren, sondern ihnen die Option anbieten, einheimisch zu werden. Dafür gibt es den Begriff der Integration, der in anderen Regionen der Welt gänzlich fehlt. Moderne westliche Gesellschaften sind offene Gesellschaften mit dynamischen Zugehörigkeitsmodi. Jeder Mensch kann teilhaben und bei entsprechender Qualifikation auch in Führungspositionen aufrücken. Hall, der einer mittelständischen Familie auf Jamaika entstammt, wurde in England zum gefeierten Universitätsprofessor, und der in Ägypten aufgewachsene Said war in den USA einer der bekanntesten Intellektuellen. Die eigene Erfolgsbiografie wurde von beiden niemals kritisch reflektiert, vielleicht auch, weil sie ihre proklamierte Zugehörigkeit zu einer diskriminierten Gruppe für die eigene Karriere nutzen konnten.

Anders als Said definierten Balibar, Hall und Wallerstein die Differenz zwischen dem Eigenen und dem Fremden in westlichen Gesellschaften als Rassismus. Dabei fokussierten sie speziell auf kulturelle Merkmale. Das rassistisch diskriminierte Andere war bei ihnen eine Person, die nicht der Mehrheitsgesellschaft entstammte und sich aufgrund ihres Migrationshintergrundes *kulturell* von dieser unterschied. Sie nannten dies die *Kulturalisierung des Rassismus* oder auch einen *Rassismus ohne Rassen*. Auf Grundlage dieser neuen Konzepte konnte jetzt jede Kritik an Missständen in migrantischen Kulturen als Rassismus bezeichnet werden. Zum Bereich der Kultur wurde auch die Religion gezählt, was es erlaubte, Muslime als besonders diskriminierte Opfergruppe zu konstruieren.

Der *intersektionale Feminismus*, der seine diversen Sektoren durch die Klammer des Antiwestlichen zusammenhielt, nahm diese Anregungen dankbar auf, befasste sich jedoch nicht mit den Hintergründen möglicher kultureller Unvereinbarkeiten, sondern kaprizierte sich auf den wichtigsten sichtbaren Differenzmarker, das islamische Kopftuch. Auf dieser Grundlage erschien seit den 1990er-Jahren eine wahre Flut von Publikationen, die die vermeintliche Diskriminierung der muslimischen Frau in westlichen Einwanderungsgesellschaften skandalisierten.[104] Bar jeder Faktizität stilisierten die Feministinnen die Verhüllung von Haar und Körper zu einem Symbol des Widerstands gegen westlichen Sexismus oder der weiblichen Selbstermächtigung. Kritik an Zwangsverschleierungen oder anderen patriarchalischen Gewaltverhältnissen in muslimischen Gemeinschaften wurde systematisch abgewehrt. Autobiografien muslimischer Frauen, die eigene Leidensgeschichten in ihren Familien thematisierten, wurden ausgeblendet, und in einigen Fällen wurden selbst Musliminnen als *antimuslimische Rassistinnen* denunziert. Prominente Beispiele sind die türkischstämmige Soziologin Necla Kelek, die kurdisch-türkische Juristin Seyran Ates und die aus Somalia stammende Politikwissenschaftlerin Ayaan Hirsi Ali, die frauenfeindliche Strukturen in ihren Heimatländern schonungslos offenlegten und dafür von woken Akteurinnen in Wissenschaft, Politik und Gesellschaft mit Hasstiraden überzogen wurden.[105] Eine Auseinandersetzung mit frauenfeindlichen Strukturen in migrantischen oder muslimischen Communities ist bis heute unerwünscht, weil sie die woke Opfererzählung stört. Der *intersektionale Feminismus* schweigt zu den gravierendsten Verletzungen von Frauenrechten, zur Tradierung extrem patriarchalischer Frauenbilder oder zu Geschlechterordnungen, die die Unterordnung von Frauen zum Programm erheben.

Die ideologisch verordnete Blindheit führt nicht selten zu gravierenden Widersprüchen. Ein Beispiel ist die feministische Haltung zur Revolte der Frauen in Iran, die mit der Parole *Frauen,*

Leben, Freiheit gegen den Kopftuchzwang und das Mullah-Regime auf der Straße demonstrierten. Einerseits sahen sich deutsche intersektionale Feministinnen als Unterstützer eines freiheitlichen Volksaufstandes, andererseits hatten sie im eigenen Land gerade die muslimischen Kopftuchträgerinnen zu Heldinnen einer multikulturellen Gesellschaft erklärt. Man wollte sich gern in die Unterstützerszene einreihen, musste allerdings verhindern, dass Rückschlüsse auf islamische Strukturen in Deutschland gezogen wurden. Eine Lösung des Dilemmas bot Bundesaußenministerin Annalena Baerbock an. Die Unterdrückung der Frauen in der islamischen Republik, die durch islamische Sittenwächter und eine islamische Justiz erfolgte, weil die Frauen sich den islamischen Bekleidungsnormen widersetzten, so Baerbock, habe nichts mit dem Islam zu tun. Baerbock wiederholte damit ein Narrativ, das man gewöhnlich von islamischen Verbandsvertretern nach Anschlägen zu hören bekommt und das letztendlich auch in Präventionsprogramme Einzug hielt. Gewalt in muslimischen Staaten, Gemeinschaften oder bei muslimischen Akteuren, so tönt es seit Jahrzehnten unisono, hätte selbst dann nichts mit dem Islam zu tun, wenn diese Gewalt im Namen des Islam verübt wird. Schuldig seien entweder westliche Staaten, ein antimuslimischer Rassismus oder – im Falle Irans – ein undemokratisches Regime.

Solche rhetorischen Spitzfindigkeiten erlauben ein Festhalten an liebgewonnenen Glaubenssätzen, selbst wenn diese sich als gewaltlegitimierend erweisen. In Ermangelung jeglicher Selbstkritik ist der *intersektionale Feminismus* dadurch zu einer frauenfeindlichen Ideologie verkommen. Er richtet sich besonders gegen Frauen aus muslimischen Familien, die frei und selbstbestimmt leben möchten, aber daran von Mitgliedern der eigenen Community gehindert werden. Die *Kultur der Ehre* und islamistische Normen sind für muslimische Frauen ebenso wie für muslimische Männer, die trans- oder homosexuell leben möchten, im höchsten Maße repressiv und manchmal sogar tödlich. Darauf hinzuweisen und sich dagegen zu engagieren, ist kein *antimuslimischer Rassismus*, sondern eine demokratische und menschenrechtliche Pflicht. Frauen, die sich als Feministinnen bezeichnen, sollten eigentlich die Speerspitze der Kritik und nicht das Bollwerk der Gegenaufklärung bilden.

Trans-Chic und Queer-Feminismus

Im Oktober 2023 forderten 33 Autoren des Literarischen Herbstes in Leipzig die Absage einer Lesung mit Alice Schwarzer. Eine von ihnen war die Schriftstellerin Cécil Joyce Röski, die wörtlich schrieb: »Wir finden, dass der Literarische Herbst eine Verantwortung gegenüber seinen Mitveranstalter*innen hat und der Hetze gegen marginalisierte Gruppen durch Alice Schwarzer ohne kritische Einordnung und um jeden Preis eine Bühne gibt – wodurch sich der Literarische Herbst mit marginalisierten Gruppen entsolidarisiert.«[106] Es ist ein Satz, der woke Ideologie sprachlich und inhaltlich in Reinform wiedergibt. Röski inszenierte sich als Fürsprecherin von Opfergruppen und schrieb in wolkiger Sprache von Verantwortung und Entsolidarisierung, ohne zu benennen, was Verantwortung eigentlich meint oder womit sich die Veranstalter solidarisieren sollten. Klar war allenfalls, dass das Canceln einer Veranstaltung mit Alice Schwarzer aufgrund angeblicher *transfeindlicher Narrative* gefordert wurde.

Alice Schwarzer ist eine Feministin alter Schule. Sie hatte sich in der Vergangenheit gegen den Islamismus, das islamische Kopftuch und zu den sexuellen Übergriffen von Migranten auf Frauen in der Kölner Silvesternacht zu Wort gemeldet und dafür den üblichen Vorwurf erhalten, sie sei eine antimuslimische Rassistin.[107] Auf der von mir im Jahr 2019 veranstalteten Konferenz zum islamischen Kopftuch war sie die am stärksten angefeindete Rednerin. Doch in Leipzig ging es nicht primär um Muslime, sondern um sogenannte Transpersonen. Alice Schwarzer gilt nämlich als *transphob*. Sie hat sich immer für sexuelle Minderheiten und dabei auch für Transsexuelle eingesetzt, aber grundsätzlich die Meinung vertreten, dass es dem Feminismus um die Überwindung sozialer Geschlechterstereotype gehen sollte. Vereinfacht ausgedrückt heißt dies: Frauen können Automechaniker oder Kampfsportikonen werden, und Männer dürfen im selbstgestrickten Pullover eine Ganztagsvaterrolle übernehmen oder mit dramatischem Augen-Make-up über einen Laufsteg stolzieren. Dafür muss niemand sein Geschlecht wechseln. Wer dies dennoch möchte und dabei extrem gesundheitsschädliche Medikationen oder die Amputation von Körperteilen in Kauf nimmt, muss einen außergewöhnlichen Antrieb haben, den man in der klassischen Literatur als Transsexualität beschreibt, was nichts anderes bedeutet, als im falschen Körper geboren worden zu sein.

In außereuropäischen und insbesondere in indigenen Gesellschaften existieren besondere Verschränkungen zwischen körperlichem Geschlecht und sozialen Rollen. Wenn sich ein körperlich männliches Kind für Tätigkeiten interessierte, die als weiblich ausgewiesen waren, wurde es vielfach als Mädchen erzogen, wenn es sich jedoch für die Jagd oder für bestimmte Handwerkstechniken begeisterte, glaubte man einen Jungen vor sich zu sehen, auch wenn der Körper weiblich war. In diesen Praktiken wurzelt die Institution der *dritten* oder *vierten Geschlechter*, die es geborenen Männern oder Frauen gestattete, in gegengeschlechtlichen Rollen zu leben. Erzwungene Geschlechtsrollenwechsel kennen wir auch aus Gesellschaften, die Homosexualität ablehnten.[108] Dort mussten Männer formal Frauen werden und Frauen eine männliche Identität annehmen, um mit den gleichgeschlechtlichen Partnern zusammenleben zu dürfen. Solche Strategien sind nur in Gesellschaften notwendig, die weder eine Freiheit bezüglich der eigenen Geschlechterrolle noch hinsichtlich der sexuellen Identität akzeptieren. In modernen westlichen Gesellschaften ist dies anders. Nach jahrzehntelangen Kämpfen gelang es, die Anerkennung von Homosexualität und Transsexualität durchzusetzen und rechtlich zu verankern sowie die

Befreiung von vorgefertigten Geschlechterrollen anzustoßen. In der zweiten Hälfte des 20. Jahrhunderts hat sich in Deutschland besonders Alice Schwarzer für die Möglichkeit beider Geschlechter eingesetzt, den eigenen Lebensweg selbstbestimmt zu gestalten. Dafür steht im klassischen Feminismus die Trennung zwischen dem körperlichen Geschlecht (Sex) und einer sozialen Geschlechtsrolle (Gender).

Diese Trennung wird im gegenwärtig populären *Queer-Feminismus* negiert. *Queer-Feminismus* ist eine neue Spielart des *intersektionalen Feminismus*, die eine weitere vermeintliche Opfergruppe integriert hat: die Transpersonen. Darunter werden alle Menschen verstanden, die von sich behaupten, nicht *heteronormativ* zu sein. Klassischerweise umfasste die Kategorie Schwule, Lesben, Bi- und Transsexuelle, also Menschen, die sich jenseits einer heterosexuellen Norm verorten, doch mittlerweile schließen sich unentwegt Personen an, die irgendwie dazugehören wollen und neue Unterkategorien erfinden. Die Gemeinsamkeit besteht mittlerweile weniger in einer normativen Abweichung als in der Negation der biologischen Zweigeschlechtlichkeit. Geschlecht wird nur noch als Konstruktion verstanden, die jederzeit durch eine Willensbekundung geändert werden kann. Diese radikale Abkopplung von der Materialität des Faktischen wurde von der amerikanischen Philosophin Judith Butler im akademischen Umfeld popularisiert. In ihrem 1990 erschienenen Buch *Gender Trouble*, das 1991 vom Suhrkamp Verlag ins Deutsche übersetzt wurde, kündigt sie die Fokussierung des Feminismus auf die Kategorie Frau und dabei besonders auf den weiblichen Körper auf.[109] Ein weibliches oder männliches Geschlecht sei nicht an einen geschlechtlichen Körper gebunden, sondern könne beliebig angeeignet werden. Butler wurde in den 1990er-Jahren von klassischen Feministinnen stark kritisiert, konnte sich aber auf lange Sicht mit ihrer Theorie durchsetzen.

Die Vorstellung, dass der Körper für die Geschlechtsidentität irrelevant sei oder dass es beliebig viele Geschlechter gebe, die ein

Recht auf Durchsetzung behaupten könnten, ist zur beherrschenden Doktrin des *intersektionalen Feminismus* geworden. Den Aktivisten geht es nicht nur um einen körperlichen und sozialen Geschlechtswechsel, sondern vor allem um die neue Kategorie *nicht binär*, das heißt um Menschen, die sich jenseits jeglicher Zuschreibungen verorten. 2014 gewann die österreichische Kunstfigur Conchita Wurst mit Abendkleid, Make-up und Vollbart den European Song Contest, und 2022 wurde Kim de l'Horizon, eine ebenfalls bärtige, nach eigenen Angaben genderfluide nicht binäre Person mit dem Deutschen Buchpreis für eine autobiografische Erzählung ausgezeichnet. Man könnte also sagen, westliche Gesellschaften haben nach langen Kämpfen endlich eine freiheitliche Geschlechterordnung etabliert, in der alle Menschen ihren Neigungen folgen können.

Statt neuer Freiheiten hat die jüngste Entwicklung allerdings das Gegenteil hervorgebracht. Transaktivisten und ihre Unterstützer geben sich nicht damit zufrieden, dass heute vieles möglich ist, was in der Vergangenheit und in anderen Ländern mit Repression geahndet wird, sie wollen ihre Weltauffassung vielmehr normativ durchsetzen. Die Tatsache, dass Menschen in ihrer übergroßen Mehrheit biologisch entweder männlich oder weiblich sind, wird ebenso negiert wie das Risiko, das mit körperlichen Transformationen einhergeht. Biologische Abweichungen von einem binären Muster sind außerordentlich selten. Das Gleiche gilt für Menschen, die ihr körperliches Geschlecht so sehr ablehnen, dass sie physische Geschlechtsumwandlungen anstreben. Nur wenige Menschen haben einen so großen Leidensdruck, dass sie die komplizierten Operationen durchführen lassen möchten, die sie von ungeliebten Körperteilen befreien oder begehrte Körperteile hinzufügen. Während Amputationen von Penis, Hoden, Brüsten, Gebärmutter und Eierstöcken noch relativ einfach durchzuführen sind, ist der Aufbau neuer Organe schwierig und gelingt häufig nicht. Auch die ständige hochdosierte Einnahme von Hormonen, die mit einer Geschlechtsumwandlung verbunden ist, hat zahlreiche Nebenwirkungen.

Gegenwärtig ist eine regelrechte Begeisterungswelle um nicht binäre Personen ausgebrochen, die durch die sozialen Medien vorangetrieben wird. Auf TikTok und Instagram lassen junge Transmänner ihre Follower daran teilhaben, wie sie sich unter der Wirkung von Testosteron verändern, und sie feiern die Amputation ihrer Brüste mit endlosen Aufnahmen ihrer nackten Oberkörper. Geschlechtertausch sei, so der Journalist Stefan Millius, eine Art Lifestyle-Disziplin. In der Schweiz stieg die Anzahl der solcherart motivierten jährlichen Brustamputationen von 80 im Jahr 2019 auf 221 im Jahr 2022.[110] Die Politik hat auf den Transhype mit mehreren Gesetzesänderungen reagiert. Einem neuen Selbstbestimmungsgesetz zufolge sollen Menschen einmal im Jahr ihr Geschlecht ändern können, ohne eine Geschlechtsumwandlung vornehmen zu müssen, und schon jetzt haben sie das Recht, von ihrem Gegenüber zu verlangen, mit einem neuen Namen und Pronomen angesprochen zu werden. Wer sich nicht daran hält, soll künftig zu einem Bußgeld verurteilt werden. Aus dieser Praxis ergeben sich viele Probleme.

Beginnen wir mit dem Zwang, einen Menschen nach seinem eigenen Dafürhalten zu benennen. Die Wahrnehmung von Geschlechtsunterschieden gehört ebenso zum menschlichen Orientierungssinn wie die Realisierung anderer Kategorien von Wirklichkeit, zu denen die Dichotomien hell versus dunkel, heiß versus kalt, trocken versus nass gehören. Selbstverständlich kann man einen Menschen so ansprechen, wie dieser es gerne hätte, allerdings ist es bedenklich, Wahrnehmungen per Gesetz außer Kraft setzen zu wollen. Noch problematischer sind die sozialen Folgen. Sollen Transfrauen im Frauensport antreten, bei Straffälligkeit im Frauentrakt eines Gefängnisses untergebracht oder in die Frauensauna zugelassen werden? Viele Frauen sprechen sich dagegen aus. Transfrauen haben sportliche Wettkämpfe gewonnen, weil sie ihren Konkurrentinnen rein körperlich überlegen waren, und es ist wiederholt zu Vergewaltigungen durch Transfrauen in Gefängnissen gekommen. Für die meisten Frauen wird auch die Existenz von Frauensaunen ad absurdum geführt, wenn dort Menschen mit Penis und einer männlichen Physiognomie Zutritt erhalten. In der Sauna interessiert man sich naturgemäß nicht für die Identität des Gegenübers, sondern ausschließlich für den Körper.

Wer gegen solche Zustände protestiert, handelt sich allerdings postwendend den Vorwurf der Transphobie ein. Ähnliches gilt für Bedenken gegen eine frühe Hormongabe bei Jugendlichen oder die zunehmende Hinwendung von Mädchen zu einer Transidentität. Dass gerade Mädchen sich zunehmend als trans outen, ist besorgniserregend. Die Vermutung besteht, dass sie hoffen, ihren persönlichen Schwierigkeiten in einer männlichen Rolle entfliehen zu können, was auch Medien suggerieren, in denen eine hippe heile Transwelt dargestellt wird. Diese präsentiert sich als Gegenentwurf eines pubertären Mädchenalltags, der nicht selten durch Unzufriedenheit mit dem eigenen Aussehen, Frustrationen in der Liebe und vielleicht sogar mangelnde Anerkennung innerhalb der Peergroup gekennzeichnet ist. Transinfluenzer setzen daran an. Sie beschreiben ihren vormaligen Alltag als traurig und von Minderwertigkeitsgefühlen gekennzeichnet. Durch die Transition seien sie glücklich geworden, sagen sie. Sex, Liebe, Anerkennung – alles kein Problem mehr. Bilder von lachenden, fröhlich tanzenden und sich umarmenden Menschen suggerieren Authentizität. Frauen, die ihre Testosteroneinnahme beenden, ihre Mastektomie bereuen und zu einer weiblichen Identität zurückkehrten, sind jedoch weniger häufig zu sehen.

Daran setzt Alice Schwarzer an. Sie befürchtet zu Recht, dass Mädchen sich medizinischen Behandlungen mit irreparablen körperlichen Veränderungen aussetzen, weil sie glücklicher werden wollen. Außerdem hält sie die biologische Zweigeschlechtlichkeit für eine Tatsache.[111] Biologen stimmen ihr darin zu. Das macht sie genauso wenig zu einer Transfeindin wie Alessandra Asteriti, die die internationale Benachteiligung von Frauen erfassen möchte. Dies geht nämlich nur, wenn man die Realität geschlechtlicher Körperlichkeit anerkennt. Bei der Alphabetisierungsquote von Frauen, ihrem

Zugang zu medizinischen Einrichtungen oder der Teilhabe an Führungspositionen ist nicht die gefühlte Identität einer Frau, sondern ihre geschlechtliche Einordnung durch die Außenwelt entscheidend. Diese ist in der Regel eindeutig, auch wenn Transaktivisten dies nicht wahrhaben wollen. Sie träumen von einer neuen Welt, in der die Natur absolut beherrschbar ist und letztendlich überwunden werden kann.

Gendersternchen, Sprachpolizisten und die Eliminierung des Weiblichen

Wenn man glaubt, dass die Realität das Ergebnis eines Sprechaktes sein könnte, liegt es nahe, Sprache zur Umgestaltung der Welt einzusetzen. Das ist der Hintergrund des Genderns, das der Bevölkerung von Ämtern und Medien, Universitäten und Verlagshäusern aufgenötigt wird, obgleich mehr als 70 Prozent aller in Deutschland lebenden Menschen diese Praxis ablehnen. Die Ursprünge des Genderns liegen in der feministischen Linguistik, deren Vertreterinnen sich gegen die Verwendung des generischen Maskulinums aussprachen. Unter dem Begriff versteht man die geschlechtsneutrale Verwendung personenbezogener maskuliner Nomina, beispielsweise für Angehörige von sozialen Gruppen, die faktisch aus Männern und Frauen bestehen können. Was gemeint ist, wird aus dem Kontext ersichtlich. Wenn wir von Lehrern sprechen, ist es unwahrscheinlich, dass damit nur Männer gemeint sind, wenn wir von Bauarbeitern reden, assoziiert man gewöhnlich keine Frauen. Bei einer rein weiblichen Gruppe könnte ebenfalls das generische Maskulinum verwendet werden, doch dies wäre eher unüblich. Das Männliche steht für das Allgemeine, das Weibliche ist entweder eingeschlossen oder wird als das Besondere markiert.

Feministinnen kritisierten diese Regelung seit dem Ende der 1970er-Jahre als Ausdruck patriarchalischer Macht und warben für eine inklusive Sprache.[112] Wie diese aussehen sollte, war jedoch nicht klar. Wer politisch korrekt sein wollte, nannte in der wörtlichen Rede fortan beide Geschlechter. Das war umständlich, produzierte Bandwurmsätze und behinderte einen nachvollziehbaren Redefluss. In der Schriftform versuchte man Inklusion durch Verkürzungen, ein Binnen-I (LehrerInnen), einen Unterstrich (Lehrer_innen), einen Doppelpunkt (Lehrer:innen) und letztendlich den Asterisk, ein Gendersternchen (Lehrer*innen), herzustellen. Alle der genannten Kurzformen leiden jedoch, wie die Nennung beider Geschlechter, unter einer künstlichen Verkomplizierung der Sätze. Als Hochschullehrerin kann ich aus eigener Erfahrung sagen, dass die Ausdrucksfähigkeit meiner Studenten dadurch behindert wurde. Wer sich auf die korrekte Wiedergabe eines Inhaltes und auf die Darlegung überzeugender Argumente konzentriert, ist oft schon damit überfordert, das Ganze in einer passablen Sprache zu präsentieren. Das Ansinnen, sich zudem noch einer lückenlos gendergerechten Sprache zu befleißigen, führte gewöhnlich zu einer Trivialisierung der Sprache. Man formulierte kurze Sätze, um nicht den Überblick zu verlieren, verzichtete von vornherein auf vollständige Sätze oder hatte am Ende eines Satzes den Faden verloren. Menschen mit nichtdeutscher Muttersprache waren sogar vollends verwirrt.

Einer der Kritikpunkte am generischen Maskulinum ist, dass Frauen sich nicht mitgemeint fühlen, weil sie nicht sichtbar mitgenannt werden. Die angeblich gendergerechten Kurzformen ändern daran allerdings wenig, da der Wortstamm männlich bleibt und Weiblichkeit nur in einem vom Wortstamm getrennten *innen* vorkommt. Zugespitzt könnte man sagen, dass das Weibliche als verkrüppeltes Anhängsel des Männlichen markiert wird.

Nicht nur die Bevölkerung opponiert gegen das Gendern, auch der Rat für deutsche Rechtschreibung und der Deutsche Hochschulverband haben sich wiederholt dagegen ausgesprochen. Die Lesbarkeit und Verständlichkeit von Texten leide, außerdem sei Gendern, linguistisch gesehen, nicht korrekt. Die beliebten Partizipkonstruktionen, so Josef Lange, der Vorsitzende des Rates für Deutsche Rechtschreibung in einem Interview mit dem Nordkurier am 7. November 2023, bezögen sich nur auf aktuelle Tätigkeiten. Teilnehmende seien dies nur so lange, wie ihre Teilnahme andauere. Nach dem Ende der Teilnahme müsse korrekterweise von Teilgenommenhabenden gesprochen werden. Für Schüler seien Vorgaben des Genderns ohnehin kontraproduktiv. Die letzten Rechtschreibreformen seien ausdrücklich mit dem Anspruch angetreten, die Erlernbarkeit der deutschen Sprache zu vereinfachen, das Gendern verkompliziere sie unnötig. In einer Zeit, in der in einigen Bundesländern 40 Prozent der Schüler in der vierten Klasse nicht die Mindestanforderungen im Deutschen beherrschten, sei dies nicht angeraten.

Ungeachtet solcher Einsprüche wird das Gendern in öffentlichen Einrichtungen praktiziert, nahegelegt oder vorgeschrieben. Vorreiter sind mal wieder die Universitäten, in denen eine *gendergerechte Sprache* Teil einer verordneten *Diskriminierungsfreiheit* ist und nicht nur in Handreichungen empfohlen, sondern auch in allen eigenen Texten umgesetzt wird. Auch die Deutsche Forschungsgemeinschaft, der wichtigste Geldgeber universitärer Forschungsvorhaben, hat ihre Satzung entsprechend überarbeitet.

Wer nicht gendert, macht sich automatisch verdächtig und setzt sich dem implizierten Vorwurf aus, Sexist, Reaktionär, transphob oder rechts zu sein. Die linke Dissidentin Emily Lau beschreibt das Gendersternchen als »Dreschflegel, mit dem man die rechte Streu vom linken Weizen trennt«.[113] Mit so jemandem möchte man nicht unbedingt etwas zu tun haben, denn auch das Prinzip der Kontaktschuld muss bedacht werden. Wer sich nicht deutlich von einer Person abgrenzt, die vielleicht rechts sein könnte, ist am Ende möglicherweise selbst rechts. Ich habe im dritten Kapitel bereits darauf hingewiesen, dass die Verweigerung der Anerkennung innerhalb von Peergroups ein wichtiges Disziplinierungsmittel darstellt. Es kommt auch beim Genderzwang zum Tragen. Darüber hinaus lässt sich erahnen, dass im wissenschaftlichen Kontext auch weitere Sanktionen wirksam werden können. Ob eingereichte Forschungsvorhaben eine Chance auf Bewilligung haben, wenn der Antrag nicht gegendert ist, lässt sich nicht mit Sicherheit bejahen. Studenten jedenfalls haben sich in den vergangenen Jahren wiederholt über Punktabzüge wegen nichtgegenderter Hausarbeiten beschwert.

Mittlerweile geht es beim Gendern nicht mehr primär um die Sichtbarmachung von Frauen, sondern um die Repräsentation aller gemäß der woken Theorie möglichen Geschlechter jenseits der Zweigeschlechtlichkeit. Ich erinnere mich an eine Gremiensitzung, in der ein Teilnehmer anregte, das Pronomen *sie* durch *FLINTA* zu ersetzen. Es handelt sich um ein Akronym für Frauen, Lesben, Inter-, Trans- und Asexuelle. Das Pronomen *er* wollte er nicht ersetzen. Männer bleiben eben Männer. Dass es bei der erweiterten gendergerechten Sprache letztendlich um die Eliminierung des Weiblichen gehen soll, zeigen auch andere sprachliche Neuschöpfungen. Auf der Internetseite der *Tagesschau* vermieden Redakteurinnen in einem Beitrag über Sonderurlaub für Frauen nach der Geburt das Wort *Mutter* und sprachen lieber von *gebärender* und *entbindender Person*. Auf Nachfrage rechtfertigten sie diesen Neusprech mit ihrer Absicht, niemanden diskriminieren zu wollen. Mit niemand waren offenbar Transmänner gemeint, die ein Kind bekommen. Noch einmal zur Begriffsklärung: Transmänner sind Personen mit weiblichen Geschlechtsorganen, die sich als Männer verstehen. Die Mehrheit aller Transmänner nimmt Testosteron, viele haben sich Eierstöcke und Gebärmutter entfernen lassen, doch es gibt einige spektakuläre Fälle, die schwanger wurden und Kinder zur Welt brachten. Mit diesen extrem seltenen Sonderfällen wurde begründet, dass man den Regelfall, dass nämlich Frauen Kinder zur Welt bringen, nicht mehr sprachlich abbilden wolle. Die Entkopplung des Gebärens von der Mutterschaft ist eine Eliminierung von Frauen in der Sprache und eine Entwertung der Mutterschaft. Im Gegensatz zum Gebären, das nur wenige Stunden in Anspruch nimmt, ist Mutterschaft nämlich eine lebenslange Beziehung. Um seltene Sonderfälle zu inkludieren, exkludiert man die Gesamtheit von Frauen, die Mütter sind. Solche Absurditäten sind leider keine Ausnahmen mehr. Die Nationale Ethikkommission der Schweiz sprach sich ebenfalls gegen die weitere Verwendung des anstößig empfundenen Begriffs Mutter aus, und das Bundesfamilienministerium empfahl im Jahr 2019 Lehrern auf die Begriffe Mutter und Vater zu verzichten und stattdessen von *Elternteil 1 und 2* zu sprechen. Doch die sprachlichen Verwirrungen gehen noch weiter. In Großbritannien schlug eine Krebsorganisation im Jahr 2023 vor, den Begriff *Bonus-Loch* oder *vorderes Loch* anstelle von Vagina zu verwenden, und in den USA sprechen Wokisten von Körpern mit Vagina, schwangeren Menschen und ersetzen den englischen Begriff *breast* (weibliche Brust) im Begriff *breastfeeding* (Stillen) durch den genderneutralen Begriff *chest* (Brustpartie). Weithin hat sich innerhalb der woken Szene der Begriff der *weiblich gelesenen Menschen* durchgesetzt, der ohnehin keinen Körper als Referenzpunkt mehr benötigt.

Kritik an den zentralen Dogmen der Transbewegung wird mit außerordentlicher Aggressivität beantwortet. Dies wurde zuerst in anglophonen Ländern ersichtlich. Spektakuläre Fälle sind Joanne Rowling, die mit ihrem Harry-Potter-Romanen berühmt und später als transphob angefeindet wurde, weil sie Frauen für real hält, oder die britische Philosophin Kathleen Stock, die von Transaktivisten so sehr eingeschüchtert wurde, dass sie ihre Stelle als Professorin an der University of Sussex kündigte. Auch sie besteht darauf, dass die Materialität des Körpers für die Kategorie Geschlecht konstitutiv ist.[114]

Wieder sind es die Universitäten, an denen die Ideologien erdacht und in einem repressiven Kanon umgesetzt werden. Zurzeit ist es nicht mehr möglich, an einer deutschen Universität einen Vortrag zu halten oder eine Konferenz durchzuführen, die nicht hundertprozentig den Geist der Transbewegung widerspiegelt. Zwei der drei von mir erwähnten Beispiele universitärer Cancel Culture betrafen Stimmungsmache von Transaktivisten. Der Furor trifft auch

Studenten. An der Universität Göttingen wurde im Oktober 2023 ein Plakat aufgehängt, auf dem gefordert wurde: »TERFs raus aus der Uni«. Das Schimpfwort *TERF* steht für *Trans-Exclusionary Radical Feminists*, also für Radikalfeministinnen, die Transpersonen ausschließen. Auf dem Plakat wurden mehrere Namen von Studentinnen aufgeführt, denen Transphobie vorgeworfen wurde, Unterzeichner war eine selbst ernannte antifaschistische Gruppe. Einige Transaktivisten verwenden in ihren Parolen sogar die Sprache sexualisierter Gewalt. »TERFs can suck my huge trans cock« stand wiederholt auf Transparenten, die während Gay-Pride-Märschen mitgeführt wurden.

Während die Transbewegung Menschen mit ihrem Hass verfolgt, die ihren Anliegen grundsätzlich positiv gegenüberstehen, verliert sie kein Wort über Kreise, die ihre Existenz tatsächlich aus tiefster Überzeugung ablehnen. Im August 2022 wurde in Münster ein Transmann auf dem Christopher-Street-Umzug erschlagen. Der Täter war ein abgelehnter Asylbewerber tschetschenischer Herkunft, der zuvor einige Frauen bedroht hatte. Der Totschlag war schlicht und ergreifend durch seine Abneigung gegen Menschen angetrieben, die sich nicht in Übereinstimmung mit seinen eigenen Konventionen befanden. Homosexuellenfeindlichkeit ist in Tschetschenien weit verbreitet, und allgemein herrscht neben einem streng orthodoxen bis salafistischen Islam auch ein extrem patriarchalisches Weltbild. Hier hätte es einige Ansatzpunkte für die queere Bewegung gegeben, Transfeindlichkeit zu thematisieren, doch man blieb vollständig stumm. Der Täter war ein muslimischer Migrant, nach woker Definition also Mitglied einer Opfergruppe. Deshalb verbat es sich, darauf zu verweisen. Man musste eine neue Erklärung finden und behauptete schließlich, der Angriff sei auf die Transfeindlichkeit von TERFs zurückzuführen.

TEIL III

Diskurshoheit und Geschäftsinteresse

In den vergangenen Jahren ist es der woken Linken gelungen, in großen Bereichen der Wissenschaft, der Medien und des Kultur- und Bildungsbereichs die Diskurshoheit zu erlangen. Ein riesiger Markt der Möglichkeiten ist entstanden, in dem postkolonial geschulte Universitätsabsolventen gut bezahlte Anstellungen finden und berufliche Karrieren verfolgen können. Diese erlauben es ihnen, ihre Netzwerke in wichtigen Sektoren weiter auszubauen. Man unterstützt und bestätigt sich und geht gemeinsam gegen Kritiker vor, die mit haltlosen Vorwürfen mundtot gemacht werden. Eine Minderheit dominiert dadurch die Mehrheit der Bevölkerung.

KAPITEL 7

Die Antirassismus-Industrie

Deutschland gilt, wie alle westlichen Länder, in der woken Ideologie als strukturell rassistisches Land, dessen einheimische Bevölkerung nach wie vor in einem kolonialistischen Denken gefangen ist. Obwohl die empirische Datenlage dünn ist, hat sich um diese These herum ein dichtes Netzwerk aus universitären Lehrstühlen, außeruniversitären Forschungs- und Bildungseinrichtungen, Antidiskriminierungs- und Beschwerdestellen sowie aktivistischen Nichtregierungsorganisationen und Kulturinitiativen gebildet, das den Kampf für das vermeintlich Gute zum einträglichen Geschäftsmodell ausgebaut hat.

Was ist Rassismus?

Hätte man vor der woken Wende in Deutschland Menschen auf der Straße danach gefragt, was Rassismus ist, wäre die Antwort vermutlich eindeutig gewesen. Die Befragten hätten sich wohl in ihrer absoluten Mehrheit auf die klassische Definition bezogen, der zufolge es sich um eine Abwertung von Menschen handelt, die einer *Rassentheorie* zufolge minderwertig seien. Automatisch würden ihnen dabei die *Rassentheorie* der Nationalsozialisten oder Konzepte einfallen, die zur Versklavung schwarzer Menschen oder zur Legitimation von Apartheidregimen genutzt wurden. Wir können weiterhin davon ausgehen, dass die Befragten sich selbst nicht als Rassisten bezeichnet, sondern die Überwindung des Rassismus als Zeichen eines zivilisatorischen Fortschritts gedeutet hätten. Sie würden Artikel 3 Absatz 3 des Grundgesetzes zustimmen, dass niemand »wegen seines Geschlechts, seiner Abstammung, seiner Rasse, seiner Sprache, seiner Heimat und Herkunft, seines Glaubens, seiner religiösen oder politischen Anschauungen« benachteiligt oder bevorzugt werden darf. Viele würden sich zudem fragen, ob der Begriff Rasse noch zeitgemäß ist, und in der Tat existieren mittlerweile begründete Vorschläge, ihn aus dem Gesetz zu streichen. Wenn die gleichen Personen, die Rassismus aus tiefstem Herzen ablehnen, wegen ihrer weißen Hautfarbe unter Rassismusverdacht gestellt werden, haben sie den Eindruck, dass Bewertungskategorien in eine dramatische Schieflage geraten. Sie wissen zwar nicht, warum sie angefeindet werden, da sie sich keiner Verfehlung bewusst sind, können aber nicht argumentativ gegenhalten, weil die rhetorischen Codes des Gegenübers unverständlich sind. Daher ist es notwendig, sich mit den verwendeten Begrifflichkeiten und ihrer theoretischen Geschichte zu befassen.

Vieles ist bereits in den vorangegangenen Kapiteln zur Sprache gekommen, daher werde ich hier noch einmal die großen Linien aus dem Spektrum der *postkolonialen Theorie* zusammenfügen. Im Wesentlichen geht es um die Konstruktion eines schlichten Weltbildes, in dem Menschen entweder Täter oder Opfer sind. Täter ist die im Westen lebende und ursprünglich dem Westen entstammende Bevölkerung, die sich durch eine weiße Hautfarbe auszeichnet. Der Rest der Weltbevölkerung gilt als nichtweiß und als Opfer des Westens.[115] Historisch wird die Täterrolle des Westens mit dem europäischen Kolonialismus und dem transatlantischen Sklavenhandel begründet. Das Jahr 1492, in dem Christoph Kolumbus auf einer Insel in Mittelamerika landete, wird dabei als Zäsur bezeichnet.[116]

Bereits an dieser Stelle offenbart sich die Theorie als Ideologie. In Bezug auf den Aufstieg der Europäer lässt sich selbstverständlich von einem einschneidenden Ereignis sprechen, doch weltgeschichtlich betrachtet stellt der europäische Kolonialismus lediglich ein Imperium von vielen anderen dar.[117] Er löste das Osmanische Reich und die arabischen Reiche ab, unter denen Europa jahrhundertelang gelitten hatte, und reihte sich in zahlreiche europäische und außereuropäische Expansionen ein, die die Bildung größerer Herrschaftsgebiete begleiteten.[118] Das Gleiche gilt für die Etablierung von spezifischen Ausbeutungsverhältnissen, die Kolonialstaaten eigen sind, oder für die Existenz der Sklaverei. Der Hass, der dem Historiker Egon Flaig entgegenschlägt, basiert darauf, dass er als Europäer die Singularität des transatlantischen Sklavenhandels und das darauf aufbauende Narrativ des europäischen Sündenfalls infrage stellt und die Geschichte mit Daten zur muslimischen und afrikanischen Sklaverei ergänzt. Auch nichteuropäische Historiker wie Tidiane N'Diaye haben übrigens auf den von Muslimen praktizierten Sklavenhandel hingewiesen, dem Millionen Menschen in Afrika und in Europa zum Opfer fielen.[119] Historiker und Ethnologen wissen, dass Sklaverei in allen Epochen, auf allen Kontinenten und auch in indigenen Gesellschaften existierte.[120]

Die im europäischen Kolonialismus praktizierte Ausbeutung der unterworfenen Gesellschaft, so die postkoloniale Theorie, endete nicht mit der Unabhängigkeit der ehemaligen Kolonien. Noch immer dominiere der Westen die Welt, behindere eine eigenständige ökonomische Entwicklung des globalen Südens, beute diesen wirtschaftlich aus, zerstöre die Umwelt und setze seine Interessen mit militärischer Gewalt durch. Dadurch würden Flucht und Migration erzwungen.[121] Dieses Narrativ eines für alle heutigen Übel verantwortlichen Westens zeichnet sich durch eine Vermischung richtiger und falscher Behauptungen aus. Richtig ist, dass westliche Konzerne bei der Aneignung von Rohstoffen oder ausgelagerten Produktfertigungen menschenrechtliche und ökologische Standards außer Acht ließen. Das hat sich durch vielfältige neue Richtlinien, die explizit in westlichen Ländern entstanden, jedoch weitgehend geändert.

Ausbeutungsstrukturen und Raubbau an natürlichen Ressourcen sind ohnehin keine westliche Besonderheit, sondern in asiatischen, afrikanischen und südamerikanischen Ländern ebenfalls präsent. Dazu kommt, wie bereits erwähnt, dass sich die globalen Machtverhältnisse verschieben. Neue internationale Kooperationen jenseits des Westens erweisen sich als überaus erfolgreich, und in weiten Teilen des globalen Südens dominiert China längst die Ökonomie.

Ähnliches gilt auch für das Narrativ, der Westen verursache Kriege und Vertreibungen, weil er seine Dominanz militärisch durchsetze. Wer sich die Geschichte der USA und der mit ihr Verbündeten vor Augen führt, kann kaum bestreiten, dass diese These stimmt. Allerdings handeln andere Staaten keineswegs moralisch einwandfreier. Dafür stehen nicht nur der russische Angriff auf die Ukraine oder die Bedrohung Taiwans durch China, sondern eine Vielzahl gewaltsamer Auseinandersetzungen im globalen Süden, die auf endogenen Faktoren beruhen. Sie können durch eine defizitäre Staatlichkeit mit einer mangelhaften Durchsetzung des Gewaltmonopols bedingt sein, die Kriegsherren und Milizen das Feld überlässt, sind aber auch dem Handeln korrupter Eliten geschuldet, die den Staat zur Monopolisierung eigener partikularer Interessen nutzen. Dazu kommen ethnische und religiöse Konflikte, Spannungen zwischen Hirten und Bauern oder tradierte Feindschaften zwischen benachbarten Gruppen.[122]

Eine weitere These aus dem Fundus der postkolonialen Theorie geht davon aus, dass die weißen Bewohner des Westens ihre koloniale Perspektive auf die Welt niemals abgelegt hätten. Ungebrochen betrachteten sie Menschen des globalen Südens als minderwertig, seien im tiefsten Herzen überzeugte Rassisten und würden diesen Rassismus quasi mit ihrer DNA an die Nachkommen weitergeben.[123] Für Vertreter dieser Spielart der postkolonialen Theorie sind Hautfarben essenziell. Die Idee eines Martin Luther King, der von einer Gesellschaft träumte, in der solche Attribute nicht mehr zählen, wird von ihnen als rassistisch zurückgewiesen. Nur Weiße profitieren von einer *Farbenblindheit*, behaupten sie und arbeiten deshalb an einer Renaissance überkommener Rassenkategorien – allerdings unter umgekehrten Vorzeichen.[124] Mit Recht hat der amerikanische Wissenschaftler John McWhorter diese Ideen als neuen Rassismus bezeichnet.[125]

Eng mit diesen Kategorien ist die Konstruktion sogenannter *vulnerabler Gruppen* verbunden. Sie beruht auf der Ausweitung der Rassismusdefinition anhand der Idee eines *Rassismus ohne Rassen* beziehungsweise eines *kulturalisierten Rassismus*, der von amerikanischen Vertreterinnen des *intersektionalen Feminismus* sowie von marxistisch orientierten Migrationsforschern in Europa entwickelt wurde.[126] Diese Konstruktionen entstanden zu einem Zeitpunkt, als Rassismus im Westen zunehmend abgelehnt wurde. Für Wissenschaftler, die mit schrillen Vorwürfen gegen westliche Gesellschaften Karriere gemacht hatten, war dies ein Problem. Wie verhält man sich, wenn sich Gesellschaften spürbar zum Besseren entwickeln, wenn Rassismus und Vorurteile abnehmen und Toleranz als Wert an Bedeutung gewinnt? Die Antwort ist einfach: Man modifiziert die Theorie und erfindet neue Opfergruppen. In westlichen Einwanderungsgesellschaften boten sich Migranten an. Sie waren mehrheitlich ökonomisch unterprivilegiert und wurden als Fremde durchaus mit einem gewissen Misstrauen betrachtet. Sie hatten daher das Potenzial, die klassische Täter-Opfer-Dichotomie neu zu beleben, wenngleich man dafür beachtliche Aufstiegserfolge ebenso ausblenden musste wie den Umstand, dass sich von Anfang an auch eine migrantische Oberschicht etablierte.

Vor allem ungebildete Armutsmigranten aus den ländlichen Unterschichten des globalen Südens eignen sich für die neue Opferkategorie, und darin liegt vermutlich eine der Ursachen dafür, dass woke Akteure sich so vehement gegen jegliche Steuerung der Migration aussprechen. Unterfüttert wird das moralische Paradigma, dass Migranten stets Hilfe zuteilwerden muss, mit dem Verweis auf die oben erwähnte Annahme, dass der Westen ohnehin für alle nur erdenklichen Probleme des globalen Südens verantwortlich sei. Die Aufnahme der vermeintlichen Opfer des westlichen Imperialismus, die allesamt als schutzsuchend verstanden werden, sei daher das Mindeste, was gefordert werden müsse.

Unter den Migranten wurden die Muslime zu einer Sondergruppe, der man zwei eigene Diskriminierungsbegriffe zusprach: den älteren Terminus der *Islamophobie* und den jüngeren des *antimuslimischen Rassismus*, der leicht in die vorhandene rassistische Matrix integriert werden konnte. Die Akzeptanz von Muslimen stellt in allen europäischen Gesellschaften in der Tat ein Problem dar, was jedoch weniger rassistischen Stereotypen als wiederholten Gewalttätigkeiten im Namen des Islam und normativen Unvereinbarkeiten mit westlichen Kulturen geschuldet ist, die das orthodox-fundamentalistische Segment auszeichnen. Postkoloniale Wissenschaftler lehnen es kategorisch ab, sich mit diesen gruppeninternen Missständen und damit auch mit den Ursachen von Vorbehalten zu befassen, und rekurrieren allein auf den Effekt. Dass sie sich dabei mit Radikalen gemeinmachen, die emanzipative Werte ablehnen, wird auch deshalb billigend in Kauf genommen, weil sich gerade Islamisten aufgrund ihrer kämpferischen Grundhaltung gut als Allianzpartner für den Kampf gegen den Westen eignen.

Der von postkolonialen Akteuren verliehene Opferstatus ist für Angehörige der als vulnerabel charakterisierten Gruppen mit einer Reihe von Vorteilen verbunden. Er garantiert eine priorisierte Aufmerksamkeit, führt zu besonderer Wertschätzung und verschafft ihnen Zugang zu politischen und materiellen Ressourcen. Es ist daher nicht verwunderlich, dass die Anzahl von Gruppen, die einen Opferstatus wünschen, kontinuierlich steigt. Durch geschicktes Lobbying wurden jüngst auch sexuelle Minderheiten in das Portfolio der vulnerablen Gruppen aufgenommen. Nicht immer gestaltet sich die Interaktion zwischen den Opfergruppen konfliktfrei. Fundamentalistische Muslime lehnen Homosexuelle und Transpersonen ab und unterbinden die Selbstbestimmung von Mädchen und Frauen in Familien und Communitys. Teilweise agieren sie sogar gewaltsam. In solchen Konfliktfällen verlegen sich postkoloniale Aktivisten gern aufs Schweigen oder konstruieren einen schuldigen Dritten, wie das Beispiel des in Münster getöteten Transmannes durch einen Tschetschenen zeigte.

Woke Akteure werden nicht müde zu behaupten, Deutschland sei ein strukturell rassistisches Land. Warum dies eine empirisch niemals bestätigte Behauptung ist, liegt auf der Hand. Strukturell bedeutet, dass die Staatsbürger gruppenbezogen nach unterschiedlichen Gesetzen behandelt werden, dass es weder gleiche Rechte noch eine Gleichheit vor dem Gesetz gibt. Strukturell rassistische Staaten existierten in den USA und in Südafrika während der Zeit der sogenannten Rassentrennung oder im Nationalsozialismus. Sie zeichneten sich durch eine institutionelle Privilegierung von Weißen und durch eine strukturelle Segregation auf rassistischer Grundlage aus. Schwarzen wurde verboten, die gleichen Einrichtungen aufzusuchen wie Weiße, und sie wurden in jeder Hinsicht strukturell diskriminiert. So etwas existiert in gegenwärtigen westlichen Gesellschaften nicht. Die westlichen Verfassungen garantieren jedem Bürger die gleichen Rechte, und das Grundgesetz spricht explizit von der gleichen Würde eines jeden Menschen. Dass staatliche Institutionen angesichts des juristisch verbrieften Gleichheitsrechts dennoch eigenmächtig rassistische Diskriminierungen betreiben, wäre eine kühne These, für die es keinerlei Evidenz gibt. Von einem strukturellen Rassismus kann daher keine Rede sein. Sicherlich existieren Stereotype, und im Einzelfall kommt es durchaus zu Benachteiligungen für Menschen, die als Fremde wahrgenommen werden. Doch dies sind individuelle Fehlentscheidungen und kein strukturelles Problem.

Häufig wird Ungleichheit mit Rassismus gleichgesetzt, doch beides hat wenig miteinander zu tun. Rassismus beeinträchtigt jedes Mitglied einer betroffenen Gruppe, ungeachtet seines sozialen und wirtschaftlichen Status, und kann durch staatliche Maßnahmen oder eine fundierte Aufklärung eingedämmt werden. Ungleichheit hingegen basiert auf einer Vielzahl von Faktoren, die zum überwiegenden Teil nicht durch äußere Interventionen zu beeinflussen sind. Intelligenz, ein gutes Aussehen, Charme oder ein intuitives Gespür für Menschen und Situationen bringt diejenigen, die darüber verfügen, in eine bessere Ausgangslage als andere. Dazu kommen persönliche Entscheidungen für Berufe, Laufbahnen oder, wie ich am Beispiel des *Gender Pay Gap* erörtert habe, für Nichtberufstätigkeiten, die zu Ungleichheit führen. Präferenzen in der Partnerwahl und Entscheidungen für oder gegen Kinder verursachen ebenso Unterschiede im zur Verfügung stehenden Einkommen wie die Bereitschaft, für die Karriere häufig umzuziehen. Wer sich für eine örtlich gebundene Lebensweise entscheidet, kommt in vielen modernen Berufen nicht im gleichen Maß voran wie ein flexibler Konkurrent. Vielfach unterschätzt ist zudem die Rolle der Leistungsbereitschaft. Wer eher freizeitorientiert ist, dem bleiben Führungspositionen oft verschlossen; wer in der Schule nicht lernt oder den Unterricht schwänzt, hat im späteren Leben ebenfalls das Nachsehen.[127] Natürlich spielt auch die Herkunft eine Rolle. Wer aus einem wohlhabenden Umfeld stammt, hat gute Ausgangsbedingungen für ein Leben auf der Sonnenseite. Wer arm und in schwierigen Verhältnissen geboren wurde, schafft es nur schwer nach oben. Für eine Gesellschaft, die Aufwärtsmobilität benötigt, spielt die Bildungsorientierung der Herkunftsfamilien ebenfalls eine wichtige Rolle. An Benachteiligungen durch die Herkunft kann und sollte eine Gesellschaft etwas ändern, bei vielen anderen Parametern der Ungleichheit ist das nicht möglich.

In der woken Bildungsforschung wird gern behauptet, dass marginalisierte Gruppen von der Chancengleichheit ausgeschlossen seien. Auch dafür gibt es keine grundsätzliche Evidenz. Zwar schneiden Kinder und Jugendliche, die ohne Deutschkenntnisse in der ersten Generation in Deutschland sind, in der Schule häufig eher schlecht ab, aber das ist den fehlenden Fähigkeiten geschuldet. Niemand wird erwarten, dass junge Analphabeten, die mit 16 oder 18 Jahren aus Afghanistan oder Somalia eingewandert sind, ihre Bildungsnachteile in einem Maß nachholen können, dass sie mit gleichaltrigen deutschen Jugendlichen mithalten können. Ein weiteres Problem besteht bei Kindern aus segregierten Familien, in denen Bildung keinen Wert besitzt oder sogar systematisch verweigert wird.[128] Andererseits sind bei Menschen mit Migrationshintergrund beachtliche Bildungserfolge zu verzeichnen.[129] Dazu kommt, dass auch der Anteil von ausländischen Akademikern kontinuierlich steigt. Im Jahr 2019 war bereits jeder vierte Akademiker nicht in Deutschland geboren.[130] Man könnte daher sagen, Deutschland sei auf einem guten Weg, selbst wenn noch nicht alles perfekt ist.

Die gebetsmühlenhaft vorgetragene Floskel eines strukturellen Rassismus hingegen muss in ihrer Wirkung eher als negativ beurteilt werden. Sie suggeriert dem Einzelnen, Leistung lohne sich nicht, wenn man Migrant oder Muslim ist oder eine dunkle Hautfarbe besitzt. Die Motivation, sich zu engagieren und den eigenen beruflichen Traum zu verwirklichen, kann dadurch gedämpft und eine Abwärtsspirale eingeleitet werden. Grundsätzlich kann es wohl kein größeres Hindernis für die Integration von Zuwanderern geben als die Selbstdarstellung unserer Gesellschaft als rassistisch und moralisch defizitär. Wer möchte schon zu einem Gemeinwesen gehören, das in erster Linie durch Selbsthass auffällt?

Antirassismus als Geschäftsmodell

Der woke Antirassismusbegriff und die Konstruktion eines essentiell rassistischen Westens wurzeln allerdings nicht nur in den Universitäten oder in den Programmen von NGOs. Ein anderer Strang führt zu den Vereinten Nationen, die im Jahr 1946 eine Menschenrechtskommission einsetzten, die später in Menschenrechtsrat umbenannt wurde. Die Aufgabe dieses Gremiums ist es, die Umsetzung der Prinzipien zu überprüfen, die in der *Allgemeinen Erklärung der Menschenrechte* festgelegt wurden. Auf den ersten Blick erscheint dies als probates Mittel, um die Situation der Bewohner aller Länder anhand eines einheitlichen Regelkanons zu verbessern. Einschränkend muss allerdings bedacht werden, dass es sich bei der UN keineswegs um ein neutrales Gremium handelt. Vielmehr besteht sie aus einer Vielzahl von Unterorganisationen, in denen die Vertreter von Nationalstaaten ihre eigenen Interessen zur Geltung bringen möchten. Die Besetzungen von Gremien spiegeln daher einerseits die Notwendigkeit einer gleichberechtigten Teilhabe aller Staaten, andererseits auch spezifische, historisch entstandene Machtverhältnisse wider. Das gilt auch für die Menschenrechtskommission und den Menschenrechtsrat. Seine Mitglieder sind überproportional Staaten des globalen Südens, darunter auch solche, in denen es um die Menschenrechte nicht zum Besten steht. Das hat Auswirkungen auf die Berichte.

Von 2020 bis 2023 zählte die Volksrepublik China zu den Mitgliedern des Menschenrechtsrats. Offenbar hatte diese Position einen Einfluss auf den Bericht der Kommissarin für Menschenrechte, der trotz der Internierung der Uiguren, der Verfolgung christlicher Gruppen sowie der mitleidlosen Unterdrückung der politischen Opposition positiv ausfiel. Im Jahr 2021 wurde die Islamische Republik Iran in die UN-Frauenrechtskommission gewählt, und im November 2023 übernahm diese den Vorsitz des Sozialforums des Menschenrechtsrats. Die schweren Menschenrechtsverletzungen des Regimes scheinen der Beförderung in einflussreiche Ämter keinen Abbruch zu tun. Vor diesem Hintergrund muss auch die Entwicklung einer Agenda gesehen werden, die dazu dient, westliche Staaten als rassistisch zu verurteilen. Sie begann bereits vor einem halben Jahrhundert.

In den Jahren 1978 und 1983 fanden zwei Weltkonferenzen der Vereinten Nationen zur Bekämpfung von Rassismus statt, die sich insbesondere gegen die Apartheid im südlichen Afrika richteten. Eine dritte Konferenz wurde im September 2001 in Durban durchgeführt. Die teilnehmenden Staaten sollten zu konkreten Maßnahmen verpflichtet werden, deren Umsetzung überprüft und in Berichten festgehalten werden sollte. Von Beginn an zeigte sich eine hochgradige Instrumentalisierung der Menschenrechte. Afrikanische Staaten verlangten beispielsweise Reparationszahlungen für den Kolonialismus und den transatlantischen Sklavenhandel. Reparationszahlungen für den osmanischen oder den arabischen Kolonialismus waren natürlich kein Thema.

Gravierender war jedoch, dass die Konferenz genutzt wurde, um die Existenz des Staates Israel infrage zu stellen. Bereits vor der Tagung hatten sich Vertreter arabischer Nichtregierungsorganisationen in Kairo getroffen, um ihre Strategie abzusprechen und eine Allianz mit arabischen und afrikanischen Regierungsvertretern auf der Grundlage einer geteilten Israelfeindschaft zu schmieden. Und so geschah es. Der in Südafrika regierende Afrikanische Nationalkongress organisierte in Durban Demonstrationen gegen einen angeblichen zionistischen Rassismus, jüdische Teilnehmer der Konferenz wurden tätlich angegriffen, und offen wurde Begeisterung für die Judenvernichtung im Nationalsozialismus geäußert. Auch der Einfluss Teherans, wo eines der Vorbereitungstreffen stattgefunden hatte, sowie der Organisation der Islamischen Zusammenarbeit wurde deutlich. Shimon Samuels, der damals anwesende Vertreter Israels, hat die Veranstaltung als verwerflichstes antisemitisches Hass-Festival seit dem Holocaust bezeichnet.[131]

In Durban wurden NGOs erstmals als zentrale Akteure internationaler Verhandlungen ermächtigt, was nicht zuletzt den gut vernetzten palästinensischen Organisationen zu verdanken war. In ihrem Abschlussdokument bezichtigen sie Israel der Etablierung eines Apartheidsystems, ethnischer Säuberungen und des Staatsterrorismus. Sie gründeten die internationale Kampagne Boykott, Desinvestitionen und Sanktionen (BDS), um den israelischen Staat international zu isolieren.[132] Auch Organisationen wie Amnesty International waren bereit, die Generalanklage gegen Israel mitzutragen und den

Holocaust zu relativieren. Seitdem ist die Schieflage der UN in Bezug auf Verurteilungen von Menschenrechtsverletzungen eklatant. 103 Resolutionen richteten sich gegen Israel, nur 42 gegen Syrien, 14 gegen Iran und 16 gegen Nordkorea. Saudi-Arabien und China wurden noch niemals verurteilt.[133]

Die arabischen NGOs, die sich in Kairo versammelten, hatten den Kampf gegen Israel als wichtigstes Ziel anvisiert, doch auch die Konstituierung einer neuen Feindschaft gegen den Westen stand auf ihrer Agenda. In beiden Anliegen waren sie erfolgreich. In der Abschlusserklärung der Konferenz wurde die Solidarität der UN mit afrikanischen Ländern festgehalten, und die Verbrechen der Sklaverei wurden ausschließlich bei Europäern verurteilt. Ausgehend von dieser selektiven Wahrnehmung wurden Armut, wirtschaftliche Ungleichheit und politische Instabilität als Folgen eines historischen von den Europäern begangenen Unrechts bezeichnet. Migranten, Asylsuchende und Flüchtlinge wurden als Hauptopfer eines neuen Rassismus benannt und jede Form von Ungleichheit in Beziehung zu Rassismus gesetzt. Ausdrücklich wurden alle Staaten zur Zusammenarbeit mit nichtstaatlichen Organisationen bei der Ausarbeitung und Durchführung von Programmen aufgefordert.

Antirassismus in dieser bedenklich einseitigen Form gelangte durch die Konferenz in Durban auf die internationale Agenda. Die Stoßrichtung der Kritik zielte auf die westlichen Staaten und besonders auf Israel, während der in den Ländern des globalen Südens bestehende Rassismus nicht thematisiert wurde. Dennoch sollte die Konferenz gerade in westlichen Staaten zu einschneidenden Veränderungen führen. Unter Bezug auf die Erklärungen von Durban begann man auch in Deutschland Programme gegen Rassismus zu implementieren. Der Kampf gegen Rassismus wurde zu einem festen Bestandteil von Bundes- und Landesregierungen, aber auch von Kommunen, die die Umsetzung entsprechend dem Durban-Protokoll an Nichtregierungsorganisationen delegierten und diese dafür mit Steuermitteln ausstatteten.

Bereits 2001 wurde ein fünfjähriges *Aktionsprogramm gegen Rechtsextremismus, Fremdenfeindlichkeit und Antisemitismus* ins Leben gerufen, das vom Bundesfamilienministerium mit 40 Millionen Mark und aus dem Europäischen Sozialfonds mit 25 Millionen Mark gefördert wurde. 2007 startete das Nachfolgeprogramm *Vielfalt tut gut. Jugend für Vielfalt, Toleranz und Demokratie,* das vor allem auf Rechtsextremismusbekämpfung fokussierte. Im Oktober 2008 verabschiedete die Bundesregierung unter Leitung von Kanzlerin Merkel einen Nationalen Aktionsplan gegen Rassismus. 2015 begann das Programm *Demokratie leben!*, das bis heute existiert. Im Jahr 2023 wurden dafür Fördergelder in Höhe von 182 Millionen Euro bereitgestellt. Inhaltlich orientierte man sich überproportional an den Handlungsfeldern Rechtsextremismus und Rassismus, griff aber auch Themen wie Transfeindlichkeit oder Antiziganismus (Feindseligkeit gegenüber Sinti und Roma) auf, die in die postkoloniale Theorie integriert worden waren. Im Jahr 2020 wurde eine Milliarde Euro für die Bekämpfung von Rechtsextremismus, Rassismus und Antisemitismus bewilligt, die über einen Zeitraum von vier Jahren ausgegeben werden sollten.

Im *Lagebericht Antirassismus* der Integrationsbeauftragten von 2022 werden antischwarzer Rassismus, antimuslimischer Rassismus, Antitziganismus und antiasiatischer Rassismus genannt. Darin heißt es: »Die ihm zugrundeliegenden Denkmuster sind historisch tief verankert, sodass sie die Weltsicht der Menschen vielfach auch unbewusst prägen können; Rassismus durchzieht daher die gesamtgesellschaftlichen Strukturen.«[134] Explizit wird auf Seite 21 Bezug auf UN-Verlautbarungen genommen: »Auch der UN-Antirassismusausschuss, der die Einhaltung der UN-Anti-Rassismus-Konvention überwacht, hat mehrfach den Hinweis gegeben, dass Deutschland der Verpflichtung zur differenzierten Erfassung rassistischer Diskriminierung nicht genügend nachkomme.« Zwar betont man, dass die Datenlage schwierig sei und es keine standardisierten Methoden zur Erfassung von Rassismus gebe, nimmt dann aber Bezug auf Studien von Organisationen wie der bereits erwähnten Anlaufstelle für

Diskriminierungsschutz an Schulen (ADAS), des Deutschen Instituts für Integrations- und Migrationsforschung (DeZim) oder auf Befunde woke-migrantischer Interessenvertretungen.

Eine dieser Nichtregierungsorganisationen hat sich den Namen Each One Teach One (EOTO) gegeben. EOTO ist eine Berliner Einrichtung und setzt sich, so die Homepage, »für die Interessen Schwarzer, afrikanischer und afrodiasporischer Menschen« ein. Sie wird vom Bundesfamilienministerium, vom Berliner Senat und von der Open Society Foundation gefördert.[135] Eine andere NGO nennt sich Citizens for Europe, ist ebenfalls in Berlin ansässig und gibt als Ziel ihrer Aktivitäten die Bekämpfung von intersektionaler Diskriminierung und Rassismus an.[136] Ihre Mitarbeiter und Projekte werden von verschiedenen staatlichen Stellen und Stiftungen finanziert. Citizens for Europe und EOTO haben 2020 einen *Afrozensus* herausgegeben, der ebenso wie die bereits erwähnten Umfragen zu Muslimfeindlichkeit symptomatisch für eine bestimmte Art von Studien ist. Schon die Sprache ist verräterisch. Man konstatiert: »Die Mehrheit der Befragten schätzt ein, dass Anti-Schwarzer-Rassismus in Deutschland sehr weit bzw. ziemlich weit verbreitet sei.« Auf welcher Grundlage eingeschätzt werde, bleibt im Dunkeln. Ähnliches gilt für Aussagen, dass sich »Schwarze Menschen von Rassismus oder Diskriminierung betroffen« sehen. Das Adjektiv *schwarz* wird bei solchen Aussagen übrigens stets mit kapitalem Anfangsbuchstaben geschrieben, um die besondere Diskriminierungslage hervorzuheben. Auch dies gehört ebenso wie das Gendern oder euphemistische Begriffe für Zuwanderer zu den Versuchen, mithilfe sprachlicher Neuerfindungen die Wirklichkeit zu verändern.

Der *Afrozensus* basiert weitgehend auf Selbstaussagen vermeintlich Betroffener. Die Befragten mussten schwarz, afrikanisch oder afrodiasporisch sein und sich selbst über die Homepage von *Afrozensus* anmelden. Beim Erreichen der Zielgruppe kooperierte man mit entsprechenden Lobbyorganisationen. Man kann daher davon ausgehen, dass mehrheitlich Personen an der Befragung teilnahmen, die die grundlegende These eines strukturellen Rassismus gegenüber Schwarzen teilten. Das *Afrozensus*-Team macht keinen Hehl daraus, dass das Ergebnis bereits vor der Untersuchung feststand. Im veröffentlichten Bericht heißt es bereits eingangs: »Dass Anti-Schwarzer Rassismus die deutsche Gesellschaft strukturiert, gehört zum Wissensbestand Schwarzer Communities.«[137] Im *Afrozensus* ging es daher – wenig überraschend – darum, diese These zu bestätigen. Durch die selektive Auswahl von Befragten wurde das auch sichergestellt. Der *Afrozensus* wurde finanziell durch die Antidiskriminierungsstelle des Bundes gefördert. Kooperationspartner von Citizens for Europe und EOTO waren dabei unter anderem das DeZim sowie die bereits erwähnte Antirassismusforscherin Iman Attia von der Alice-Salomon-Hochschule in Berlin.

Interessanter als der *Afrozensus* ist ein von Citizens for Europe angegebenes Kooperationsnetzwerk mit 79 Einzelorganisationen, von denen viele in weitere Netzwerke eingebunden sind. An dieser Stelle können lediglich schlaglichtartig einige der genannten Akteure vorgestellt werden. Erwähnt werden die SPD-nahe Friedrich-Ebert-Stiftung, die Grünen-nahe Heinrich-Böll-Stiftung und die Mercator-Stiftung. Während die Heinrich-Böll-Stiftung in ihrem Programm woke Themen auf die politische Agenda setzt, punktet die Friedrich-Ebert-Stiftung mit Studien, die einen omnipräsenten deutschen Rechtsextremismus beschwören. Die wichtigsten von ihnen ist die *Mitte-Studie*, von der noch die Rede sein wird. Die Mercator-Stiftung hat sich einen Namen als Förderorganisation muslimischer Einrichtungen gemacht und finanziert regelmäßig Studien, die die Existenz eines antimuslimischen Rassismus sowohl voraussetzen als auch bestätigen. Eine im Bundesgebiet zunächst eher unbekannte, mittlerweile aber expandierende Berliner Einrichtung ist etwas sperrig als Regionale Arbeitsstellen für Bildung, Integration und Demokratie (RAA) betitelt. RAA wurde 1991 nach eigenen Angaben durch ein antirassistisches Projekt zu ihrer Gründung motiviert. Mitglied der ersten Stunde war Anetta Kahane, die 1998 die

Amadeu Antonio Stiftung gründete und dieser bis 2022 vorstand. Die Stiftung wurde unlängst durch die Einrichtung einer Meldestelle Antifeminismus bekannt, die die Ablehnung des Genderns als Indikator für Rechtsextremismus bewertet. RAA erhält Förderungen für den Aufbau muslimischer Jugendarbeit.

Ein eigenes Netzwerk stellt der aufgeführte Verband Neue Deutsche Organisationen dar. Es handelt sich um einen Dachverband antirassistischer Organisationen, die sich selbst nach einem Terminus von Naika Foroutan als *postmigrantisch* bezeichnen. Sprecherin des Netzwerks war von 2017 bis zu ihrer Ernennung zur Antidiskriminierungsbeauftragten Ferda Ataman, die einheimische Deutsche gern als *Kartoffeln* bezeichnete. Der gemeinsame Nenner der Netzwerkmitglieder ist die Einteilung der Bevölkerung in eine unter Rassismusverdacht gestellte Mehrheitsbevölkerung und eine postmigrantische Bevölkerung, deren Kampf um eine priorisierte Teilhabe unterstützt werden soll. Unter anderem fordert man eine Quotierung nach neuen Kriterien. Erwähnt werden Quoten für Schwarze oder *People of Color*, denkbar wären auch Muslimquoten oder Queerquoten, heißt es.

Da die versammelten Akteure gerne mit der Idee kippender Mehrheitsverhältnisse spielen, ergibt sich ein genuines Interesse an einer rapiden Zunahme der Einwanderung. Damit Zuwanderer möglichst schnell die eigenen Reihen verstärken, soll das Wahlrecht von der Staatsbürgerschaft entkoppelt werden. Jede Form der Migrationsbeschränkung wird als rassistisch oder rechts im Sinne von rechtsradikal skandalisiert. Das Gleiche gilt für die Benennung von Schattenseiten der Zuwanderung wie der Clankriminalität. Migranten sollen ausschließlich als Opfer in Erscheinung treten, nicht als Täter. Wer diese selbst geschaffenen Spielregeln missachtet, gilt als rassistisch und rechtsradikal. Die Finanzierung der Neuen Deutschen Organisationen erfolgt mit Mitteln des Bundesfamilienministeriums und der Mercator-Stiftung.

Eine weitere Gruppierung unter dem Dach der Neuen Deutschen Organisationen (NDO) sind die Neuen Deutschen Medienmacher*innen, die vom Bundesamt für Migration und Flüchtlinge sowie von der Bundesbeauftragten für Integration, Migration und Flüchtlinge mit knapp drei Millionen Euro finanziert werden. Die großzügige Förderpraxis ist beileibe keine alleinige Spezialität linker Parteien. Während der Jahre 2018 und 2019 erhielten die NDO allein aus dem Kanzleramt mehr als eine Million Euro. Schauen wir uns die Organisation einmal genauer an. 2021 erhielt sie fast drei Millionen Euro Zuschüsse sowie weitere nicht näher definierte Einnahmen, und am 31.12.2022 verfügte sie über 43 Mitarbeiter, davon 23 in Vollzeit. Als Gegenstand der Arbeit werden die Unterstützung einer *diskriminierungssensiblen Medienarbeit* und die Förderung von Journalisten mit Einwanderungsgeschichte angegeben. Die derzeitige Diskriminierungsbeauftragte des Bundes Ferda Ataman gehörte nicht nur bei den Neuen Deutschen Organisationen, sondern auch bei den Neuen Deutschen Medienmacher*innen zu den Gründungsmitgliedern. 2016 wurde sie zur zweiten Vorsitzenden und 2018 zur Vorsitzenden der Organisation ernannt. Unter ihrer Leitung wurde eine 30-Prozent-Quotierung der üblichen Opfergruppen für den Journalismus vorgeschlagen. Der Verein verleiht jährlich den Negativpreis der *Goldenen Kartoffel* für besonders unwoke Berichterstattung. 2019 ging sie an Talkshows im öffentlich-rechtlichen Rundfunk, denen eine zu negative Haltung zur Einwanderung vorgeworfen wurde, 2020 an den *Spiegel* für dessen angeblich rassistische Berichterstattung über Clankriminalität und 2021 an die Debatte um Identitätspolitik, die den Medienmachern verständlicherweise schwer im Magen lag.

Die Allianz zwischen Islamisten und Linken

Wenn wir uns antirassistische Netzwerke anschauen, fällt eine enge Vernetzung muslimischer und linker Akteure im staatlich oder durch Stiftungen finanzierten vorpolitischen Raum auf. Gehen wir zurück zu der NGO Regionale Arbeitsstellen für Bildung, Integration und Demokratie (RAA), die Fördergelder für den Aufbau muslimischer Jugendarbeit erhält. Eine der Projektkoordinatorinnen ist Lydia Nofal, die von 2003 bis 2008 Vorstandsvorsitzende des Vereins Inssan war. Der Verein wurde bis vor wenigen Jahren wegen des Verdachts, der extremistischen Muslimbruderschaft nahezustehen, vom Verfassungsschutz beobachtet. 2006 plante er eine riesige Moschee in Neukölln auf einem Grundstück, das von Ibrahim El-Zayat erworben wurde. El-Zayat ist Funktionär der Europäischen Moscheebau- und Unterstützungsgemeinschaft, die 600 Moscheen verwaltet, und umgibt seine Finanzgeschäfte aus gutem Grund mit der Aura des Geheimnisvollen. Er kann auf eine wechselvolle Karriere im Netzwerk muslimbrudernaher europäischer Einrichtungen zurückblicken und war von 2002 bis 2010 Vorsitzender der Muslimischen Gemeinschaft in Deutschland, die bis heute vom Verfassungsschutz beobachtet wird, weil sie als Organisation von Anhängern der extremistischen Muslimbruderschaft gilt. Nofal hatte Bezüge zur Muslimbruderschaft stets zurückgewiesen – wie alle als Mitglieder verdächtigten Personen, die den Eindruck zu erwecken wussten, die Bruderschaft sei in Deutschland nicht wirklich existent. Sie ist mit einem Palästinenser verheiratet und in verschiedenen Palästina-Komitees sowie im Berliner Landesverband des Zentralrates der Muslime Deutschland (ZMD) und im Arbeitskreis Muslime in der SPD aktiv, der einen signifikanten Einfluss auf die Ausrichtung der Islampolitik der Partei und der angeschlossenen Friedrich-Ebert-Stiftung ausübt. Dem Bundesverband des ZMD gehören türkische Rechtsextremisten, islamistische Zentren und bis zum Überfall der Hamas auf die israelische Zivilbevölkerung auch das Islamische Zentrum Hamburg an. Es steht im begründeten Verdacht, die Europazentrale der Islamischen Republik Iran zu sein und sowohl mit der Hizbollah als auch der Hamas zusammenzuarbeiten.

Doch zurück zum Verein Inssan. Seit 2015 ist Mohamad Hajjaj Vorstandsvorsitzender sowohl von Inssan als auch des Berliner

Flügels des ZMD. Hajjaj engagiert sich ebenfalls im AK Muslime in der SPD und ist einer der Verfasser der umstrittenen Studie zu antimuslimischem Rassismus, die vom Unabhängigen Expertenkreis Muslimfeindlichkeit herausgegeben wurde. Er wird, Recherchen der *Welt* zufolge, zudem als Leiter des Hauptstadtbüros der Palästinensischen Gemeinschaft in Deutschland geführt, die als Organisation von Hamas-Anhängern gilt. Im Beirat von Inssan befindet sich Ismet Misirlioglu, der das Büro von Islamic Relief leitet, das sich im selben Gebäude und Stockwerk befindet wie Inssan. Islamic Relief wird von Israel als Finanzier der Hamas bezeichnet und ist in mehreren Ländern wegen Terrorunterstützung verboten. Die Organisation wurde 2015 von der Bundesregierung als Hauptsponsorin eines Jahrestreffens der Islamischen Gemeinschaft in Deutschland bezeichnet.[138]

In ihrem Jahresbericht 2018 gab Inssan unter anderem eine Zusammenarbeit mit der Landesstelle für Gleichbehandlung – gegen Diskriminierung, dem Migrationsrat, dem Antidiskriminierungsnetzwerk Berlin des TBB (ADNB), den Neuen Deutschen Medienmacher*innen, dem Center for Intersectional Justice, dem Bündnis gegen Rassismus, dem Aktionsbündnis muslimischer Frauen, Each One, Teach One, den Berlin Muslim Feminists (einer Gruppe, die sich der islamischen Ethik und dem intersektionalen Feminismus verbunden fühlt und gegen das Berliner Neutralitätsgesetz kämpft), RAA Berlin und Claim, der Allianz gegen Islam- und Muslimfeindlichkeit an. Hier steht ein machtvolles Netzwerk, das aus säkular-antirassistischen und islamischen NGOs besteht, wo einer vom anderen profitiert. Inssan allein erhielt nach Angaben der *Welt* knapp 1,4 Millionen Euro aus Steuergeldern. Finanziers waren der rot-rot-grüne Berliner Senat, das Bundesfamilienministerium sowie die Beauftragte der Bundesregierung für Migration, Flüchtlinge und Integration. Das Land Berlin berief im Jahr 2021 eine Expertenkommission zu antimuslimischem Rassismus, in die – wenig überraschend – Lydia Nofal und Mohamed Hajjaji berufen wurden.

Inssan ist Gründungsmitglied der CLAIM-Allianz gegen Islam- und Muslimfeindlichkeit, deren Anliegen als »breite gesellschaftliche Allianz gegen die Ausgrenzung von Musliminnen und Muslimen, gegen Intoleranz, Diskriminierung, Islam- und Muslimfeindlichkeit« beschrieben wird.[139] CLAIM erhielt zwischen 2017 bis 2019 fast 730 000 Euro und von 2020 bis 2021 fast eine Million Euro vom Bundesfamilienministerium.[140] Lydia Nofal gehört dem Expertengremium an, das die Organisation berät. Weitere Experten sind Iman Attia von der Alice-Salomon-Hochschule und Daniel Bax, der bis 2023 Pressesprecher des DeZim war. Claim vernetzt nach eigenen Angaben 50 Organisationen im Bereich der Bekämpfung des antimuslimischen Rassismus. Diese Einblicke in steuerfinanzierte antirassistische Organisationen und Netzwerke sind nur die Spitze eines Eisberges. Sie zeigen allerdings, dass die Bundesrepublik dicht mit solchen Einrichtungen durchwoben ist, die allesamt die Skandalisierung einer vermeintlich rassistischen deutschen Gesellschaft zum Geschäftszweck erhoben haben.

Die Organisation des steuerfinanzierten Antirassismus erfolgt jedoch nicht nur nach dem Graswurzelprinzip. Vielfach sind staatliche Stellen selbst die Initiatoren. Ein Beispiel ist das Amt der Rassismusbeauftragten, das die Ampel-Regierung im Koalitionsvertrag festgehalten hatte. Im November 2022 wurde Reem Alabali-Radovan zur Beauftragten im Rang einer Staatsministerin ernannt, und im Juni 2023 erschuf die Beauftragte ein neues Gremium, den Expert*innenrat Antirassismus. Eines der zwölf Mitglieder ist Andreas Zick, der als Professor an der Universität Bielefeld seit 2014 die sogenannte *Mitte-Studie* durchführt, die den Deutschen regelmäßig rassistische Einstellungen bescheinigt. Ein anderes Mitglied ist Cihan Sinanoglu, der am DeZim die Geschäftsstelle des Nationalen Diskriminierungs- und Rassismusmonitors (NaDiRa) leitet. Lorenz Narku Laing ist im Beirat des NaDiRa tätig. Mehrdad Payandeh ist im UN-Ausschuss zur Beseitigung rassistischer Diskriminierung. Mekonnen Mesghena ist Referatsleiter der Heinrich-Böll-Stiftung.

Ralf Kleindiek ist im Stiftungsrat der Amadeu Antonio Stiftung. Yasemin Karakasoglu ist Professorin mit Schwerpunkt antimuslimischer Rassismus und hatte entscheidend dazu beigetragen, dass das Thema *Deutschenfeindlichkeit* in Schulen bei der Gewerkschaft Erziehung und Wissenschaft aufgegeben wurde. Isabelle Ihring gibt als Forschungsschwerpunkt *Rassismus aus postkolonialer und intersektionaler Perspektive* an, Hadija Haruna-Oelker gehört den Neuen Deutschen Medienmacher*innen und der Initiative Schwarze Menschen an. Die Erziehungswissenschaftlerin Mechtild Gomolla wird mit dem Themenschwerpunkt *Institutioneller Rassismus* aufgeführt. Saraya Gomis hat ihre Berliner Karriere im Rahmen der Partei Die Linke durchlaufen und war Staatssekretärin für rassismuskritische Bildungsarbeit. Sie fiel in der Vergangenheit auf, weil sie öffentlich die Meinung vertrat, dass alle Kulturgüter aus anderen Weltregionen unrechtmäßig in deutschen Museen seien. Eva Maria Andrades ist Geschäftsführerin des Antidiskriminierungsverbands Deutschland, eines Dachverbands von zehn NGOs, zu denen auch die Initiative Schwarze Menschen in Deutschland zählt. Mehrere Kommissionsmitglieder sind also in Organisationen tätig, deren Finanzierung davon abhängt, dass die deutsche Gesellschaft als strukturell rassistisch oder tendenziell als rechtsradikal dargestellt wird. Ausnahmslos arbeiten alle berufenen Personen daran, dass diese These nicht infrage gestellt wird.

Zweifelhafte Studien und die Förderung einer Denunziationskultur

Wer eine Infrastruktur jährlich mit vielen Hundert Millionen Steuermitteln finanziert, um Rassismus zu bekämpfen, muss nachweisen, dass das Problem tatsächlich existiert. Deshalb werden turnusmäßig Studien vorgelegt, die darauf angelegt sind, die deutsche Gesellschaft als tendenziell rassistisch zu entlarven. Ich habe bereits anhand der ADAS-Studie zur angeblichen Diskriminierung junger Muslime in Berlin, des *Afrozensus* und des Berichtes des Unabhängigen Expertenkommission Muslimfeindlichkeit auf tendenziöse Methoden hingewiesen, die darauf angelegt waren, eine zugrunde gelegte These zu bestätigen. Ähnliches ist auch bei größeren Erhebungen zu beobachten, mit denen regelmäßig der Eindruck erweckt wird, dass rassistische oder gar rechtsextreme Einstellungen in Deutschland weit verbreitet seien. Das wohl renommierteste Format ist die *Mitte-Studie* der sozialdemokratischen Friedrich-Ebert-Stiftung, die vom Institut für Interdisziplinäre Konflikt- und Gewaltforschung unter Leitung von Prof. Dr. Andreas Zick erstellt wird. Ziel der jährlich erstellten Studie ist es nach eigenen Angaben, die *Sollbruchstellen der Demokratie* zu ermitteln. Diese, so das Forschungsdesign, sollen durch Befragungen von Personen ermittelt werden, die der Mitte der Gesellschaft angehören. Die Fragen zielen darauf ab, rechtsextreme Einstellungen bei Personen zutage zu fördern, die sich selbst nicht als rechtsextrem wahrnehmen. Allein dieser Ansatz ist bemerkenswert. Anders als bei der ADAS-Studie, in der die Wahrnehmung der Untersuchten unhinterfragt als Tatsache gewertet wurde, geht man in der *Mitte-Studie* davon aus, dass sich die Befragten bezüglich der eigenen Einstellung irren und durch die Forscher eines Besseren belehrt werden müssen.

Die Ankündigung der Studie für das Jahr 2022–2023 war spektakulär. Ein immer größerer Teil der Bevölkerung distanziere sich von demokratischen Werten, und jeder Zwölfte teile ein rechtsextremes Weltbild, ließ man verlautbaren. Wer die Studie las, wunderte sich. 79 Prozent der Befragten gaben beispielsweise an, angesichts multipler Krisen käme es auf den Zusammenhalt oder die Solidarität mit Schwachen (68,5 Prozent) an.[141] Daher muss die Frage gestellt werden, was eigentlich skandalisiert wird und wie beispielsweise ein rechtsextremes Weltbild festgestellt wird.[142] Für Letzteres wurden sechs Dimensionen rechtsextremistischer Items festgelegt, die jeweils mit drei Fragen ermittelt wurden. Die Items waren: *Befürwortung einer Diktatur, Sozialdarwinismus, Verharmlosung des Nationalsozialismus, Antisemitismus, Nationalchauvinismus* und *Fremdenfeindlichkeit.* Die Ergebnisse der Befragung geben allerdings keine Skandalisierungen her. Lediglich vier Prozent der Befragten verharmlosten den Nationalsozialismus, sechs Prozent befürworteten eine Diktatur oder bekundeten antisemitische Einstellungen, 5,7 Prozent artikulierten sozialdarwinistische Vorstellungen. Wären dies die entscheidenden Kategorien, wären die vergangenen Jahrzehnte in Deutschland eine demokratische Erfolgsgeschichte. Ein solcher Befund würde die Subventionierung eines aufgeblähten vorpolitischen Raumes infrage stellen, dessen Akteure sich maßgeblich als demokratische Korrektoren eines als tendenziell undemokratisch verstandenen Landes sehen.

Da die ersten vier Items nicht geeignet sind, einen Skandal zu rechtfertigen, sollten die Items *Fremdenfeindlichkeit* und *Nationalchauvinismus* den Katastrophenbefund bestätigen. Doch wie definieren die Macher der Studie diese entscheidenden Items? *Nationalchauvinismus* wird aus der Zustimmung zu der Aussage herausgelesen, dass Deutschland seine eigenen Interessen gegenüber dem Ausland stärker vertreten soll. 23 Prozent der Befragten befürworteten dies. Man könnte meinen, dass genau dies das primäre Ziel einer deutschen Außenpolitik sein sollte, doch weit gefehlt. Wen ausschließlich Ungerechtigkeiten in fernen Ländern umtreiben, der kann sich für nationale Interessen nur schwer erwärmen. Dass diese jedoch umstandslos als rechtsradikal gewertet werden, hat besonders vor dem Hintergrund ein Geschmäckle, dass trotz aller vollmundigen Bekundungen einer menschenrechtsorientierten Außenpolitik auch die Ampel-Regierung nicht ohne Eigeninteressen agiert. Ob in Katar oder China: Letztendlich werden im Anschluss an moralisierende Reden stets wirtschaftliche Eigeninteressen aus dem Hut gezaubert werden, die letztendlich zu Kooperationen mit undemokratischen Regimen führen. Daher scheint es letztendlich lediglich darum zu gehen, ob man sagt, was man zu tun gedenkt oder nicht.

Wer das Spiel der Doppelmoral beherrscht, ist auf der sicheren Seite, andere werden mit Vorwürfen rechtsradikal zu sein abgekanzelt.

Gehen wir zum Item der *Fremdenfeindlichkeit*, die 16,2 Prozent aller Befragten zugeschrieben wird. Nach Auffassung der Studienmacher betrifft es diejenigen, die zustimmen, dass Geflüchtete nur nach Deutschland kämen, um das Sozialsystem auszunutzen, sowie diejenigen, die deutsche Staatsbürger bei der Vergabe von Arbeitsplätzen bevorzugt sehen wollten, oder diejenigen, die Überfremdungsängste äußerten. Im Kern wird dadurch verdeckt die Zustimmung zur gegenwärtigen Einwanderungspolitik abgefragt. Wer sie tendenziell kritisch sieht, weil das Motiv des Schutzsuchens infrage gestellt wird, wer wirtschaftliche Konkurrenzen im Sinne einer Priorisierung von Einheimischen befürchtet oder angesichts der rapiden Veränderung durch Migration beunruhigt ist, erhält in der *Mitte-Studie* den Stempel des Rechtsextremen. Bei Hinzuziehung von Parteiorientierung wurden Wählern von CDU und FDP eher rechtsextremistische Einstellungen zugeschrieben, während die Wähler linker Parteien den vermeintlichen Demokratietest bestanden.

Ähnlich tendenziös gestaltete sich auch der Block, in dem Einstellungen zur Demokratie abgefragt wurden. Wer mangelndes Vertrauen in staatliche Institutionen artikulierte oder den eigenen Einfluss auf politische Entscheidungen gering einschätzte, wurde ebenso unter Rechtsextremismusverdacht gestellt wie diejenigen, die Kritik am öffentlich-rechtlichen Rundfunk oder an den politischen Eliten äußerten. Das ist bedenklich, da gerade das Recht auf Staatskritik zu den Grundlagen liberaler Demokratien gehört und diese von Diktaturen unterscheidet. Zudem lässt sich die Geschichte der Linken als Dauerfeuer gegen den Staat und das politisch-ökonomische Führungspersonal lesen, das in Gestalt einer *Atomlobby*, *Rüstungslobby* oder schlicht den *Kapitalisten* stets zum Feindbild gehörten. Dass Kritik bei einer konservativen Regierung als notwendig, bei einer linken Regierung jedoch als rechtsextrem gilt, ist bedenklich. Mit keinem Satz wird erwähnt, dass es Ursachen für zunehmende Zweifel an demokratischen Institutionen geben könnte, die im Handeln der regierenden Parteien, dabei insbesondere der Bundesregierung, liegen. Sowohl die Maßnahmen während der Coronakrise als auch die klimapolitischen Entscheidungen oder die sich zuspitzende Migrationskrise haben für erhebliche Frustrationen innerhalb der Bevölkerung gesorgt. Dass dies nicht berücksichtigt, sondern als illegitim abgewertet wird, diskreditiert die Studie erheblich. Das gilt auch für Einstellungsbewertungen zu den öffentlich-rechtlichen Medien. Insgesamt wird diesen stärker vertraut als alternativen Medien, doch der Anteil derjenigen, die falsche oder verzerrende Informationen bemängeln, hat zugenommen, was als demokratiefeindlich bewertet wird. Auch hier muss die Frage gestellt werden, warum Kritik negativ sein soll. Tatsächlich gibt es einseitige oder falsche Berichterstattungen, die kritisiert werden müssen. Die implizite Annahme der Studienmacher, es sei demokratisch, staatlichen Medien blind zu vertrauen, zeugt von einem autoritären Geist und ist vollkommen inakzeptabel. Dass auch die Auffassung, die Meinungsfreiheit werde eingeschränkt, umstandslos im Kanon des Rechtspopulismus, konkret in der Kategorie *völkisch-autoritär-rebellische Einstellungen*, verortet wird, verwundert daher nicht. Perfide ist zudem, dass Kategorienpakete meist auf einem Mix an Fragen basieren, von denen einige tatsächlich auf rechtsextreme Haltungen verweisen, während andere lediglich die gegenwärtige Politik beanstanden.

Eine besondere Kategorie stellt die *gruppenbezogene Menschenfeindlichkeit* dar. Der Terminus geht auf den Erziehungswissenschaftler Wilhelm Heitmeyer zurück, der sie als generalisierte Abwertung bestimmter Gruppen definierte. Die Ursache für diese Abwertungen wird in Zuschreibungen, also gewissermaßen in den Wahrnehmungen von außen gesehen. Das Konzept, das im Jahr 2002 auch den Beginn eines Forschungsprogrammes markierte, das heute unter Heitmeyers Nachfolger Andreas Zick weitergeführt wird, legte den Grundstein für die Erstellung von Opferkategorien, die potenziellen Tätern aus der Mehrheitsgesellschaft gegenübergestellt wurden. Dazu zählten Muslime, Asylbewerber, Roma und Sinti, Homosexuelle, Frauen, Obdachlose, Behinderte und Langzeitarbeitslose. Auffällig ist, dass im dominanten Diskurs eine interne Hierarchisierung dieser Opfergruppen stattgefunden hat. Obdachlose und Langzeitarbeitslose haben wenig Potenzial zur Selbstorganisierung und werden in der machtvollen NGO-Landschaft nicht abgebildet. Roma und Sinti besitzen zumindest Vertretungsorgane, sind aber ebenfalls marginal. Behindertenverbände bringen ihre Interessen sehr erfolgreich auf vielen gesellschaftlichen Ebenen ein, gehören aber nicht dem woken Spektrum an. Frauen und Homosexuelle sind durch Transaktivisten unter Druck geraten, die jetzt ihre Position eingenommen haben. Zusammengefasst profitieren nur zu Geflüchteten umdefinierte Asylbewerber, Muslime und bestimmte migrantische Minderheiten von diesem Konzept.

Neben der Schwäche, dass nur selektiv ausgewählte Gruppen abgebildet werden, ist auch die These problematisch, dass Gruppenzugehörigkeit zugeschrieben werde. Hier klingt unmittelbar eine fehlerhafte Zuordnung von Individuen durch andere an. Das lässt das Moment der *Selbstzuschreibung* außer Acht, das weitaus relevanter ist als angenommen. Muslime definieren sich in erster Linie selbst als solche und inszenieren dies häufig sogar explizit durch ihre Kleidung. Schwarze, *People of Color* oder Menschen der Kategorie *afrodiasporisch* gehen ebenso vor. In NGOs ist diese Selbstzuschreibung sogar das zentrale Aufnahmekriterium. Die schlichte Täter-Opfer-Dichotomie zwischen Autochthonen und Eingewanderten vernachlässigt zudem, dass rassistische, sexistische oder transphobe Abwertungen auch oder vielleicht sogar besonders innerhalb und zwischen definierten Opfergruppen virulent sind. Es gibt ethnische, religiöse und politische Konflikte zwischen ihnen, dazu eine ausgeprägte Frauenfeindlichkeit, Homophobie und Transfeindlichkeit in bestimmten Gruppen. Vielfach verbindet eine explizite

Deutschenfeindlichkeit die Milieus. Wilhelm Heitmeyer war sich solcher Problematiken durchaus bewusst. Er veröffentlichte 1997 eine Studie zum islamischen Fundamentalismus unter türkischen Jugendlichen, wobei er sogar den Begriff der *Parallelgesellschaft* für die segregierten türkischen Milieus verwendete, stieß aber auf wenig Zustimmung im Kollegenkreis.[143] Man warf ihm vor, ausgrenzende und diskriminierende Diskurse zu unterstützen.

In gegenwärtigen Studien ist von solcher Komplexität nichts mehr zu spüren. Opfergruppen erscheinen ausschließlich als Opfer, und jegliche Formen von Täterschaft werden zurückgewiesen. So führte man beispielsweise Ernüchterungen nach einer anfänglichen Willkommenskultur im Jahr 2016 auf »rassistisch unterfütterte Berichterstattung über vermeintlich gewalttätige und sexuell übergriffige junge Männer aus nordafrikanischen Ländern nach der berüchtigten Kölner Silvesternacht« zurück und stellte damit in Zweifel, dass es tatsächlich zu massenhaften sexuellen Übergriffen gekommen war. Dieses Muster durchzieht den gesamten Bericht. Negative Ereignisse werden ins Reich der Einbildung verschoben und Reaktionen auf diese Ereignisse im zweiten Schritt als rechtsradikal oder rassistisch verurteilt.

Es ist unübersehbar, dass die *Mitte-Studie* eine erhebliche Unwucht in Richtung woke-linker Normativität aufweist. Wer woken Stereotypen nicht zustimmt, erhält schnell den Stempel des Rechtsradikalen, Demokratie- oder Menschenfeindlichen. Dies wird in Zusammenfassungen der einzelnen Blöcke immer wieder festgestellt. Bei Fragen, mit denen Zustimmung zu einem kulturellen Rassismus erhoben werden sollte, wird wiederum – wenig überraschend – Anhängern der Grünen das beste Zeugnis ausgestellt, gefolgt von Linken und SPD, während die Wähler der CDU das rassistische Schlusslicht bilden. Im Ergebnis liegt nahe, dass die Macher der *Mitte-Studie* die Zustimmung zu einem woken Weltbild abfragten und Abweichungen umstandslos als demokratiegefährdend einstuften.

Aufgrund der Bedeutung des Deutschen Zentrums für Integrations- und Migrationsforschung (DeZim) im Gefüge der steuerfinanzierten Antirassismusstrukturen soll hier auch auf den Nationalen Diskriminierungs- und Rassismusmonitor (NaDiRa) eingegangen werden, aus dessen Reihen zwei Mitglieder des Expert*innenrates Antirassismus der Bundesregierung stammen. Allein 42 Mitarbeiter sind für das laufende *Rassismusmonitoring* abgestellt. Die Auftaktstudie aus dem Jahr 2022 ist mit *Rassistische Realitäten* betitelt. Gleich zu Beginn bekundete man, nicht nur Angehörige der Mehrheitsbevölkerung, sondern auch »rassifizierte – also potentiell mit Rassismuserfahrungen konfrontierte – Gruppen« befragt zu haben. Dabei nahm man explizit Bezug auf den *Afrozensus*, der als Pionierarbeit gewürdigt wurde. Wer sich selbst als *rassifiziert* versteht, hat vermutlich ein bestimmtes Weltbild, und daher ist es nicht überraschend, dass diese Personengruppe zu 73 Prozent angab, Rassismuserfahrungen gemacht zu haben. Worin genau diese Erfahrungen bestanden, wurde in dem gesamten Bericht nicht ersichtlich, da sie nicht erhoben wurden. Stattdessen wurde danach gefragt, wer schon einmal Rassismus beobachtet hat, ob Rassismuserfahrungen emotional aufwühlend gewesen seien, ob man glaube, dass es Rassismus gibt, ob Rassismus Alltag in Deutschland sei oder ob es rassistische Diskriminierung in Behörden gebe.

Konkret wurde nach *Wahrnehmungen* gefragt und nicht nach Vorkommnissen, aus denen Rassismus abgeleitet werden könnte. Dazu kommen die üblichen Einordnungen von Ungleichheit als Indikatoren für Rassismus, beispielsweise der Umstand, dass Schüler mit Migrationshintergrund in der *PISA-Studie* 2020 schlechter abschnitten als solche ohne Migrationshintergrund. Dafür gibt es, wie ich bereits erörtert habe, vielfältige Gründe, die allerdings im Monitor unerwähnt bleiben. Stattdessen konstruierte man folgende Aussage: »Die Direktorin einer Schule lehnt ein Kind mit der Begründung ab, dass es (...) an dieser Schule nicht glücklich werden würde« und fragte danach, ob man dies für rassistisch halte. Diese Aussage gewinnt im Forschungsdesign den Status einer prototypischen rassistischen Einstellung von Lehrkräften. Dabei wird weder ermittelt, wie häufig noch in welchem Kontext solche Aussagen vorkommen. Mir selbst wurde im Rahmen eigener Forschungen an Schulen von Lehrkräften immer wieder von überzogenen Erwartungen von Eltern berichtet, die ihre Kinder trotz mangelhafter Leistungen auf Gymnasien anmeldeten. Die Aussage, das Kind würde bei einer solchen Annahme nicht glücklich werden, könnte in diesem Kontext ein Euphemismus für eine mangelnde Eignung sein. Rassistisch ist daran nichts, wenn sich Entscheidungen auf messbare Daten beziehen. Solche Kontextualisierungen fehlen im Forschungsdesign von DeZim vollkommen.

Eine Erhebungskategorie lautet: »Wer ist bereit, sich gegen Rassismus zu engagieren?« Dabei wurde abgefragt, ob man antirassistischen Organisationen Geld gespendet, an einer entsprechenden Demonstration teilgenommen oder auf einer Unterschriftenliste unterzeichnet habe. Auch hier ist der Aussagewert über das Vorkommen von Rassismus gleich null. Verständlich wird diese Kategorie nur, wenn man eine nicht erwähnte, aber offenbar zugrunde liegende Rassismusdefinition des amerikanischen Autors Ibram X. Kendi anwendet. Kendi hatte in seinem Bestseller *How to be an Antiracist?* die These aufgestellt, Rassisten seien all diejenigen Weißen, die sich nicht aktiv gegen Rassismus engagierten.[144] Eine weitere Kategorie befasst sich mit der Abwehr von Rassismusvorwürfen, mit denen man eine Bagatellisierung des Rassismus ermitteln möchte. Als Abwehr werden Zustimmungen zu Aussagen gewertet, dass die Meinungsfreiheit durch Rassismusvorwürfe gefährdet sei, dass man wegen Kleinigkeiten als Rassist abgestempelt werde oder dass es absurd sei, dass einem Rassismus unterstellt werde, wenn man frage, wo jemand herkomme. Wie in der *Mitte-Studie* wird dabei die Bestätigung eigener Thesen abgefragt, wobei eigene ideologische Grundannahmen vorausgesetzt werden: dass die Meinungsfreiheit nicht durch Rassismusvorwürfe gefährdet sei, dass Vorwürfe nicht wegen Kleinigkeiten erhoben werden und dass es Rassismus sei, jemanden nach der Herkunft zu fragen.

Für eine Bestandsaufnahme zum Thema Rassismus ist die gesamte Studie nicht verwertbar, da sie auf einem verengten und empirisch nicht verifizierten Rassismusbegriff beruht, auf Wahrnehmungen anstelle von Fakten fokussiert, in Details unterkomplex ist und letztendlich nur die Zustimmung zur eigenen Ideologie abfragt.

Die *Mitte-Studie*, der *Rassismus-Monitor*, die ADAS-Umfrage, der *Afrozensus* und der Bericht zur Muslimfeindlichkeit stehen hier stellvertretend für viele andere Untersuchungen gleicher Machart. Sie alle bestätigen die eingangs aufgestellten Thesen und sind empirisch schwach, weil sie auf einer tendenziösen Auswahl von Befragten oder/und auf Fragen beruhen, die nicht geeignet sind, den Gegenstand tatsächlich zu erörtern. Im Wesentlichen wird die Zustimmung zu einer links-woken Ideologie abgefragt. Wer dieser nicht zustimmt, gilt als rassistisch, menschenfeindlich oder rechts im Sinne von rechtsradikal. Der Effekt solcher Zuschreibungen negativer Eigenschaften an die Mehrheitsbevölkerung liegt auf der Hand. Wenn alles jenseits eines woken Weltbildes rassistisch oder rechtsradikal ist, dann verschwimmen die Grenzen zu wirklichen Rassisten und Rechtsradikalen.

Dazu kommt, dass negative Begriffe ihren Schrecken verlieren. Wenn Besucher einer Konferenz, in der es um Konzepte zur Steuerung von Migration geht, als *Nazis* beschimpft werden, dann sagt der Begriff *Nazi* nichts mehr aus. Wenn *Steuerung* als rechtspopulistischer Terminus bezeichnet wird, dann ist die übergroße Mehrheit der Bevölkerung rechtspopulistisch. Das Gleiche gilt für Benennungen von Schattenseiten der Einwanderungspolitik, der Gefahr, die aus islamistischen Umtrieben erwächst oder der Ablehnung des Genderns. Wenn Menschen eine demokratiegefährdende Grundhaltung attestiert wird, weil sie die Regierung kritisieren, dann ist dies im besten Fall lächerlich. Wenn mit solchen Befunden allerdings die Verausgabung von Steuergeldern für NGOs begründet wird, ist das skandalös. Wer simplifizierte Täter-Opfer-Dichotomien zur Denunziation der großen Mehrheit der Bevölkerung verwendet, handelt fahrlässig und löst damit möglicherweise tatsächliche Radikalisierungsdynamiken aus. Man müsste antirassistischen Akteuren dringend raten, wieder zur Vernunft zurückzukehren und sich um einen politischen Ausgleich zu bemühen, anstatt einer weiteren Spaltung anhand konstruierter Gruppenidentitäten Vorschub zu leisten.

Dass ein solcher Ratschlag erfolgreich sein wird, ist jedoch unwahrscheinlich, da die Antirassismusindustrie ein Millionen- oder sogar Milliardengeschäft geworden ist, in dem Tausende von Beschäftigungsverhältnissen an die Mär geknüpft sind, dass die deutsche Gesellschaft strukturell rassistisch sei. Und so treibt man das üble Spiel weiter und verschärft es sogar noch. Das Durchpeitschen der woken Ideologie soll jetzt mit der Etablierung einer Denunziationskultur abgesichert werden. In Behörden und Unternehmen entstehen Meldestellen, die nicht nur Straftaten oder Verfassungsfeindliches sammeln, sondern auch Verstöße gegen die woke Ideologie. 100 000 sollen es insgesamt werden, die allesamt mit Personal ausgestattet werden müssen. Der steuerfinanzierte woke Markt expandiert und setzt sich jetzt sogar in der Wirtschaft fest. Ein im Jahr 2023 verabschiedetes Hinweisgeberschutzgesetz verpflichtet Betriebe mit mehr als 49 Mitarbeitern dazu, Meldestellen einzurichten. Arbeitgebern, die sich verweigern, drohen hohe Bußgelder. Informanten werden geschützt, und selbst Falschmeldungen bleiben straffrei.

Stichwortgeber denunziatorischer Maßnahmen sind NGOs, die staatlich finanziert werden und in semistaatlicher Funktion agieren. Die Inhalte, um die es geht, sind weitgehend den woken Lehrbüchern entnommen. Die Amadeu Antonio Stiftung sammelt Verstöße gegen das Gendern und jede Art von *Antifeminismus*, in NRW werden Meldestellen gegen *Queerfeindlichkeit*, *antimuslimischen Rassismus*, *Antiziganismus*, *antischwarzen Rassismus* und andere Formen von Rassismus eingerichtet. Gemeldet werden sollen in NRW explizit Vorkommnisse, die »unterhalb der Strafbarkeitsgrenze liegen und nicht von polizeilichen Statistiken erfasst werden«.[145] Der Historiker Hubertus Knabe, der sich beruflich mit der DDR-Diktatur befasst, sieht Mechanismen wachsen, die für Diktaturen charakteristisch sind.[146] In der Tat ist diese Entwicklung im höchsten Maße besorgniserregend. Wokismus ist eine totalitäre Ideologie, die von den Universitäten über den vorpolitischen Raum in die Politik gelangt ist und sich auf dem Weg zur Staatsideologie befindet. Abweichler werden durch Mobbing, Rufmord und die Zerstörung beruflicher Karrieren zur Raison gebracht und mittlerweile sogar in Meldeeinrichtungen erfasst. Wer die Genese totalitärer Staaten studiert, bekommt eine Ahnung, wo so etwas enden kann.

KAPITEL 8

Die woke Linke in Medien, Verlagen und Museen

Der Arbeitsmarkt für woke Absolventen der Geisteswissenschaften ist nicht auf Wissenschaft, Politik und den vorpolitischen Raum beschränkt. Medien, Verlagshäuser und Museen bieten ebenfalls Betätigungsfelder, die weidlich genutzt werden, da sie die Möglichkeit bieten, die eigenen Vorstellungen vom richtigen Leben massenwirksam zu propagieren und normativ zu verankern. Die *soft power* des Kulturellen hat sich als wirkmächtige Kraft einer angestrebten Transformation der Gesellschaft erwiesen, der die bürgerliche Mitte wenig entgegensetzen kann, weil sie diese jahrzehntelang unterschätzt hat.

Das Kreuz mit dem öffentlich-rechtlichen Rundfunk

Besonders eklatant ist die Macht der Medien, die darüber entscheiden, welche Themen in den öffentlichen Diskurs gelangen und welche Informationen der Bevölkerung zur Verfügung gestellt werden. Politiker sind gehalten, sich die Sympathien der Pressevertreter nicht zu verscherzen, denn ihre Berichterstattungen sind häufig wahlentscheidend. Die Bilder des lachenden Armin Laschet während einer Rede des Bundespräsidenten vor Opfern der Flutkatastrophe machten den Kanzlerkandidaten über Nacht unwählbar.

Die Landesregierung in Nordrhein-Westfalen stand wegen zahlreicher Versäumnisse unter Druck, und die damals amtierende Umweltministerin musste zurücktreten. In Rheinland-Pfalz musste die zuständige Ministerin ebenfalls ihren Posten räumen, doch die Ministerpräsidentin Malu Dreyer blieb unbeschadet. Die Presse ging ungewöhnlich milde mit ihr um, und bei der Landtagswahl 2021 wurde sie im Amt bestätigt. Der Medienwissenschaftler Christian Rieck hat sich die Berichterstattung zu Spitzenpolitikern in den wichtigsten Nachrichtensendungen von ARD, ZDF und RTL angeschaut und festgestellt, dass Armin Laschet dort sehr negativ dargestellt wurde, während Malu Dreyer keine einzige negative Meldung erhielt.[147] Das liegt sicherlich nicht primär daran, dass Dreyer die Vorsitzende des ZDF-Verwaltungsrats ist, sondern an einer politischen Unwucht der Leitmedien, die die Forschungen des Instituts *Media Tenor* verdeutlichen.[148]

Nehmen wir ein anderes Beispiel, nämlich die Entscheidung Angela Merkels im Herbst 2015, Tausende von Flüchtlingen an der deutsch-österreichischen Grenze nicht zurückzuweisen, sondern die bereitstehende Bundespolizei zurückzubeordern. Wie bereits erwähnt, flankierten die öffentlich-rechtlichen Medien diese Entscheidung mit Bildern von Frauen und kleinen Kindern, die allerdings nur eine kleine Minderheit der Menschen darstellten, die auf die Grenze zumarschierten. Die Mehrheit von ihnen waren junge Männer, deren Anblick weniger geeignet gewesen wäre, Mitleid und Sympathien zu erwecken. Die deutsche Willkommenskultur ist nicht zuletzt ein Ergebnis dieser selektiven Berichterstattung. Eine Studie der Otto-Brenner-Stiftung spricht in diesem Zusammenhang sogar von einer »Erfindung der Willkommenskultur«. »Der Subtext vieler Berichte«, so die Stiftung, »enthielt die Botschaft, dass die Stärkung dessen, wofür das Wort Willkommenskultur steht, wirtschaftlich notwendig und gesellschaftlich erwünscht sei.«[149] Kritische Aspekte der Zuwanderung fehlten weitgehend. Stattdessen wurde »das Narrativ Willkommenskultur als moralisch intonierte Verpflichtungsnorm ›top-down‹ vermittelt«. Wenn kritische Stimmen wiedergegeben wurden, dann seien es Rechtskonservative oder Ultrarechte gewesen. Insgesamt habe man einen hohen Gleichklang von Politikeraussagen und Medienberichten beobachtet. Überzeugt hat diese mediale Regierungspropaganda jedoch nur begrenzt. Als das Demoskopische Institut Allensbach im Oktober 2015 fragte, ob die Medienberichte als zutreffend bezeichnet werden könnten, verneinten dies 53 Prozent der Befragten. Ein beachtlicher Teil der Bevölkerung, so die Studie, glaube seitdem, dass die Medien manipulativ berichteten.[150]

Für besonderen Unmut sorgt stets der öffentlich-rechtliche Rundfunk (ÖRR), der eine Besonderheit Deutschlands darstellt und am Budget gemessen der größte staatliche Rundfunkanbieter der Welt ist. Mehr als neun Milliarden Euro stehen dafür jährlich zur Verfügung. Die Mittel resultieren weitgehend aus den Zwangsabgaben der Bürger und fließen unter anderem in hochdotierte Intendantengehälter. Die Jahresbezüge der Intendanten der ARD aus dem Jahr 2022 verdeutlichen dies: Katrin Wildermuth vom BR erhielt 345 334 Euro, Karola Wille vom MDR 308 424 Euro, Joachim Knuth vom NDR 362 005 Euro, Yvette Gerner von Radio Bremen 293 347 Euro, Martin Grasmück vom SR 249 997 Euro, Kai Gniffke vom SWR 392 846 Euro, Tom Buhrow vom WDR 433 200 Euro und Peter Limbourg von der Deutschen Welle 296 187 Euro. Angaben vom HR und RBB waren nicht vollständig vorhanden.[151] Das Jahresgrundgehalt der ARD-Programmdirektorin Petra Stobl lag bei 285 127 Euro. Gniffke erhielt nach Angaben des *Tagesspiegels* vom 29.8.2023 eine Gehaltserhöhung von 18 700 Euro. Im Vergleich erhielt der Bundeskanzler 360 000 Euro. Traumeinnahmen fließen auch den Redakteuren prominenter Talk-Formate zu, die ihre Sendungen mit eigenen Produktionsfirmen herstellen. Nach Informationen von *Business Insider* soll das Unternehmen um Sandra Maischberger jährlich 4,7 Millionen erhalten, wobei Maischberger selbst ein Jahresgehalt von 795 000 Euro zugemessen worden sei.

14,6 Millionen Euro erhielt Markus Lanz im Jahr 2022 insgesamt für die Produktion seiner Sendungen.[152]

Würden diese Zuwendungen auf privatwirtschaftlichen Erfolgen beruhen, könnte man den beteiligten Unternehmen gratulieren, aber die großzügigen Mittel werden durch Gebühren erhoben, die jeder Bürger ungeachtet seines Medienkonsums entrichten muss. Jeder Haushalt zahlt 18,36 Euro im Monat, also 220,32 Euro im Jahr. Gerade junge Menschen, die naturgemäß eher soziale Medien nutzen, fühlen sich dadurch mit Recht benachteiligt. Die Akzeptanz für die Gebühren sinkt ohnehin kontinuierlich. Einer Umfrage des Meinungsforschungsinstituts INSA zufolge möchten 35 Prozent der Bevölkerung künftig keine Rundfunkgebühren mehr zahlen und wären dafür auch bereit, auf den Empfang der öffentlich-rechtlichen Medien zu verzichten. Die übergroße Mehrheit spricht sich für eine Senkung der Beiträge aus, und nur sieben Prozent akzeptieren den derzeitigen Beitrag. Den ÖRR wird vieles vorgeworfen: Verschwendung öffentlicher Gelder für unangemessen hohe Zuwendungen, Wettbewerbsverzerrungen zuungunsten privater Medien und eine unausgewogene Berichterstattung.

Dabei soll es gerade die Bereitstellung objektiver, unparteiischer und ausgewogener Berichterstattung sein, mit der die Zwangsgebühren gerechtfertigt werden. So heißt es im Programmauftrag: »Die öffentlich-rechtlichen Rundfunkanstalten haben bei der Erfüllung ihres Auftrags die Grundsätze der Objektivität und Unparteilichkeit der Berichterstattung, die Meinungsvielfalt sowie die Ausgewogenheit ihrer Angebote zu berücksichtigen.«[153] Diese sollen dem Einzelnen eine fundierte Meinungsbildung ermöglichen, auf deren Grundlage dieser die liberale Demokratie mitgestalten kann. In der tatsächlichen Berichterstattung werden diese Prinzipien jedoch nur ungenügend umgesetzt. Das liegt nicht nur an Vorgaben der Vorgesetzten, sondern auch an der Einstellung der Redakteure, die sich selbst als Erzieher der Nation verstehen. Die Interessen der Gebührenzahler interessieren sie wenig. Ein Beispiel ist das Gendern, das von der übergroßen Mehrheit der Medienkonsumenten abgelehnt wird. Die Öffentlich-Rechtlichen wollen dennoch nicht davon lassen, sondern ihre Anstrengungen vielmehr verstärken, um für eine *gendersensible* Sprache zu werben.

Unter Sensibilitätsgesichtspunkten hält man Produktionen der Vergangenheit, die nicht den gegenwärtigen woken Prinzipien entsprechen, für problematisch und interveniert. So versah der WDR beispielsweise eine Sendung der *Otto-Show*, die anlässlich des 75. Geburtstags des Komikers Otto Waalkes gezeigt wurde, sowie die Comedy-Show *Schmidteinander*, die zwischen 1990 und 1994 von Harald Schmidt und Herbert Feuerstein bestritten wurde, mit Warnhinweisen. Die Filme würden »Passagen, die heute als diskriminierend betrachtet werden«, beziehungsweise »Passagen mit diskriminierender Sprache und Haltung« enthalten. Der Sender gab nicht an, worum es im Einzelnen gehe, doch Matthias Heine mutmaßte in der *Welt*, es sei wohl unter anderem die Verwendung des *N-Wortes*, das in den 1970er- und 1980er-Jahren noch nicht als anstößig gebrandmarkt wurde. Da die üblichen Darstellungen von Sex und Gewalt im deutschen Fernsehen nicht mit Warnhinweisen markiert würden und teilweise sogar, nämlich wenn es sich um Texte aus dem Hip-Hop handele, als Empowerment verharmlost würden, vermutete Heine eine Hierarchie gefährlicher Botschaften, die den Humor von Waalkes in eine Reihe mit NS-Propaganda stelle.[154]

Anekdotisch, aber dennoch bezeichnend sind immer wiederkehrende Ausfälle gegen Menschen, die keiner anerkannten Opfergruppe angehören. Zum Beispiel alte Menschen, also eigentlich die Zielgruppe des ÖRR. Sowohl im ZDF als auch in der ARD liegt das Durchschnittsalter der Konsumenten bei 65 Jahren. Das hindert die Programmgestalter nicht, kräftig gegen diese Gruppe auszuteilen. Im Jahr 2020 ließ der WDR einen Kinderchor ein Remake des Gassenhauers *Meine Oma fährt im Hühnerstall Motorrad* vortragen. Ursprünglich geht es darin um eine verrückte lebensfrohe Alte, und der Refrain ist dementsprechend: »Meine Oma ist ne ganz patente

Frau«. Woke gewendet wird nun das Motorradfahren zur Umweltsünde und der Refrain lautet: »Meine Oma ist ne alte Umweltsau.« Nach Protesten wurde das Video gelöscht und von verantwortlicher Seite hieß es, man habe den durch Fridays for Future thematisierten Generationenkonflikt zum Ausdruck bringen wollen. Was wird dabei suggeriert? Dass alte Menschen die Ressourcen der Erde in stärkerem Maß als Junge verbrauchen? Eine starke These in einer Gesellschaft, in der jeder neunte Mensch ab 65 Jahren von Alterssarmut betroffen ist. Bei den 80-Jährigen sind es sogar 20 Prozent. Diese Menschen fahren wahrscheinlich noch nicht einmal mehr mit der Bahn oder mit dem Bus.

Welchen Einfluss einzelne Medienvertreter auf die Politik ausüben, zeigt ein Beispiel der Sendung *ZDF Magazin Royale*, die der Journalist Jan Böhmermann verantwortet. Böhmermann macht aus seiner woken Haltung kein Geheimnis. Er bezeichnete Feministinnen, die den Transhype kritisierten, als »Scheißehaufen«, die CDU als »Nazis mit Substanz« und scheut auch vor der Verbreitung von Falschaussagen nicht zurück. Welche Konsequenzen es haben kann, von Böhmermann ins Visier genommen zu werden, verdeutlicht der Fall Arne Schönbohm, ehemals Präsident des Bundesamtes für Sicherheit in der Informationstechnik. Im Oktober 2022 wurde er von Böhmermann in dessen Sendung bezichtigt, einer Firma nahezustehen, die mit dem russischen Geheimdienst verbunden sei. Konkret sagte Böhmermann, es gebe ein »riesengroßes blubberndes Leck in der deutschen Kompetenzpipeline in Sachen IT«, und die Cybersicherheit in Deutschland werde durch den Chef der Cybersicherheit bedroht.[155] Er zeigte ein Bild, auf dem Schönbohm mit Clownsnase zu sehen war, und verspottete ihn als Cyberclown. Schönbohms Vorgesetzte, die Bundesinnenministerin Nancy Faeser, entließ ihn mit sofortiger Wirkung und untersagte ihm, sein Büro zu betreten. Eine sorgfältige Prüfung der Angelegenheit führte sie nicht durch. Im April 2023 folgte schließlich eine lapidare Erklärung des Bundesinnenministeriums, dass die Disziplinarmaßnahme nicht gerechtfertigt war. Schönbohm verlangte daraufhin vom ZDF Schadensersatz in Höhe von 100 000 Euro wegen schwerer Persönlichkeitsverletzungen. Sein Anwalt monierte die Zerstörung der Karriere und Reputation eines »tadellosen Staatsdieners«.

Wer wissen möchte, welcher Geist im ÖRR vorherrscht, braucht sich nur zu vergegenwärtigen, dass aus dem Kollegenkreis des Tagesschausprechers Constantin Schreiber nach dem körperlichen Angriff *keine einzige* Solidaritätsadresse erfolgte. Das war sicherlich kein Zufall. 92 Prozent der Volontäre des ARD, ergab eine Umfrage aus dem Jahr 2020, wählen rot-rot-grün, und eine etwas spezifizierte Befragung der Verbandszeitschrift *Der Journalist* förderte zutage, dass 57,1 Prozent von ihnen ihre Stimme den Grünen, 23,4 Prozent der Linken und 11,7 Prozent der SPD geben würden. CDU/CSU lagen bei drei Prozent und die FDP bei 1,3 Prozent. Unübersehbar stellt die Belegschaft der ÖRR eine Sondergruppe dar, die sich hinsichtlich ihrer politischen Präferenzen grundlegend von den Gebührenzahlern unterscheidet. Es wird zwar immer wieder betont, dass man den Auftrag wahrheitsgetreu, objektiv und ausgewogen zu berichten ernst nehme, doch dies ist bei einer so einseitigen Besetzung der Kollegien kaum zu erwarten. Interessanterweise wird von den Parteien, denen sich die Volontäre nahe fühlen, ohnehin das Gegenteil bekundet. Hier glaubt man, dass eine politische Position maßgeblich an die Zugehörigkeit zu einer Gruppe gebunden sei. Frauen vertreten demnach eher weibliche, Muslime eher muslimische und Transpersonen eher Transinteressen.

Analysten stellen insgesamt eine Zunahme unausgewogener Berichterstattungen fest, die primär die Themen betreffen, die auf der woken Agenda stehen. Neben der Zuwanderung ist es der Rechtspopulismus und seit einigen Jahren auch die Klimaberichterstattung. Die NGO Diplomatic Council schreibt dazu: »Es schleicht sich über Jahre hinweg das Gefühl einer Meinungsbevormundung ein und es stellt sich die Frage: Welche Bedeutung hat ein Staatsfunk, der von immer weiteren Teilen der Bevölkerung als Teil des

Regierungsapparats und nicht als unabhängige Pressestimme wahrgenommen und akzeptiert wird?«[156]

Eine Tendenz zur Einseitigkeit gilt aber nicht nur für den ÖRR. Der Medienwissenschaftler Uwe Krüger hat für seine Dissertation den Einfluss politischer und wirtschaftlicher Eliten auf die Leitmedien untersucht und kam zu dem Ergebnis, dass Journalisten häufig unkritisch die Meinung des Establishments wiedergeben.[157] Auch Christian Pieter Hoffmann von der Universität Leipzig diagnostiziert einen gewissen Bias in der Berichterstattung, der mit der politischen Haltung der Journalisten korrespondiere. Das Berufsfeld des Journalismus habe sich nach links verschoben, was auch daran liege, dass eine Selektion anhand politischer Einstellungen stattgefunden habe. Konservative oder klassisch-liberale Journalisten seien auf dem Arbeitsmarkt kaum noch verfügbar. Es sei bedenklich, dass sich die Haltung verbreite, Ausgewogenheit sei eine überholte Norm.[158] Angesichts solcher Befunde ist es vollkommen inakzeptabel, wenn NGOs oder Kommissionen wie die Unabhängige Expertenkommission Muslimfeindlichkeit Maßnahmen fordern, um Journalisten zu einer kultur- oder islamsensiblen Berichterstattung im Sinne einer woken Ideologie anzuhalten.

Woker Kapitalismus oder die Rückkehr der Zensoren

Mittlerweile sind woke Ideologien auch im Verlagswesen angekommen. Unvergessen ist die Posse, die sich der Ravensburger Verlag im August 2022 leistete, als er zwei Kinderbücher aus seinem Programm nahm, die als Begleitlektüre zum Film *Der junge Häuptling Winnetou* gedacht waren. Die fiktive Figur des Apachen-Häuptlings Winnetou und seines Blutsbruders Old Shatterhand, die der fantasiebegabte Schriftsteller Karl May Ende des 19. Jahrhunderts erdacht hat, prägten in Deutschland Generationen von Menschen, die sich von fernen Welten begeistern lassen wollten. Aus heutigem Blickwinkel sind die Romane zweifellos klischeebehaftet, doch in der damaligen Zeit war die Freundschaft zwischen den Kulturen, die das Duo verkörperte, ein angenehmer Gegenentwurf zu eher rassistisch geprägten Weltauffassungen. Besonders Winnetou, der das Rousseau'sche Klischee des edlen Wilden widerspiegelte, wurde zur Identifikationsfigur heranwachsender Jungen *und* Mädchen. In den 1960er-Jahren wurden die Bücher verfilmt und die Geschichte weiter popularisiert. Im Jahr 2022 knüpfte der Drehbuchautor und Regisseur Mike Marzuk mit einer filmischen Erzählung über die Jugend des indianischen Helden an die frühe Winnetou-Begeisterung an. Der Ravensburger Verlag sattelte auf den erwarteten Hype drauf und veröffentlichte zwei begleitende Kinderbücher sowie ein Stickerbuch. Dass die Zeiten sich geändert hatten und der Kultursektor seit Jahren von einer aktiven Cancel Culture heimgesucht wird, muss den Verantwortlichen des Verlags entgangen sein, denn sie schienen geradezu in Panik zu verfallen, als die erwartbaren Proteste begannen. Sie wurden von den bekannten woken Medienvertretern, aber auch von Aktivisten der Native American Association of Germany erhoben. Letztere behaupteten, die Bücher verzerrten die Wirklichkeit der amerikanischen Ureinwohner, sie seien rassistisch, und es handele sich um kulturelle Aneignung. Ich habe bereits darauf hingewiesen, dass kulturelle Aneignungen von Weißen in den letzten Jahren wiederholt skandalisiert wurden, kulturelle Mimikry von Vertretern indigener Gruppen niemals beanstandet wurde und auch niemand seine Stimme erhebt, wenn Asiaten, Afrikaner oder Südamerikaner französische Mode tragen, bayerische Autos fahren, in italienischen Opern singen oder westliche Sportarten praktizieren. Ungeachtet dieser offenkundigen Doppelstandards und des unbestreitbaren Fakts, dass kulturelle Entwicklung weltweit darauf basiert, dass man von anderen Techniken, Wissen oder kulturelle Bräuche übernimmt und diese dann gegebenenfalls weiterentwickelt, entbrannte in westlichen Feuilletons eine krude Debatte um das Verletzungspotenzial kultureller Aneignungen, die schließlich auch den Ravensburger Verlag erfasste.

Gehen wir noch einmal zurück zu der Interessenvertretung der Native Americans in Deutschland. Die Gruppe besteht eigenen Angaben zufolge aus Nachfahren amerikanischer Soldaten und ihren deutschen Unterstützern und sie möchte bei Bildungsveranstaltungen gefragt werden. Die Homepage wartet auf der ersten Seite mit Bildern von Frauen in Folklorekleidung auf, die einem Karl-May-Film entsprungen sein könnte. Der geforderte Realismus wird offenbar selbst nicht praktiziert, was grundsätzlich nicht tragisch wäre, wenn man nicht von anderen ebendiese Wirklichkeitsabbildung fordern würde. Festzuhalten bleibt, dass es sich bei der Assoziation um eine klassische NGO mit ausgeprägtem Eigeninteresse handelt. Für wen sie spricht und wie viele Indigene sie vertritt, ist nicht klar.

Die Reaktion des Verlags ist daher umso verblüffender. Der Auslieferungsstopp wurde mit einer an Peinlichkeit nicht zu überbietenden Erklärung begründet, die hier im Wortlaut wiedergegeben wird, weil sie alle Elemente eines woken Unterwerfungsrituals aufweist. »Wir danken euch für eure Kritik«, heißt es. »Euer Feedback hat uns deutlich gezeigt, dass wir mit dem Winnetou-Titel die Gefühle anderer verletzt haben. Das war nie unsere Absicht, und das ist auch nicht mit unseren Ravensburger Werten zu vereinbaren. Wir entschuldigen uns dafür ausdrücklich. Unsere Redakteur*innen beschäftigen sich intensiv mit Themen wie Diversität oder kultureller Aneignung. Die Kolleg*innen diskutieren die Folgen für das künftige Programm und überarbeiten Titel für Titel unseres bestehenden Sortiments. Dabei ziehen sie auch externe Fachberater zu Rate oder setzen ›Sensitivity Reader‹ ein, die unsere Titel kritisch auf den richtigen Umgang mit sensiblen Themen prüfen. Die Entscheidung, die Titel zu veröffentlichen, würden wir heute nicht mehr so treffen. Wir haben zum damaligen Zeitpunkt einen Fehler gemacht und wir können euch versichern: Wir lernen daraus!«[159]

Verletzung ist ein Begriff, dem innerhalb der woken Ideologie eine Schlüsselrolle zukommt. Die Anwendungslogik ist schlicht. Eine Meinung, die als rassistisch, islamfeindlich, sexistisch oder transphob interpretiert wird, soll Angehörige von Opfergruppen durch ihre pure Existenz verletzen und dadurch zu einer Beeinträchtigung ihres Sicherheitsgefühls führen.[160] Verletzungsvorwürfe können eine desaströse Wirkung entfalten. Ungeachtet ihrer Validität bedrohen sie die Existenz der Beschuldigten und setzen sie rufschädigenden Mobbingkampagnen aus. Auch für Unternehmen können solche Anschuldigungen Konsequenzen haben, und manch einer befürchtet einbrechende Umsätze. Aus diesem Grund setzen Firmen Berater ein, die ihnen einen Weg durch den woken Dschungel ebnen und sie darin unterweisen, Fallstricke zu vermeiden. Awareness-Konzepte werden erarbeitet, Antirassismustrainer angestellt und Programme entwickelt, die eine diskriminierungsfreie Außendarstellung ermöglichen. Wer proaktiv auf der richtigen Seite stehen will, bewirbt seine Produkte mit Models, die sich als nicht binär inszenieren, eine dunkle Hautfarbe haben oder nicht den gängigen Attraktivitätskriterien entsprechen. Adidas bewarb eine Bademodenkollektion mit einem schwarzen Transmodel in einem bunten Badeanzug, Calvin Klein heuerte ein übergewichtiges Paar an, um für einen Sport-BH zu werben. Eine der beiden Personen war ein dunkelhäutiger, stark behaarter Bartträger. Für solche Unternehmensstrategien hat sich der Begriff *woke capitalism* etabliert.[161]

In den Kontext der Vermeidungsstrategien gehören auch sogenannte *Sensitivity Reader*. Das Konzept stammt aus den USA und soll Bücher auf eine Übereinstimmung mit der woken Ideologie überprüfen. Veröffentlicht werden darf nur noch, was den Rassismus-Test, den Sexismus-Test und den Islamophobie-Test besteht, was weder die Gefühle von Opfergruppen verletzt noch anstößige Sachverhalte wiedergibt. Gewollt ist eine angepasste Moralliteratur, die sich in einem engen erlaubten Rahmen bewegt. Selbst die Literatur der Vergangenheit steht auf dem Prüfstand. Darf *Pippi Lang-*

strumpf noch verlegt werden? Einstweilen wurden zumindest anstößige durch anständige Worte ersetzt. Ebenso geschieht es mit den Büchern von Roald Dahl in England oder mit Ottfried Preußlers zeitlosem Klassiker *Die kleine Hexe*. Beanstandet hatte das Kinderbuch übrigens Mekonnen Mesghena von der Heinrich-Böll-Stiftung, der auch in dem Expert*innenrat Rassismus der Bundesregierung sitzt. Unter Rassismusanklage stehen auch das *Dschungelbuch* und *Jim Knopf und der Lokomotivführer*, um nur einige zu nennen. Die Walt Disney-Company entfernte jüngst beliebte Trickfilme wie *Peter Pan*, *Susi und Strolch* und *Aristocats* aus dem Kinderprogramm seines Streamingdienstes.

Die postkoloniale Begeisterung für Sklavenjäger

Das intendierte Ziel der woken Linken besteht in der Konstruktion einer neuen Wirklichkeit. Um dieses Ziel zu erreichen, radiert man Unliebsames aus, schreibt Literatur um, schränkt die Wissenschaftsfreiheit ein und überzieht die Republik mit einem dichten Netzwerk von Kontrolleuren und Zensoren. Bei allen diesen Bemühungen, die letztendlich die Axt an die Grundlagen der liberalen Demokratie legen, könnte man einwenden, es gehe immerhin um Gerechtigkeit oder um die Aufdeckung von Unrecht. Dass dies nicht stimmt, lässt sich an einigen Auswüchsen der gegenwärtigen Restitutionspraxis ersehen. Darunter versteht man die Rückgabe von Objekten, die unrechtmäßig in deutschen Museen aufbewahrt werden, weil sie während der Kolonialzeit geraubt oder unter Gewaltandrohung erworben wurden.

Die Vorläufer der heutigen Museen entstanden in der beginnenden Neuzeit, als das Sammeln von Gegenständen populär wurde, die man in Kuriositätenkabinetten oder Wunderkammern von Fürstenhöfen aufbewahrte.[162] Gesammelt wurden handwerkliche Kunstwerke, Waffen, naturwissenschaftliche und chirurgische Gerätschaften, Tierpräparate, Naturalien, Schmuck und andere Kostbarkeiten. Durch Seefahrer, Händler und Entdeckungsreisende, später auch durch Missionare, Kolonialbeamte und Ethnologen gelangten zudem Gegenstände aus fernen Ländern in die Hände westlicher Sammler.[163] Im 19. und frühen 20. Jahrhundert entwickelten Ethnologen eine regelrechte Sammelleidenschaft. Im Rahmen großer Expeditionen wurden Tausende von Objekten erworben, die alle Bereiche des kulturellen Lebens und des profanen Alltags widerspiegelten. Vieles bestand aus schlichten Gebrauchsgegenständen, anderes besaß in den Herkunftsgesellschaften einen hohen, oft religiös konnotierten Wert. Gesammelt wurden auch Schädel, Skelette und Gebeine.

Viele Jahrzehnte lang gingen Museen und Universitäten, in denen sich solche Sammlungen befanden, sorglos und ohne nennenswertes Problembewusstsein mit den Objekten um. Einige Gegenstände wurden ausgestellt oder zu Lehrzwecken eingesetzt, doch die Mehrzahl von ihnen schlummerte in Kisten und Schränken. Seit einigen Jahren wird von Museumsexperten diskutiert, wie man mit ihnen zukünftig verfahren soll. Seit ihrer Unabhängigkeit fordern afrikanische Staaten die Rückgabe bestimmter Objekte, und die UNESCO unterstützt diese Forderungen.[164]

In Deutschland werden mittlerweile Forschungen durchgeführt, um die Herkunft musealer Objekte zu klären. Katalogisierungsvorhaben wurden begonnen und Kontakt mit Personen im globalen Süden aufgenommen, die Adressaten einer eventuellen Rückführung sein könnten. Dies ist zweifellos eine positive Entwicklung, die auch aus einer verstärkten Beschäftigung mit der eigenen Kolonialgeschichte resultierte. Unter wokem Einfluss geriet allerdings auch die Restitutionsdebatte in ein Fahrwasser künstlicher Empörung und konstanter Übertreibung. Ich erinnere an Saraya Gomis vom Expert*innenkreis Rassismus der Bundesregierung, die alle nichteuropäischen Objekte in deutschen Museen als unrechtmäßig erworben beanstandete. Nähme man Gomis' These ernst, müssten Tausende von Körben, irdenen Tellern, Pfeilspitzen und Stoffresten zu den Nachfahren ihrer einstigen Besitzer verbracht werden. Großen Enthusiasmus würde das dort wohl kaum auslösen.

Anders ist dies bei körperlichen Überresten, die selbstverständlich so bald wie möglich zurückgegeben werden müssen, wenn die Nachkommen es wünschen. Die wirklich großen Streitfälle sind allerdings weder Schädel noch Küchengeschirr, sondern Objekte, die für die Ursprungsgesellschaften zum kulturellen Erbe zählen oder einen gewissen Repräsentationswert besitzen. Besonders geht es um solche, für die heute auf dem internationalen Kunstmarkt viele Tausende oder sogar Millionen Euro bezahlt werden. Dazu gehören auch die sogenannten Benin-Bronzen, die der Ethnologin Brigitta Hauser-Schäublin zufolge die »Galionsfiguren der Restitutionsdebatte« sind. Es handelt sich um aufwendig gestaltete Kunstwerke, die mit einem speziellen Gussverfahren hergestellt wurden und sich bei modernen Kunstsammlern großer Beliebtheit erfreuen. 2007 wurde ein Bronzekopf im Auktionshaus Sotheby's für fünf Millionen Euro ersteigert, und 2021 sollen sogar zehn Millionen von einem Londoner Galeristen gezahlt worden sein.

Die Bronzen wurden im Rahmen einer britischen Strafexpedition gegen das damalige Königreich Benin mitgenommen, was zweifellos den Tatbestand einer gewaltsamen Aneignung erfüllt. Auf den ersten Blick scheine alles klar, so Hauser-Schäublin: »Die Briten waren Plünderer und somit Täter: der König und seine Entourage die wehrlosen und vermeintlich friedfertigen Opfer.«[165] Und in der Tat wird genau dies von postkolonialen Vertretern von Wissenschaft und Kunstgeschichte behauptet, ist genau dies der Subtext aller Ausstellungen, in denen Benin-Bronzen präsentiert werden. Doch die Geschichte sei komplexer, meint die Ethnologin, die sich in akribischen Forschungen mit dem vorkolonialen Königreich befasst. Die zurechtgetrimmte Täter-Opfer-Geschichte habe mit der Realität nämlich wenig gemein. Informationen, die zum Verständnis des Kontexts wichtig seien, würden verschwiegen. Es beginne mit den Objekten selbst, die allesamt als harmlose Erinnerungsanker für Nachfahren einer ehemals unterdrückten afrikanischen Bevölkerung dargestellt würden. Doch was zeigen sie wirklich? Die meisten Bronzen stellten die Könige von Benin dar, die mit allen Insignien der Macht ausgestattet seien, sagt Hauser-Schäublin. Das gelte auch für die kunstvoll gestalteten Büsten, die mehrheitlich Herrscherporträts seien. Bei einigen der Plastiken handele es sich um Trophäenköpfe, die nach dem Vorbild der abgeschlagenen Häupter von Besiegten erstellt worden seien. In der Ethnologie behaupte man gern, dies sei eine erfundene Geschichte, doch dafür gebe es nicht nur ethnologische Beweise, sondern auch den Bericht eines afrikanischen Lokalhistorikers. Der artikulierte Zweifel der postkolonialen Ethnologen, die die Enthüllungen der Kollegin zu stoppen versuchten, scheint also primär politisch motiviert zu sein. Er reiht sich in eine lange Fachgeschichte ein, in der häufig behauptet wurde, dass indigene Grausamkeiten, für die es eindeutige Evidenzen gab, nicht wirklich stattgefunden hätten. Doch zurück zu den Bronzeköpfen. Sie wurden auf Altären im Königspalast aufgestellt und mit Menschenopfern verehrt. Die Hinrichtung soll ein Privileg des Königs gewesen sein. Die Opfer wurden gefesselt, geknebelt und enthauptet, ihr Blut sodann in Schüsseln aufgefangen. Danach goss man es über die Bronzen. Die Körper der Getöteten wurden den Geiern zum Fraß vorgeworfen.

Die Könige von Benin sind in der Geschichte Afrikas als Kriegerkönige beschrieben worden, die einem aggressiv-heroischen Ideal anhingen, schreibt Hauser-Schäublin. Sie überfielen ihre Nachbarn, löschten ganze Dörfer aus, plünderten und versklavten die Bevölkerung. Einheimische Historiker sprechen von angerichteten Blutbädern. Jeder neue Herrscher des Königreichs stellte seine Macht zu Beginn seiner Amtszeit durch Massaker an einer unterworfenen Nachbargruppe unter Beweis. Das kriegerische Ethos des Königreichs sei durch die Bronzen symbolisiert worden.

Das Königreich hatte seit dem 15. Jahrhundert Kontakte mit Portugiesen, Briten, Niederländern und Franzosen. Man trieb Handel, und Europäer lieferten unter anderem Armreife aus Kupfer und Metalllegierungen, die Manillen, die für die Herstellung der Bronzen benötigt wurden. Sie wurden gegen Sklaven getauscht, die im transatlantischen Sklavenhandel nach Mittel- und Südamerika verschifft wurden. Zur Wahrheit über den transatlantischen Sklavenhandel, der in der postkolonialen Ideologie einseitig Europa zur Last gelegt wird, gehört auch, dass afrikanische Königtümer sich aus freien Stücken daran beteiligten und dadurch reich wurden. Das betrifft nicht nur das Königreich Benin, sondern auch andere westafrikanische Königreiche, wie das für seine weiblichen Krieger bekannte Königreich Dahomey. Europäische Staaten profitierten vom Sklavenhandel, doch letztendlich war es England, das ihn 1807 beendete.[166] Dies löste ökonomische Krisen in den Sklavenökonomien aus, die zu militärischen Konflikten führten. England plante, den König von Benin abzusetzen und durch einen Rat zu ersetzen. In dieser angespannten Situation machte sich eine britische Gesandtschaft auf den Weg ins Königreich Benin. Sie bestand aus acht Europäern und einem einheimischen Begleittross, die am 4. Januar 1897 überfallen und massakriert wurden. 80 abgeschnittene Köpfe und 130 Gefangene sollen nach Benin verbracht worden sein. Ihre verstümmelten Leichen wurden nach Eintreffen einer britischen Strafexpedition in der Königsstadt gefunden. In dieser Situation wurden auch die Bronzen entdeckt, die schließlich von den Briten als Kriegsbeute mitgenommen wurden.

Die Bronzen, die nach heutigem Verständnis geraubt wurden, wurden im 20. Jahrhundert zu hochpreisiger Kunst und auch zu Symbolen einer modernen Identitätspolitik. Der Staat Nigeria, in dem sich das damalige Benin heute befindet, hat Interesse an den wertvollen Stücken angemeldet, und seitdem stehen die Benin-Bronzen im Mittelpunkt der Restitutionsdebatte. Sie sind unter anderem in den Sammlungen deutscher Museen zu finden, wohin sie durch den internationalen Handel gelangten. Deshalb wurden auch bei uns Rückgabeverhandlungen mit dem nigerianischen Staat geführt,

Gelder für ein geplantes Museum zugesagt und einige Bronzen unter Anwesenheit der Bundesaußenministerin und der Staatskulturministerin nach Nigeria verbracht. Andere verbleiben noch einige Jahre als Leihgaben in Deutschland. Die Eigentumsrechte liegen seit 2022 beim nigerianischen Staat, der den Nachfahren des Königs von Benin bereits versichert hat, ihnen die Gegenstände zu übergeben. Die Nachfahren der Gruppen, die von Benin versklavt wurden, sind entrüstet. Sie haben sich in einer Restitution Study Group zusammengeschlossen und beklagen, dass ihre Geschichte nicht berücksichtigt wird, die Nachfahren ihrer einstigen Unterdrücker jedoch in einem tadellosen Licht dastehen.

Sie haben recht: Davon, dass die einstigen Opfer des britischen Kolonialismus selbst Sklavenjäger waren, die andere blutig unterjochten, erfährt man nichts. Auch nicht in Deutschland. Die Objekte aus Benin werden in allen ethnologischen Museen einschließlich des Berliner Humboldt Forums ausgestellt und sollen ausschließlich die Kolonialschuld der Europäer illustrieren. Die Bronzen, liest man auf der Internetseite des Humboldt Forums, nähmen eine besondere Stellung in der Debatte um die Dekolonialisierung von Museen ein. Dann wird in wenigen Worten eine Geschichte der Plünderung durch die Briten erzählt, bevor man zur Bedeutung der Objekte als »Erinnerungsträger und rituelles Inventar« übergeht. Wofür die Bronzen im historischen Benin standen und um welche Art von Staat es sich handelte, wird mit keinem Satz erwähnt. Im Kölner Rautenstrauch-Joest-Museum hat man sich ebenfalls mit den Bronzen unter dem Aspekt des »Unrechtkontext(es)« auseinandergesetzt und eine Ausstellung konzipiert, die mit *Resist! Die Kunst des Widerstands* betitelt ist. Hier knüpft man in besonderer Weise an eine moderne nigerianische Identitätskonstruktion an. Unter dem Titel *I miss you* wird, so die Texttafel, »jedes der 96 Werke in seiner besonderen Individualität inszeniert und nicht nur ihre Schönheit gezeigt, sondern auch an den Schmerz, den Verlust und die Trauer erinnert, die mit ihnen verbunden ist«. Seit der gewaltvollen Entfernung aus dem Königspalast seien die »Erinnerungsspeicher« »entthront, entwurzelt, entfernt und entweiht«. Es gehe »um gebrochene Erinnerungen, um koloniale Phantomschmerzen und Traumata, die durch die kolonialen Hinterlassenschaften von Verwüstung und Enteignung hervorgerufen und über Generationen weitergegeben wurden. Das Trauma betrifft auch diejenigen, die lange nach der Unabhängigkeit Nigerias von der Kolonialmacht Großbritannien im Jahr 1960 geboren wurden, sowohl in Nigeria als auch in der Diaspora in Deutschland und hier in Köln.« Die Ausstellung, so heißt es weiter, sei eine »Plattform für Trauerarbeit, für einen fortlaufenden und nie endenden Prozess der Heilung kolonialer Risse in unserer Gesellschaft«.

Die pathetische Ausdrucksweise ist ebenso auffällig wie die zahlreichen Bezüge zu einer kollektiven Identität, die angeblich Zeit und Raum überwindet. Der Eindruck entsteht, dass es nicht in erster Linie um Nigeria oder berechtigte Ansprüche auf Rückgabe geht, sondern um die Befindlichkeit der Kölner Ethnologen, die in einem nicht endenden Prozess geteilter Trauerarbeit eine neue Existenzberechtigung gesucht und gefunden haben. Eine einfache Rückgabe würde solche weitreichenden Aspirationen nicht hergeben. Daher müssen neue Traumata erfunden und neue Allianzpartner (in Deutschland geborene Menschen mit nigerianischen Wurzeln) bemüht werden, mit denen in den kommenden Jahren um eine Heilung von kolonialen Phantomschmerzen gerungen werden soll. Man ahnt bereits, welche Anträge zur Einwerbung von Fördergeldern mit solchen Ideen bestückt werden könnten.

Unübersehbar befindet sich die Ethnologie in einer Existenzkrise, die auch dadurch hervorgerufen wird, dass die Disziplin vielleicht nicht mehr zeitgemäß ist. In einer globalisierten Welt schrumpft der Bedarf an ethnologischem Wissen, da indigene Gewährsleute für alle Bereiche außereuropäischer Kultur in ausreichender Zahl verfügbar sind. Man könnte jetzt noch einwenden, dass der *fremde Blick* für eine erkenntnisgewinnbringende Perspektive notwendig ist, doch diesem wird durch die postkoloniale Ideologie seine Berechtigung abgesprochen.[167] Was bleibt, ist die mit immer größerer Selbstzerknirschung betriebene Aufarbeitung der Geschichte des Faches, das zweifellos im Kolonialismus wurzelte. Wer es ernst meint, könnte die in den Sammlungen befindlichen Wertgegenstände tatsächlich endlich zurückgeben. Das wäre fair, würde die ethnologischen Museen in naher Zukunft aber noch bedeutungsloser machen, als sie es ohnehin bereits sind. Zur eigenen Selbstaufwertung schreibt man sich daher lieber in das Phantasma einer vergangenen präkolonialen Glorie ein und nimmt dabei billigend eine grandiose Geschichtsklitterung in Kauf, denn weder in Berlin noch in Köln, in Frankfurt oder an anderen Orten, wo die Benin-Bronzen ausgestellt werden, wird erwähnt, dass diese Legitimationsobjekte eines blutigen Sklavenjägerregimes waren. Die Ausblendung dieser Historie, so Hauser-Schäublin, sei »Politik, nicht kritische Wissenschaft«. Dies gelte auch »für einäugige Provenienzforschung, die vor einer Empörungskultur mit Kolonialismus- und Rassismusvorwürfen in der Hinterhand einknickt«.[168] Dass die streitbare Ethnologin für diese Enthüllungen mittlerweile als *persona non grata* gilt, spricht für sich.

KAPITEL 9

Antisemitismus, Islamismus und postkoloniale Ideologie

Der Herbst 2023 war eine Zäsur. Terroristen aus Gaza hatten in Südisrael ein Massaker verübt, das jegliche Vorstellungskraft sprengte, doch in Deutschland feierten woke Linke und Islamisten dies als gelungene Widerstandsaktion. Teile von Black Lives Matter und Fridays for Future entpuppten sich als glühende Hamas-Anhänger. Auf deutschen Straßen randalierten Israelfeinde und Antisemiten, ohne von der Polizei daran gehindert zu werden, und in Essen forderten 3500 Islamisten öffentlich die Errichtung eines Kalifats. Davidsterne wurden auf die Eingangstüren jüdischer Wohnungen geschmiert, jüdische Sportvereine mussten Trainings und Spiele nach Bedrohungen absagen, jüdische Kinder blieben Kitas und Schulen fern, weil die Eltern um ihre Sicherheit fürchteten. Wie in einem Brennglas wurden die Versäumnisse der Islam- und Einwanderungspolitik sichtbar. Doch damit nicht genug. An den Universitäten bedrohten diejenigen, die gerne *safe spaces* für sich einfordern, jüdische Kommilitonen, während intersektionale Feministinnen zu Massenvergewaltigungen von Jüdinnen schwiegen. Unübersehbar zeigte sich das hässliche Gesicht der woken Ideologie, wurde deutlich, wie eng Antisemitismus, Islamismus und postkoloniale Theorie miteinander verwoben sind.

Details eines Massakers

Am 7. Oktober 2023 überschritten Kommandos der Hamas und des Islamischen Dschihad die Grenze von Gaza nach Israel und richteten ein beispielloses Blutbad an. Sie drangen in Kibbuzim ein, durchsuchten Häuser und ermordeten wahllos Juden, oft, nachdem sie ihre Opfer zuvor gefoltert und jede nur erdenkliche Art von Grausamkeit begangen hatten. Kleinen Kindern wurden bei lebendigem Leib Gliedmaßen abgeschnitten, einer Schwangeren schlitzte man den Bauch auf, zerrte den Fötus heraus und massakrierte ihn mit einem Messer. Babys wurden lebendig verbrannt, enthauptet oder an Türklinken aufgehängt, Mädchen in Gruppen erschossen, Familienmitglieder gefesselt und einander gegenübergesetzt, während man sie mit Messern traktierte. Auf einem Festival in der Negev-Wüste wurden junge Frauen vergewaltigt und abgeschlachtet, teilweise wurden ihre entblößten Leichen anschließend im Triumpf durch Gaza gefahren und dort »Allahu akbar«-brüllenden Massen zum Bespucken freigegeben. Junge palästinensische Männer, die der Hamas nach Israel folgten, machten selbst Jagd auf junge Frauen, die dem Massaker entkommen waren und sich versteckt hielten. Zurückverfolgte Anrufe der Schlächter zeigten, dass sie von ihren Müttern gelobt wurden, weil sie Juden getötet hatten.

Die Hamas, der Islamische Dschihad und andere palästinensische Terrorgruppen haben einen solchen Pogrom immer wieder angekündigt. Beispielsweise bei den sogenannten *Märschen der Rückkehr* in den Jahren 2018 und 2019, bei denen sie Bewaffnete und Unbewaffnete auf die Grenze zwischen Gaza und Israel zumarschieren ließen. Die palästinensische Propaganda verwendete schon damals die Sprache des Massakers, und Interviewte gaben als Ziel an, bei einem Grenzübertritt so viele Israelis wie möglich zu töten. Das israelische Militär verhinderte das geplante Gemetzel regelmäßig, doch in den westlichen Medien stand es deshalb stets am Pranger. Die Palästinenser wurden dabei gern als Opfer einer hochgerüsteten Armee bedauert, wozu auch beitrug, dass die Hamas stets radikalisierte Kinder in die ersten Reihen stellte. Jetzt wissen wir, was geschieht, wenn die Soldaten nicht eingreifen.

Die Hamas ist eine extrem gewalttätige islamistische Organisation, die in ihrer Charta die Vernichtung Israels und die Ermordung aller Juden festgeschrieben hat. Seit 2006 ist sie in Gaza an der Macht. Israel hatte 2005 alle jüdischen Siedlungen und die gesamte Verwaltung in der Hoffnung geräumt, dafür einen Friedensprozess einzuleiten, doch die Hamas hatte dies als Zeichen der Schwäche ihres erklärten Gegners genutzt, um eine islamistische Militärbastion aufzubauen. Die Finanzierung soll aus Iran und Katar erfolgt sein, aber es wird auch vermutet, dass finanzielle Mittel zweckentfremdet wurden, die von der Europäischen Union und von Deutschland gezahlt worden sind. Das Ziel der Barbarei vom 7. Oktober war es, Israel in einen Krieg zu zwingen, berichtete der Hamas-Funktionär Khalil al-Hayya gegenüber der *New York Times*.[169] Die beginnende Normalisierung zwischen mehreren arabischen Staaten und Israel sollte mit allen Mitteln verhindert werden. Dabei wurden palästinensische Opfer nicht nur billigend in Kauf genommen, sondern diese waren geradezu gewollt. Um die muslimischen Staaten und letztendlich auch die Weltgemeinschaft gegen Israel aufzubringen, benötigte die Hamas Bilder der Zerstörung und des Leidens der Zivilbevölkerung. Die perfide Strategie ging auf.

Ohnehin kommt man nicht umhin sich einzugestehen, dass das Gemetzel an Juden weltweit kaum Reaktionen des Mitleids hervorrief. Wer annahm, dass die detaillierten Informationen über den Massenmord oder die Bekenntnisse des Hamas-Führers national und international zu einer einhelligen Verurteilung führen würden, sah sich getäuscht. Vielerorts wurde das Blutbad der Hamas als Sieg über die verhassten Israelis gefeiert, und selbst der amtierende UN-Generalsekretär Antonio Guterrez wollte berücksichtigt wissen, dass der terroristische Angriff nicht in einem luftleeren

Raum stattfand, denn die Palästinenser würden seit 56 Jahren unter einer »erstickenden Besatzung« leiden. Vor diesem Hintergrund war es nicht verwunderlich, dass Anfang November eine UN-Resolution verabschiedet wurde, die auf eine klare Benennung der Hamas als terroristische Organisation verzichtete und einen sofortigen Waffenstillstand forderte. Ohnehin glänzte die UN wieder einmal dadurch, dass sie das Spiel der Terroristen mitspielte. Das unsägliche Leid, das auch die palästinensische Zivilbevölkerung erlitt, wurde nicht mit der Hamas in Verbindung gebracht, und selbst als Beweise auftauchten, dass die Terrororganisation Krankenhäuser, Schulen und Kindertagesstätten für militärische Zwecke missbrauchte, beeindruckte dies nicht. Diejenigen, die das Massaker durch vermeintliche Kontexte relativierten, ließen Kontexte der israelischen Selbstverteidigung nicht gelten. Die unverschleierte Doppelmoral der UN zeigte sich zudem in einem ohrenbetäubenden Schweigen angesichts der sexualisierten Gewalt der Terroristen. Massenvergewaltigungen und Verstümmelungen israelischer Frauen und Mädchen wurden von denjenigen verschwiegen, die gewöhnlich vorgeben, für Gewalt gegen Frauen sensibilisieren zu wollen.

Deutschland enthielt sich bei der Abstimmung zur Verurteilung Israels. Die Bundesaußenministerin, die ihre Außenpolitik als feministisch inspiriert verstanden wissen möchte, schwieg auf dem UN-Parkett zu dem größten Femizid der letzten Jahre. Ohnehin vermisste man in der deutschen Politik eine eindeutige Haltung. Während sich einige Politiker sehr klar auf der Seite Israels positionierten und das Selbstverteidigungsrecht des jüdischen Staates unterstützten, übten sich andere in Relativierungen. Einer von ihnen war Christoph Heusgen, der langjährige Berater Angela Merkels und ehemalige UN-Botschafter in New York. Gegenwärtig ist er der Chef der Münchner Sicherheitskonferenz. Heusgen stellte sich in einem Interview mit Dunja Hayali im ZDF hinter Guterres und gab zum Besten, dass der Angriff der Hamas auch seiner Meinung nach nicht in einem Vakuum stattgefunden habe, da Israel das Völkerrecht breche. Eine israelische Bodenoffensive müsse verhindert und eine diplomatische Lösung gefunden werden.

Innerhalb der Bundesregierung zeigte die Bundesfamilienministerin Lisa Paus eine bemerkenswerte Sprachlosigkeit, als sie von einer Journalistin gefragt wurde, ob sie ein Bekenntnis zu Israel als Grundlage für eine Einbürgerung befürworte. Die Reaktion wurde in den Kontext ihrer vormaligen Ablehnung einer Resolution der Bundesregierung zur sogenannten BDS-Bewegung gestellt. Im Jahr 2019 hatte der Deutsche Bundestag die BDS-Bewegung als antisemitisch verurteilt und war damit einer Antisemitismus-Definition der International Holocaust Remembrance Alliance gefolgt. Wer das Existenzrecht Israels bestreitet, handelt demnach antisemitisch und wird von staatlichen Förderungen ausgeschlossen. Auch öffentliche Auftritte werden erschwert. Die Zustimmung war jedoch alles andere als ungeteilt. Aus den Reihen der Grünen hatte auch die heutige Kulturstaatsministerin Claudia Roth dem Antrag nicht zugestimmt.

Bezeichnend für die deutsche Politik war zudem, dass Zahlungen an das UN-Hilfswerk für palästinensische Flüchtlinge UNRWA nach einem kurzen Innehalten fortgeführt und sogar um 20 Millionen erhöht wurden. Die UNRWA steht seit langem im Verdacht, internationale Hilfsgelder für antisemitische und terrorverherrlichende Schulbücher zu verwenden. Gesichert ist außerdem, dass UNRWA-Lehrer das Hamas-Massaker als gelungene Aktion feierten.[170]

Muslimischer Antisemitismus und das Kalifat

Auch in der Türkei wurden am 7. Oktober propalästinensische Siegesfeiern abgehalten. Der türkische Präsident Recep Tayyip Erdogan, der sich gern als Führer der muslimischen Gläubigen inszeniert, nutzte die Gunst der Stunde, um sich auf die Seite der Hamas zu stellen. Während er Israel als Kriegsverbrecher schmähte, verteidigte er die Hamas als Befreiungsgruppe.

Das hatte auch Auswirkungen auf Deutschland. Die muslimischen Verbände, die allesamt Partner des Staates und der Kirchen sind, blieben zunächst einmal stumm. Erst nach zahlreichen Aufforderungen und Presseanfragen konnte man die ersten Erklärungen lesen. Ein Beispiel ist der Zentralrat der Muslime in Deutschland (ZMD), dessen umtriebiger Vorsitzender Aiman Mazyek ein gern gesehener Gast im politischen Berlin ist. Am 8. Oktober ließ man seitens des Verbands verlautbaren, dass man Angriffe auf die Zivilbevölkerung verurteile, betrieb jedoch bereits im dritten Satz eine spektakuläre Täter-Opfer-Umkehr: »Zutiefst verstörend ist«, heißt es da, »dass Siedler flankiert durch die israelische Armee seit zwei Jahren palästinensische Dörfer und die Al-Aqsa-Moschee angreifen, ohne dass die internationale Gemeinschaft eingreift.«

Dazu ist zu sagen, dass Israel im Jahr 2005 alle jüdischen Siedlungen in Gaza aufgelöst sowie die zivile und militärische Infrastruktur in der Hoffnung, Land für Frieden zu tauschen, abgezogen hatte. Kein einziger Jude lebt dort mehr. 2006 wurde die Hamas gewählt, verwendete ihre finanziellen Mittel für eine spektakuläre Aufrüstung und beschießt Israel regelmäßig mit Raketen. In ihrer Charta hat sie als Ziel die Vernichtung des jüdischen Staates und die Ermordung aller Juden festgeschrieben. Davon konnte man in der Verlautbarung des muslimischen Zentralrates allerdings nichts lesen. Dass die Al-Aqsa-Moschee regelmäßig zum Stützpunkt gewalttätiger Palästinenser mutiert, die von diesem Ort aus Attacken auf die Polizei starten, wurde ebenfalls nicht erwähnt. Die angesprochene Siedlungspolitik im Westjordanland wird von einem großen Teil der israelischen Bevölkerung abgelehnt und war sicherlich nicht der Grund, im Süden des Landes Menschen abzuschlachten, die mehrheitlich eine gute Nachbarschaft mit Palästinensern pflegten und ihnen bei Arbeitsvisa oder der medizinischen Versorgung zur Seite standen. Die Behauptungen des ZMD stehen in der Tradition einer Dämonisierung Israels, wie sie in islamistischen Kreisen seit Jahrzehnten gepflegt wird. Dass die Täter-Opfer-Umkehr selbst angesichts der beispiellosen Barbarei der vergangenen Tage aufrechterhalten wurde, war allerdings ernüchternd. Der ZMD ist Kooperationspartner bei der einzigen universitären Imam-Ausbildung in Deutschland, dem Islamkolleg in Osnabrück. Gefördert von der Bundesregierung und dem Land Niedersachsen soll hier religiöses Personal ausgebildet werden, das grundgesetzkonform ist und auf Muslime betreffende Herausforderungen angemessen reagieren kann. Ob dies mit einem Praxispartner wie dem ZMD gelingen kann, muss ernsthaft bezweifelt werden.

Der Koordinierungsrat der Muslime, dem alle großen Verbände angehören, versuchte sich mit einer Verharmlosung des Massakers zu positionieren. Man gab eine *Pressemitteilung zur Eskalation am Gazastreifen zwischen Hamas und Israel* heraus, als ob es sich um ein beidseitiges Grenzscharmützel gehandelt hätte. Ohne auf die andauernde Gefahr für die israelische Bevölkerung durch die Hamas einzugehen, wurde ein Waffenstillstand gefordert. Das Selbstverteidigungsrecht des jüdischen Staates, dessen Bestehen nicht zuletzt davon abhängt, dem Terror mit militärischen Mitteln ein Ende zu setzen, wurde faktisch negiert. Ein Verweis auf das Leid der palästinensischen, aber nicht der israelischen Bevölkerung durfte bei so viel Relativierung und Ausblendung der tatsächlichen Gräueltaten nicht fehlen. Keine Rede war davon, dass etwa 250 Menschen, darunter betagte Holocaust-Überlebende und Kleinkinder, ja sogar ein zehn Monate altes Baby, als Geiseln nach Gaza verschleppt worden waren.

Die islamischen Gruppierungen und Verbände in Deutschland sind fast ausnahmslos von ausländischen Regierungen und Stiftungen abhängig oder gehören zu großen internationalen Organisationen wie der Muslimbruderschaft. Einflüsse kommen unter anderem aus Iran, der Türkei und dem arabischen Golf. Der Hass gegen Israel ist dabei nicht selten Programm. Im Iran gehört das Bekenntnis zur Vernichtung des jüdischen Staates sogar zur Staatsdoktrin. Die schlecht kaschierte Israelfeindschaft vieler organisierter Muslime und der Hass auf Juden, der in Deutschland immer wieder öffentlich sichtbar wird, hat auch etwas mit solchen Einflussnahmen zu tun. Seitens der Politik und der Kirchen wurde dieses Problem jahrzehntelang verharmlost und Antisemitismus fast ausschließlich auf der Seite des deutschen Rechtsextremismus verortet. Jetzt half das Augenverschließen allerdings nicht mehr weiter.

Um ein Zeichen für den interreligiösen Zusammenhalt zu setzen, organisierte Nathanael Liminski, der Chef der Staatskanzlei in Nordrhein-Westfalen, wo die Zentralen der größten muslimischen Verbände ihren Sitz haben, gemeinsame Besuche von Muslimen und Juden in Moscheen und Synagogen. Zusätzlich bereitete er mit dem Bundesinnenministerium eine Erklärung vor, in der der terroristische Angriff der Hamas eindeutig verurteilt wurde. Elf muslimische Verbände konnten dazu bewogen werden, das Dokument zu unterzeichnen, das anschließend auf der Internetseite der Deutschen Islamkonferenz veröffentlicht wurde. Dass die Aktion weniger geglückt war als zunächst angenommen, zeigte sich daran, dass die Verbände die Erklärung mehrheitlich nicht auf ihren eigenen Webseiten publizierten. Vielmehr stellten sie Bekundungen ein, die deutlich von der ausgehandelten Verlautbarung der Islamkonferenz abwichen. So beginnt die Seite des Islamrats mit der Verurteilung eines Angriffs auf ein Krankenhaus in Gaza. Dieser wurde zunächst, unter Berufung auf Quellen der Hamas, Israel zur Last gelegt, doch Untersuchungen zeigten, dass es sich um eine Rakete der Hamas gehandelt haben muss. Der größte Teil des Textes des Islamrats bestand aus einer Beschwerde darüber, dass man zur Abgabe von Erklärungen genötigt worden war. Ausschweifend wurde darüber geklagt, dass Muslime wieder einmal an den Pranger gestellt würden, obwohl sie einen wichtigen Beitrag für Frieden und den gesellschaftlichen Zusammenhalt leisten würden. Auch DITIB-Funktionäre klagten, zu Verlautbarungen gedrängt worden zu sein. Die DITIB ist der größte islamische Verband in Deutschland und unterhält 1000 Moscheen. Sie ist eine Gründung der türkischen Religionsbehörde Diyanet und von dieser in personeller, finanzieller und theologischer Hinsicht abhängig. Der Diyanet-Vorsitzende Ali Erbas hatte Israel in der ersten Freitagspredigt nach dem Massaker als »rostigen Dolch im Körper der islamischen Geografie« bezeichnet und seitdem keinen Zweifel daran gelassen, dass er, wie sein Dienstherr Erdogan, die Hamas als Befreiungsbewegung verstand. Eine Distanzierung von Ali Erbas wird man von der deutschen DITIB allerdings auch deshalb nicht erwarten dürfen, weil Sympathiebekundungen mit Israel in der eigenen Community schlecht ankommen würden.

In vielen muslimischen Milieus in Deutschland ist die Stimmung nämlich eindeutig gegen Israel gerichtet. Das ist keine neue Erkenntnis, denn immer wieder fielen Moscheevorstände und Imame in der Vergangenheit mit israelfeindlichen Äußerungen auf, wurden von muslimischen Jugendorganisationen antisemitische Posts veröffentlicht und religiöse Autoritäten zitiert, die aus ihrem Antisemitismus keinen Hehl machten. Da sie sich außerdem strikt antiwestlich gaben, konnten sie einen Schulterschluss mit eher säkular ausgerichteten Israelfeinden vollziehen, die die israelfeindlichen Demonstrationen mitgestalteten. Auf Demonstrationen, die von diesen Gruppen initiiert wurden, standen Teilnehmer im typischem linksautonomem Outfit mit bunten Haaren und Piercings neben verschleierten Frauen und bärtigen Männern. Auch das Spektrum der Parolen war denkbar breit und reichte von »From the river to the sea, Palestine will be free«, mit dem die Auslöschung der Existenz Israels gefordert wird, weil die Umschreibung das gesamte Staatsgebiet umfasst, über »Yallah Intifada« zur Erinnerung an zwei gewaltsam verlaufene Aufstände in den palästinensischen Gebieten bis hin zu »Allahu akbar«, »Gott ist größer«.

»Allahu akbar« riefen auch die 3500 Demonstranten, die am 3. November streng geschlechtergetrennt durch Essen zogen. Sie trugen Plakate, auf denen ein islamischer Gottesstaat gefordert wurde, und schwarze Transparente, auf denen das muslimische Glaubensbekenntnis in weißen arabischen Lettern zu lesen war. Solche Banner kennen wir vom IS oder von anderen islamistischen Terrororganisationen. Höhepunkt der Veranstaltung war eine einstündige Rede des Islamisten Ahmad Tamim, der bereits am 22. Oktober in Berlin bei einem spektakulären öffentlichen Gebet muslimischer Männer am Alexanderplatz in Erscheinung getreten war. Öffentliche Gebete werden von radikalen Muslimen gern als Machtdemonstration in politischen Auseinandersetzungen genutzt, weil man sich bei Bedarf immer auf die Religionsfreiheit zurückziehen kann. Tamim gehört der Gruppe Generation Islam an, die ebenso wie zwei weitere Gruppierungen namens Realität Islam und Muslim interaktiv unter Muslimen aktiv für einen islamischen Staat werben. Nach Angaben des Verfassungsschutzes handelt es sich um Nachfolgeorganisationen der Bewegung Hizbut Tahrir, die 2013 wegen verfassungsfeindlicher Umtriebe mit einem Betätigungsverbot belegt wurde. Die drei Gruppierungen haben ihre Basis in Hamburg, Berlin und im Rhein-Main-Gebiet. Ihr wichtigstes Wirkungsfeld sind die sozialen Medien, in denen sie ihre Botschaften an eine mehrheitlich junge muslimische Bevölkerung richten und immer wieder Kampagnen starten, die sich an aktuellen Themen orientieren. Im Herbst 2023 instrumentalisierten sie den Nahostkonflikt, wobei sie keinen Zweifel daran ließen, dass es ihnen eigentlich um ein größeres Projekt geht. Ahmad Tamim schwor seine Zuhörer in Essen darauf ein, dass sich die Muslime gegen Israel und den Westen erheben, die Nationalstaaten auflösen und ein Kalifat errichten sollten, wie es von Gott gewollt sei. Die Menge dankte ihm mit lauten »Allahu akbar«-Rufen.

Nirgendwo wurde das Ausmaß des muslimischen Antisemitismus jedoch deutlicher als in Schulen und Jugendeinrichtungen. Anfang November 2023 ging ein Sprecher des Kinder- und Jugendhilfswerks Arche an die Presse, weil er von jungen Islamisten provoziert wurde. In der *Bild* wurden diese Jugendlichen mit den Worten: »Zuerst schneiden wir den Juden die Kehle durch, dann den Schwulen und zum Schluss den Christen« zitiert. Solche

Probleme mit islamistischer Radikalisierung unter Jugendlichen seien nicht neu, bekannte eine Mitarbeiterin der Arche im *Tagesspiegel*. Die Arche betreut 7000 Kinder und Jugendliche, von denen 60 bis 70 Prozent arabischer Herkunft sind, in 300 Einrichtungen. Viele von ihnen sind seit 2015 aus Syrien gekommen. Von Integration ist bei diesen jungen Menschen offenbar nichts zu merken. Auch der Vorsitzende des Deutschen Lehrerverbands berichtete über eine angespannte Situation in vielen Schulen. Besonders in arabischen Familien herrsche ein gefestigtes antisemitisches Weltbild. Israel und jüdische Menschen würden in den Familien sowie in den Medien ihrer Heimatländer als Feinde dargestellt, und die Kinder bewegten sich in einem antisemitischen und israelfeindlichen Mikrokosmos. Besser kann man die Existenz von parallelgesellschaftlichen Strukturen nicht in Worte fassen, doch Politik und Pädagogen scheinen hilflos. In Neukölln kam es zu einer gewalttätigen Auseinandersetzung zwischen einem »Allahu akbar« rufenden Schüler, der auf dem Schulhof die palästinensische Flagge geschwenkt hatte, und einem Lehrer, in Kreuzberg liefen Beratungshotlines heiß. Dass die Antidiskriminierungsbeauftragte des Bundes, Ferda Ataman, Berliner Verhältnisse angesichts solcher Missstände positiv hervorhebt, mutet wie ein schlechter Scherz an. Berlin habe ein Antidiskriminierungsgesetz und könne Antisemitismus daher besser bekämpfen als andere Bundesländer, die jetzt nachziehen müssten, sagte sie am 13. Oktober gegenüber der *Zeit*.

Die antisemitische Querfront

Muslime werden von woken Linken nicht nur zu Opfern eines angeblich omnipräsenten antimuslimischen Rassismus stilisiert, sie werden auch als Allianzpartner gegen einen vermeintlich rassistischen und imperialistischen Westen hofiert. Bei einigen dieser linken Gruppen handelt es sich um marxistische Aktivisten, die Israel sowohl als Überbleibsel eines europäischen Kolonialismus als auch als Bollwerk des Westens im arabisch-muslimischen Raum verurteilen. Dazu gehören die bereits bekannten Studis gegen rechte Hetze, das Netzwerk Migrantifa, Zora, Young Struggle und die diversen Palästina-Komitees. Eines von ihnen ist Palästina Spricht und postete am 7. Oktober »Wir sind überwältigt. Heute ist ein revolutionärer Tag, auf den man stolz sein kann.« Eine andere Gruppe, Samidoun, feierte das Massaker der Hamas mit dem Verteilen von Süßigkeiten an Passanten. Samidoun soll nach Angaben des Verfassungsschutzes von der Volksfront zur Befreiung Palästinas (PFLP) gegründet worden sein, die in der EU als Terrororganisation gelistet ist. In der Vergangenheit ließ die PFLP Flugzeuge entführen und Geiseln nehmen, um Gefangene freizupressen. Eine Reihe von Bombenanschlägen wird ihr außerdem zur Last gelegt. Samidoun ist in Deutschland wiederholt durch antisemitische Demonstrationen aufgefallen, auf denen »Tod den Juden« skandiert wurde. Ihre Mitglieder sollen nach Angaben des Verfassungsschutzes syrisch-palästinensische Flüchtlinge sein, die 2015 nach Deutschland kamen.

In einem Frankfurter Aufruf von Migrantifa, Studis gegen rechte Hetze und Palästina e.V. hieß es sei, der Hamas-Angriff sei »das erste Mal in der modernen Historie, dass Palästina sich in dem Ausmaß der neuesten Angriffe verteidigt, indem es die koloniale, militärische Infrastruktur Israels erfolgreich angreift«.[171] Die Demonstranten, die sich am 14.10.2023 in Frankfurt versammelten, skandierten sowohl »Allahu akbar« als auch »From the river to the sea, Palestine will be free«. Dieser letzte Slogan verdeutlicht die angestrebte Zukunftsvision eines judenfreien Staates auf dem Gebiet des heutigen Israels. Marx21 schrieb auf seiner Homepage: »Nachdem die rechtsextreme Regierung Israels in den vergangenen Monaten eine Welle der Gewalt gegen Palästinenser:innen organisierte, holte die Hamas zu einem unerwarteten Gegenschlag aus: Kämpfer:innen aus Gaza brachen in einer geheim vorbereiteten Operation aus dem seit 16 Jahren hermetisch abgeriegelten Küstenstreifen aus und griffen militärische, aber auch zivile Ziele auf israelischem Gebiet an.« Danach ging man umstandslos dazu über, Israel wegen des ausgerufenen Kriegszustandes und der militärischen Maßnahmen zur Bekämpfung der Hamas zu verurteilen.

In der Geschichte der Bundesrepublik haben sich linksradikale Organisationen und Bewegungen nicht nur auf die Seite der Palästinenser gestellt, sondern auch in extremer Weise antisemitische Gewalttaten verübt. Der erste bekannte Anschlag wurde von den Tupamaros Westberlin am 9. November 1969 durchgeführt. Sie deponierten eine Brandbombe im jüdischen Gemeindehaus in Berlin, wo eine Versammlung in Gedenken an die Pogromnacht 1938 stattfand. Die Bombe zündete glücklicherweise nicht. Die Gruppe wurde von Dieter Kunzelmann, einem ehemaligen Mitglied der Kommune 1, angeführt. Kunzelmann wollte gemeinsame Sache mit den Palästinensern um Jassir Arafats Fatah machen und schrieb in der linksradikalen Zeitung *Agit 883*: »Palästina ist für die BRD und für Europa das, was für die Amis Vietnam war«.[172] Von 1983 bis 1985 saß er für die Alternative Liste, eine Vorläuferorganisation der Grünen, im Berliner Abgeordnetenhaus. Ein Jahr nach dem Anschlagsversuch in Berlin, am 13. Februar 1970, wurde ein Brandanschlag auf ein jüdisches Altersheim in München verübt, bei dem sieben Menschen starben. Spätere Indizien und Aussagen wiesen auf die Tupamaros München als Täter. 1976 beteiligten sich deutsche Linksextremisten an der Entführung eines Air-France-Passagierflugzeugs durch ein Kommando der Volksfront für die Befreiung Palästinas und selektierten bei einer Landung in Entebbe anhand der Reisepässe Juden von Nichtjuden. Holocaustüberlebende gaben später an, dass sie sich an die Selektion an der Rampe von Auschwitz erinnert gefühlt hätten.

Für einige Irritationen sorgten Fridays for Future und ihre Frontfrau Greta Thunberg. Thunberg posierte nach dem Massaker der Hamas mit einem Schild, auf dem »I stand with Gaza« stand. Sie zeigte sich mit einem Stofftier in Form eines Kraken, dem antisemitischen Symbol einer angeblichen jüdischen Weltherrschaft, und skandierte auf einer Demonstration in Amsterdam die Parole »No climate justice on occupied land«. Mit den Worten, man müsse auf die Stimmen derjenigen hören, die unterdrückt seien und für Gerechtigkeit kämpften, übergab sie bei einer Kundgebung der Antisemitin Sara Rachdan das Mikrofon, die Netanjahu mit Hitler verglich und das Massaker der Hamas als gelungene Widerstandsaktion feierte. Zur Ehrenrettung der deutschen Sektion von Fridays for Future muss gesagt werden, dass sie sich von den antisemitischen Auftritten distanzierte.

Auch Black Lives Matter (BLM) demonstrierte seine antisemitische Seite. Die Sektion Chicago postete am 10. Oktober 2023 ein Bild, das stilisierte Hamas-Terroristen zeigte, die mit motorisierten Fallschirmen heranschwebten. Darunter stand »I stand with Palestine«. Schon in der Vergangenheit fielen BLM-Aktivisten durch antisemitische Äußerungen auf. Patrisse Cullors, die BLM im Jahr 2013 mitgründete, forderte Studenten im Jahr 2015 in einer Veranstaltung des Human Rights Programm der Harvard University auf, das »imperialistische Projekt, das sich Israel nennt« zu beenden. Im selben Jahr unterzeichnete sie zusammen mit dem Intellektuellen Cornel West sowie der Black-Power-Aktivistin Angela Davis das antisemitische Manifest *Black for Palestine*. Sie verlangten die Einstellung der amerikanischen Unterstützung für Israel und einen Boykott des Staates Israel und seiner Bewohner. In den folgenden Jahren kam es immer wieder zu eindeutigen Solidaritätsbekundungen mit radikalen Palästinensern, mit denen Bündnisse auf Grundlage einer *bewaffneten Intersektionalität* geschlossen wurden.[173] Bei BLM-Demonstrationen kam es zu antisemitischen Ausschreitungen, zu Zerstörungen jüdischer Geschäfte und Beschädigungen von Synagogen. 2019 wurde ein koscherer Supermarkt überfallen, wobei drei Personen getötet wurden. Israelische Juden werden als Vertreter eines Siedlerkolonialismus oder als verlängerter Arm eines US-Imperialismus beschimpft; amerikanische Juden gelten als Vertreter eines weißen Kapitalismus.

Schwarze Juden stehen, so Kai Funkschmidt von der Evangelischen Zentralstelle für Weltanschauungsfragen, zwischen den Stühlen. Eigentlich seien sie unerwünscht, obgleich viele von ihnen BLM unterstützen. Sobald sie Kritik am Antisemitismus äußern, nütze ihnen auch die Hautfarbe nichts mehr. Die schwarze Journalistin Nadine Batchelor-Hunt wurde als »white supremacist zionist whore« beschimpft, als sie einen antisemitischen Tweet kritisierte.[174]

Die Geschichte eines schwarzen Judenhasses, so Funkschmidt, sei jedoch weitaus älter als BLM. Dieser Hass geht nämlich auf die Idee, Juden seien weiß, zurück, die in den schwarzen Bürgerrechtsbewegungen und besonders in radikalen schwarzen Organisationen gepflegt wurde. Viele schwarze Aktivisten hatten Weiße zu ihren originären Feinden erklärt und damit auch Juden ins Visier genommen. Eine eigene religiöse Wurzel schwarzer Judenfeindschaft hatten Anhänger der Nation of Islam und der Black Hebrew Israelites konstruiert. Die Letztgenannten behaupteten, die wirklichen Nachfahren der alten israelitischen Stämme zu sein, doch die weißen aschkenasischen Juden hätten ihnen dieses Erbe gestohlen. Obwohl die Black Hebrew Israelites, anders als die militante Nation of Islam, als gewaltfrei gelten, erfolgte aus ihren Reihen 1991 ein Anschlag auf ein jüdisches Lebensmittelgeschäft, bei dem vier Juden ermordet wurden.

Black-Power-Aktivisten und antisemitische Vertreter von Black for Palestine waren teilweise fest an den Universitäten verankert. Cornel West bekleidete zum Zeitpunkt der Unterzeichnung des besagten Manifests eine Professur für Theologie und afroamerikanische Studien an der Princeton University und wechselte 2017 auf einen Lehrstuhl für Philosophie an der Harvard University. Angela Davis war Professorin für Feministische Studien an der University of California, Santa Cruz und 2013 Gastdozentin an der Goethe-Universität, wo das Cornelia Goethe Centrum eine Gastprofessur eingerichtet hatte, die Davis' Namen trägt. In Harvard organisieren Studenten jährlich eine Woche der israelischen Apartheid, und die

Studentenzeitung unterstützt die BDS-Bewegung. Nach dem Massaker vom 7. Oktober machten 30 studentische Organisationen Israel für die Gewalt in der Region verantwortlich. Die Gräueltaten der Hamas wurden nicht erwähnt. Die Universitätsleitung benötigte ganze drei Tage, um eine eigene Erklärung zu veröffentlichen. Die Langsamkeit war offenbar dem Umstand geschuldet, dass man es sich nicht mit den Studenten verderben wollte, mutmaßte Majid Sattar in der *Frankfurter Allgemeinen Zeitung* vom 5.11.2023. Anders als nach dem Mord an George Floyd oder Putins Überfall auf die Ukraine, wo sehr schnell und eindeutig reagiert wurde, gehe es jetzt um die Diskurshoheit auf dem Campus. Diese sei recht eindeutig: »Drinnen wird Postkolonialismus gelehrt, draußen wirft die BDS-Bewegung Israel Siedlerkolonialismus, Apartheid und Rechtsradikalismus vor.«[175] Ähnliches ließ sich auch an anderen amerikanischen Universitäten beobachten. Für jüdische Studenten sind die höheren Lehranstalten mittlerweile unsichere Orte geworden. Pöbeleien und Anfeindungen gehören zum Alltag, und in New York mussten sie sich sogar in einer Bibliothek verbarrikadieren.

Bezeichnenderweise sind es vor allem die Eliteuniversitäten, an denen Antisemiten stark sind. An diesen Universitäten war es woken Professoren und Studenten gelungen, die Deutungshoheit in den Geisteswissenschaften zu übernehmen und die intellektuelle Konkurrenz mundtot zu machen.[176] Hier hatte man die Etablierung postkolonialer Theorien jahrzehntelang gefördert, hier gehören Texte von Theoretikern wie Edward E. Said, der posthum eine fast religiöse Verehrung in woken Kreisen genießt, zum fächerübergreifenden Literaturkanon.[177] Said hatte die falsche Behauptung aufgestellt, Israel sei ein Apartheidstaat, und damit eine wirkmächtige Metapher geschaffen, die Eingang in unzählige Folgetexte hielt.[178] In postkolonialen Theorien wird Israel als Produkt kolonialer Herrschaft sowie als Bollwerk eines weißen Imperialismus in der arabischen Welt delegitimiert.[179] Die Eliminierung des jüdischen Staates wird daher als Akt antikolonialer und antiimperialistischer

Befreiung vom Joch westlicher Dominanz gerechtfertigt. Die laxe Haltung von Universitätsleitungen gegenüber offenem und gewaltbereitem Antisemitismus an amerikanischen Eliteuniversitäten führte im Dezember 2023 zu einer Anhörung im Kongress, bei der Elizabeth Magill, die Präsidentin der University of Pennsylvania, bekundete, dass Aufrufe zum Genozid an Juden nicht unbedingt gegen den Verhaltenskodex der Hochschule verstießen. Es komme auf den Kontext an. Ähnlich indifferent hatten sich auch die Präsidentinnen der Harvard University und des Massachusetts Institute of Technology gezeigt.

Am 8. November 2023 wurde eine Erklärung veröffentlicht, die mit *Philosophy for Palestine* betitelt war. Darin verurteilten 207 Wissenschaftler, darunter Judith Butler, Etienne Balibar und Angela Davis, ein angeblich stattfindendes Massaker Israels an der Bevölkerung Gazas. Von dem Massaker der Hamas war keine Rede, auch nicht von der kaltschnäuzigen Preisgabe der eigenen Bevölkerung, die in Kauf genommen wurde, um Israel in einen Krieg zu zwingen. Stattdessen schrieb man verharmlosend von einem *Angriff* der Hamas. Die Blockade dauere bereits 16 Jahre, heißt es, ohne darauf einzugehen, dass die Hamas Gaza zu einem Terrorcamp ausgebaut hat, und die Besetzung der palästinensischen Gebiete zöge sich bereits 56 Jahre hin. Dass die Zwei-Staaten-Lösung ebenso wie Friedensverhandlungen von palästinensischer Seite abgelehnt worden waren und Israel nach unzähligen Angriffen Sicherheitsinteressen geltend machen muss, interessierte die versammelten Philosophen nicht. Für sie liegt die Ursache des Konflikts schlicht in der Etablierung eines *ethnosuprematistischen* Staates. Von professionellen Denkern könne man erwarten, dass sie den Unterscheid zwischen Massaker, Pogrom, Krieg und Genozid kennen, schrieb daraufhin Tania Martini am 10.11.2023 in der *Tageszeitung*, um dann ernüchternd festzustellen: »Tun sie aber nicht. Oder wollen sie nicht.« Ihrer Schlussfolgerung, dass das Pamphlet eine Bankrotterklärung jener linken Denker sei, ist nichts hinzuzufügen.

Natürlich wurden auch deutsche Universitäten von dieser Entwicklung beeinflusst. Hier ist es ungleich schwieriger, eine antisemitische Universitätskultur zu etablieren, da die Erinnerung des Holocaust untrennbar mit der Verfasstheit der Bundesrepublik verwoben ist und die Akzeptanz des Existenzrechts Israels zur Staatsräson gehört – selbst wenn es Politikern in der Praxis immer wieder an Solidarität mit dem jüdischen Staat mangelt. BDS wurde vom Bundestag als antisemitisch verurteilt und darf an den Universitäten eigentlich weder Gegenstand der Lehre noch der Forschung oder studentischer Aktivitäten sein. Doch die Realität weicht auch in diesem Fall von der Norm ab. Bereits in den ersten Tagen nach dem Massaker versammelten sich Studenten, die lauthals »Befreit Palästina von der deutschen Schuld« skandierten. Was war damit gemeint? Ein entscheidendes Hindernis der postkolonialen Dämonisierung Israels war in Deutschland stets der Holocaust. Dass die Gründung Israels auch ein Ergebnis der Judenverfolgung in Europa war, konnte man noch ignorieren, doch die Ermordung von sechs Millionen Juden während der Nazi-Diktatur ließ sich einfach nicht verschweigen. Daher versuchten postkoloniale Theoretiker zunächst, den Holocaust zu relativieren und in eine Reihe kolonialer Leidensgeschichten zu stellen.[180] Wenn die Vernichtung der Juden durch den Nationalsozialismus nur ein Puzzlestück in einer größeren kolonialen Historie wäre, dann wäre das Schicksal der Juden nicht singulär. Es würde irgendwo auf einer Landkarte europäischer Kolonialverbrechen verschwinden und könnte nicht herangezogen werden, um die Gründung eines eigenen Staates zu rechtfertigen. Nur so wäre es möglich, die Gründung Israels nicht als einzige Konsequenz einer bis in die Gegenwart andauernden Vernichtungsdrohung zu verstehen, sondern als unrechtmäßige Ansiedlung auf von Arabern bewohntem Land. Gerade für Deutsche hat diese Verdrehung historischer Umstände eine entlastende Funktion. Man kann bequem die Seiten wechseln – von einer Position als Nachkomme von Tätern zu einer Position der Anklage gegen einen vermeintlichen Kolonialstaat. Gerade für postkoloniale Deutsche würde diese Drehung im Kern ein Moment ultimativer Reinwaschung beinhalten. Die Verstrickung mit der eigenen Geschichte ließe sich ein für alle Mal abschütteln, wenn die jüdischen Opfer der eigenen Groß- und Urgroßeltern heute nicht besser wären als jene. Wenn Israel einen Apartheidstaat errichtet hat, der schlimmer ist als die Apartheid in Südafrika, wie der Philosoph Achille Mbembe schreibt, wenn sein Militär einen *Genozid* an den Palästinensern verübt, dann relativiert sich auch der Begriff des Holocausts. Gerade für junge Deutsche, die sich gerne auf der Seite der Guten sehen würden, sind solche Thesen ungemein entlastend. Dabei nimmt man in Kauf, dass der Begriff des Genozids in den vergangenen Jahrzehnten immer unspezifischer wurde. Ihn auf die palästinensische Bevölkerung anzuwenden, ist genau betrachtet mehr als grotesk, da sich diese seit der Gründung Israels numerisch verzehnfacht hat.

Durch die Delegitimierung Israels als *weißem* Kolonialstaat sind universitäre woke Linke anschlussfähig an Islamisten von der Couleur einer Generation Islam, deren Frontmann Ahmad Tamim seine Rede in Essen explizit in einen antikolonialen und antiimperialistischen Kontext stellte. Dass auf dieser Grundlage eine neue Querfront aus Islamisten, Marxisten und postkolonialen Akademikern entsteht, ließ sich beispielsweise am 18. Oktober in Neukölln besichtigen. Es begann mit einem Flugblatt, dessen Zielgruppe bereits durch die Anrede »Assalam Aleykum Shababs« umrissen wurde. *Shabab* ist der arabische Begriff für Jugendliche, wird aber in der Geschichte des Islamismus auch für dschihadistische Jugendgruppen verwendet. Die wichtigste Terrororganisation Somalias heißt El-Shabab. Weiter im Text heißt es wörtlich in originaler Orthografie und Grammatik: »hier mit ist jetzt Schluss sie wollen uns zum schweigen bringen sie wollen uns töten sie wollen uns auslöschen lass uns auf die Straße gehen und denn zeigen nicht mit uns unsere Geschwister werden in Gaza massakriert bitte Teilen X Am 18.10 Pannierstraße, Berlin, Neukölln um 22 Uhr habt Steine Schlagstöcke usw habt Masken oder Verdeckt eure Gesichter wir werden morgen Neukölln zu Gaza machen zündet alles an BITTE WER ANGST HAT ODER NICHT ZU SEINE MUSLIMISCHEN GESCHWISTER STEHT SOLL ZUHAUSE BLEIBEN WIR BRAUCHEN MÄNNER.« Wie angekündigt, wurde gehandelt. Man legte Brände, Dutzende Polizisten wurden verletzt und mehr als 170 Personen vorübergehend festgenommen.

Viele Menschen in Deutschland waren von der Gewalt der Israelhasser schockiert. Nicht so die postkolonialen Wissenschaftler. In einem *Brief aus Berlin – kritische Wissenschaftler*innen an die deutsche Politik und Öffentlichkeit* echauffierten sie sich über »repressive Maßnahmen wie z. B. racial profiling, durch die ein gesamter Stadtteil kriminalisiert wird«. In vollkommener Verblendung und Ignoranz dafür, was der gewalttätige Mob für das Leben von Juden bedeutet, fuhren die Postkolonialen fort: »Eine derartige Eskalation seitens des Staates führt unter anderem dazu, dass jüdische Menschen sowie Jugendliche und Kinder im Kontext von Demonstrationen Polizeigewalt erfahren.« Eine Eskalation seitens des Staates? Die Gewalt ging von antisemitischen Aktivisten aus, und sie war genauso angekündigt. Der Staat in Gestalt der Polizei hatte die Aufgabe, die Bevölkerung zu schützen, die Gewalt einzudämmen und zu verhindern, dass Neukölln zu Gaza wird. Polizisten sind seit dem 7. Oktober überall in Deutschland im Einsatz, um jüdische Einrichtungen zu schützen und zu verhindern, dass Juden von Antisemiten wie den Organisatoren der Ausschreitungen in Neukölln angegriffen werden. Sie tun das mit einem hohen Risiko für die eigene körperliche Unversehrtheit, und sie verzichten dafür auf ihre Freizeit. Im Oktober meldete allein die Hamburger Polizei Hunderttausende von Überstunden. Dass Wissenschaftler angesichts dieser Situation von Polizeigewalt sprechen, zeigt, wes Geistes Kind sie sind. Die Behauptung, dass jüdische Menschen von Polizeigewalt betroffen gewesen seien, ist an Zynismus nicht mehr zu überbieten.

Einmal kurz nachgedacht, *kritische Wissenschaftler*innen*: Wer bedroht Juden in Deutschland? Die Polizei, die vor Synagogen und jüdischen Schulen steht und gewalttätige Antisemiten auf der Straße in Schach hält, oder die gewaltbereiten Antisemiten, die im Schutz der Demonstrationen Hakenkreuze auf Hauswände sprühen und antisemitische Hassparolen rufen? In Neukölln kommt es immer wieder zu Übergriffen auf Juden, und teilweise riet die Polizei Juden in der Vergangenheit, tunlichst zu verhindern, als Juden erkennbar zu sein. Erst im April 2023 war es zu einer antiisraelischen Demonstration in Neukölln gekommen, auf der »Tod, Tod, Tod Israel« und »Juden ins Gas« gerufen wurde. Dem jüdischen Rapper Ben Salomo legte man sogar ans Herz, den Stadtteil ganz zu meiden. Also noch einmal: Wer bedroht Juden in Neukölln? Die Polizei?

Doch vielleicht geht es den im *Brief aus Berlin* versammelten Wissenschaftlern auch gar nicht um Juden und ihren Schutz. Vielleicht bestehen vor allem Gemeinsamkeiten mit den antisemitischen Randalierern. Oder wie soll man im weiteren Verlauf den Text bewerten, in dem behauptet wird, dass »Expert*innen« die israelische Militäroperation als »genozidal eingeordnet« hätten? Interessant ist, wer den Brief unterzeichnet hat. In vielen Fällen ist die Liste deckungsgleich mit derjenigen, die im Frühjahr 2023 vom Leiter des Bayreuther Exzellenzclusters Africa Multiple herumgeschickt wurde, um mich und das Frankfurter Forschungszentrum Globaler Islam als rassistisch und islamfeindlich zu denunzieren. Selbstverständlich war Rüdiger Seesemann, der Leiter von Africa Multiple, der im Frühjahr die Mobbingkampagne gegen mich angeführt hatte, einer der Mitunterzeichner des Briefs. Andere waren bekannte und unbekannte Verfechter der postkolonialen Theorie.

Dass sich jüdische Studenten angesichts solcher Hochschullehrer auch an deutschen Universitäten nicht mehr sicher fühlen, lässt sich erahnen. In einigen Hochschulen sei es tatsächlich zu antiisraelischen und antisemitischen Vorfällen gekommen, beklagte Walter Rosenthal, der Vorsitzende der Hochschulrektorenkonferenz, und Constantin Ganß vom Jungen Forum der Deutsch-Israelischen Gesellschaft gab der Zeitung *Die Welt* gegenüber an, dass die Situation auf den Campi katastrophal sei, da israelfeindliche Äußerungen nicht nur von Studenten, sondern auch vom Lehrpersonal kämen. Vielerorts, so Noam Petri von der Jüdischen Studierendenunion, hätten sich woke und islamistische Studenten zu einer Allianz vereint, die durch die geteilte Gegnerschaft gegen den Westen zusammengehalten werde.[181] Wie so etwas aussehen kann, demonstrierten Studenten der Universität der Künste (UdK) am 13. November 2023 in Berlin. Sie entrollten Transparente, auf denen »Stop colonialism« und »Condemn genocide« stand. Ein primäres Objekt der Empörung war der Präsident der Hochschule, der eine Solidaritätserklärung für Israel abgegeben hatte. Als er versuchte, mit den Protestierenden zu sprechen, brüllten sie ihn nieder und warfen ihm Rassismus und Islamophobie vor. Die Studenten waren mit schwarzem Mundschutz maskiert und zeigten rote Handinnenflächen. Für jüdische Studenten, so Claudius Seidl in der *Frankfurter Allgemeinen Zeitung*, sei diese Symbolik eindeutig. Sie geht zurück auf einen Lynchmord an zwei Israelis in Ramallah, bei dem einer der Mörder der johlenden Menge aus dem Fenster eines Polizeipräsidiums heraus seine blutverschmierten Hände gezeigt hatte. Orchestriert sei die Veranstaltung, so Thomas Thiel, vom postkolonial gestimmten Kurator Tirdad Zolghadr, der durch eine Gastprofessur an der UdK bekannt war. Positiv unterstützt wurde sie von Natasha A. Kelly, die ebenfalls eine Gastprofessur innehatte. Kellys Geschäftsmodell ist der angeblich vorhandene strukturelle Rassismus der deutschen Gesellschaft, der ausschließlich die üblichen Opfergruppen betreffe. Rassismus gegen Weiße könne es ihrer Meinung nach per definitionem nicht geben, da Weiße immer von rassistischen Machtungleichheiten profitierten.[182]

Kultivierte Feindschaft

Dass die drastischsten Aktionen gegen Israel, die im universitären Umfeld bekannt wurden, an der Universität der Künste in Berlin stattfanden, ist vielleicht kein Zufall, wenn man bedenkt, dass die Kunst- und Kulturszene zu den härtesten Israelfeinden der Republik gehört. Ein Jahr nach Verabschiedung der Bundestagsresolution zur BDS-Bewegung, in der diese als antisemitisch verurteilt wurde, veröffentlichten die Leiter namhafter Kultur- und Wissenschaftseinrichtungen in Deutschland die Initiative GG 5.3. Weltoffenheit. Der Bundestagsbeschluss gefährde die Wissenschafts- und Kunstfreiheit, also Artikel 5.3 des Grundgesetzes, argumentierten sie. Man benötige streitbare und kontroverse Debatten. »Unsere besondere Aufmerksamkeit gilt dabei auch marginalisierten und ausgeblendeten Stimmen, die für kulturelle Vielfalt und kritische Perspektiven stehen. Der gemeinsame Kampf gegen Antisemitismus, Rassismus, Rechtsextremismus steht im Zentrum unserer Initiative«, heißt es in dem Papier. Bislang fielen Vertreter der postkolonialen Theorie sowie die selbsternannten Kämpfer gegen Rassismus nicht durch eine besondere Diskursbereitschaft, geschweige denn durch die Befürwortung kontroverser Debatten auf. Daher war anzunehmen, dass lediglich befürchtet wurde, *bestimmte* marginalisierte *Stimmen* nicht mehr hören zu können, wenn sie sich als antisemitisch entpuppen sollten. Und richtig, bereits im folgenden Absatz wurde auf den Autor Achille Mbembe Bezug genommen, der 2020 die Ruhrtriennale eröffnen sollte. Mbembe ist ein im Westen gefeierter afrikanischer Wissenschaftler, der aufgrund seiner Daueranklagen gegen den Westen einen Preisträgermarathon absolvierte. Jede Einrichtung wollte den smarten Vertreter des globalen Südens auszeichnen, der es verstand, einem so unnachgiebig die Leviten zu lesen. Doch 2020 wurden plötzlich Stimmen laut, die eine andere Seite des Philosophen in den Blick rückten. Er war nämlich nicht nur ein Ankläger des Westens, was man in den gehobenen Schichten des urban-gebildeten Bürgertums als Sinnbild eines vorzüglich gezähmten, weil selbst bürgerlich gewordenen Dissidententums goutierte. In mehreren Publikationen hatte er ein dämonisches Zerrbild des israelischen Staates gezeichnet. In einem Vorwort zu dem Sammelband *Apartheid Israel* aus dem Jahr 2015 schrieb er beispielsweise, die Besetzung der palästinensischen Gebiete »sei der größte moralische Skandal unserer Zeit« und eine der »am meisten entmenschlichten Torturen des Jahrhunderts, in das wir gerade eingetreten sind«. Ob Mbembe noch niemals vom syrischen oder jemenitischen Bürgerkrieg gehört habe, fragte Remko Lemhuis vom *American Jewish Comitee Berlin* daraufhin in der *Tageszeitung*. Doch Mbembe müsse gar nicht so weit gehen. Ein Blick nach Simbabwe, wo Präsident Mugabe jahrzehntelang grausam geherrscht habe, oder zur humanitären Katastrophe am Tschadsee oder in die von Boko Haram terrorisierten Gebiete Westafrikas würde bereits ausreichen, um diese Aussage ad absurdum zu führen. Mbembe sparte nicht mit moralischen Superlativen, um Israel der schlimmsten denkbaren Menschenrechtsverletzungen zu bezichtigen. Israel wolle »mit Gemetzel, Zerstörung und schrittweiser Ausrottung« der Palästinenser »den ganzen Weg gehen«, liest man in dem Vorwort. Als Täter der angeblich genozidalen Bestrebungen nennt er die Armee, die Polizei, die Siedler, die Piloten der Bombenangriffe, die Zeloten und die Kohorte der internationalen Pharisäer. Der Text endet mit der Feststellung, dass jetzt die Zeit für eine globale Isolation Israels gekommen sei.[183] Abgesehen davon, dass Mbembe durch die Verwendung der Begriffe *Zeloten* und *Pharisäer* klassische antijüdische Ressentiments bediente, offenbarte er sich in seinem Text als Anhänger der BDS-Bewegung. Es war nicht das einzige Mal, dass er sich derartig positionierte. Im selben Jahr hatte er eine Erklärung unterzeichnet, in der ein wissenschaftlicher Boykott Israels gefordert wurde, und 2018 erzwang er die Ausladung der israelischen Psychologin Shifra Sagy von einer Konferenz an der Universität Stellenbosch.

Angesichts solcher Befunde forderten Felix Klein, der Antisemitismusbeauftragte des Bundes, und der Abgeordnete Lorenz Deutsch, der für die FDP im nordrhein-westfälischen Landtag saß, die Eröffnung der Ruhrtriennale durch Mbembe zu überdenken. Dazu kam es jedoch nicht, da die gesamte Veranstaltung schließlich abgesagt wurde. Für das Thema des Kulturkampfs ist allerdings weder die Absage der Triennale noch der Vorschlag relevant, dass Mbembe die Eröffnungsrede halten sollte, die wiederum Kritik hervorrief. Es sind vielmehr die Reaktionen auf die Debatte, die uns zu denken geben müssen. Von Anbeginn formierte sich nämlich ein gewaltig anschwellender Protest der woken Kulturszene, die einen der wichtigsten Protagonisten ihrer Ideologie an den Pranger gestellt sah. Der Afrikahistoriker Andreas Eckert glaubte »Anzeichen einer Hexenjagd« zu erkennen, und eine internationale Gruppe von Künstlern und Intellektuellen forderte die Entlassung des Antisemitismusbeauftragten. Darunter waren Pioniere der postkolonialen Theorie wie Étienne Balibar und Gayatri Chakravorty Spivak, Ethnologen wie Arjun Appadurai und Peter Geschiere sowie der Herausgeber des *European Islamophobia Reports* Farid Hafez. 700 sich selbst als Intellektuelle, Denker, Wissenschaftler und Künstler aus Afrika bezeichnende Personen zogen nach und unterzeichneten eine ähnliche Petition, die sich an Angela Merkel richtete. Darin heißt es: »Wir verurteilen die lügnerischen Antisemitismus-Anschuldigungen rechtsextremer, fremdenfeindlicher und rechtskonservativer Gruppierungen in Deutschland gegen Professor Achille Mbembe.« Da war sie wieder, die reflexartige Denunziation von Kritik als rechtsextrem, die die gesamte postkoloniale Ideologie durchzieht.

Doch damit nicht genug, wurde die Petition zum großen Rundumschlag gegen Deutschland, dem man postkolonial lehrbuchhaft einen tief verwurzelten Rassismus unterstellte. Felix Klein habe sich der Förderung von Rassismus schuldig gemacht, heißt es, und »das Ansehen Afrikas zutiefst beschädigt«. Deshalb müsse er fristlos entlassen werden. Es könne keine echte Beziehung zwischen Afrika und Deutschland geben, solange ein Verhältnis aufrechterhalten werde, »das auf Rassismus, Lügen und Bevormundung« bestehe. Nach einigen Exkursen zum transatlantischen Sklavenhandel, dem deutschen Kolonialismus und der Forderung einer Rückgabe afrikanischer Kulturgüter, die sich in deutschen Museen befänden, wurde der Nationalsozialismus als eine Spielart des Kolonialismus bezeichnet. Mit dem Satz, Afrika sei »ein Kontinent der Gastfreundschaft, in dem Fremde willkommen geheißen, gepflegt und respektiert« würden, wurde das Ende des Briefes eingeleitet. Diesen Respekt verlange man auch von Deutschland, schloss man, und fordere daher »die Achtung und den Schutz« afrikanischer Künstler, Philosophen sowie aller afrikanischen Bürger »vor rassistischen Schikanen«. Patrick Bahners hat die Herkunft der unterzeichnenden Afrikaner in der *Frankfurter Allgemeinen Zeitung* genüsslich als mehrheitlich westlich identifiziert. Offenbar sollte signalisiert werden: »Wir alle sind Achille, wir alle sind afrikanische Intellektuelle«.

Die Causa Mbembe schlug hohe Wellen, weil sie in den Feuilletons kontrovers diskutiert wurde, doch letztendlich war sie nur eines von vielen Ereignissen, an denen sichtbar wurde, dass gerade diejenigen, die vorgaben, einen Kampf gegen Rassismus zu führen, sich in einem israelbezogenen Antisemitismus eingerichtet hatten, der in Deutschland die vorherrschende Form des Antisemitismus ist.[184] Im Jahr 2022 ereignete sich auf der Documenta 15 eine Fortsetzung der Debatte. Man hatte dem indonesischen Kunstkollektiv Ruangrupa die künstlerische Leitung übertragen, obwohl einige seiner Mitglieder nachweislich in der BDS-Bewegung aktiv waren. Warnungen wurden als rassistisch abgewehrt. Selbst der Umstand, dass keine israelischen Künstler eingeladen wurden, beunruhigte weder die Veranstaltungsleitung noch die Staatsministerin Claudia Roth, die als Beauftragte des Bundes für Kultur und Medien amtierte. Angela Dorn, wie Roth Mitglied der Grünen, die in Hessen als Ministerin für Wissenschaft und Kunst für die Documenta 15 verantwortlich war, sah ebenfalls keine Probleme. Als die Öffentlichkeit auf Kunstwerke aufmerksam gemacht wurde, die eine eindeutig antisemitische Bildsprache zeigten, versuchte man sich in Schadensbegrenzung und setzte eine Kommission ein, die mit der Aufarbeitung betraut wurde. Eine wirkliche Einsicht folgte vielerorts allerdings nicht. Manch einer hielt die Bestürzung über Darstellungen von

Juden mit Schweinskopf und langen Fangzähnen oder über eine Gleichsetzung der israelischen Armee mit der nationalsozialistischen Legion Condor für eine nicht ernst zu nehmende deutsche Befindlichkeit. Dass linke Studenten im Jahr 2023 ein Ende der deutschen Schuld forderten, liegt in solchen Verharmlosungen begründet. Zwei Mitglieder von Ruangrupa erhielten im Anschluss an die Documenta Verträge für Gastprofessuren an der Hochschule für bildende Künste in Hamburg. Im Herbst 2023 wurde bekannt, dass sie auf Instagram das Video einer die Hamas unterstützenden Demonstration mit *Likes* versehen hatten. Ein Schelm, der Böses dabei denkt.

Seit dem 7. Oktober scheint bei einigen, die Antisemitismus vorher ausschließlich als Problem von Rechtsextremisten verstanden hatten, Erschrecken eingesetzt zu haben. Die Soziologin Eva Illouz, die die *Initiative GG 5.3 Weltoffenheit* unterzeichnet hatte, gab sich vom Verhalten der Linken schockiert. Mörderischer Antisemitismus, schrieb sie in der Zeitschrift *Der Freitag*, sei nicht nur blitzschnell internationalisiert worden, sondern habe auch irrigerweise die Verkleidung eines Kampfes gegen den Kolonialismus angenommen. Die Bundesinnenministerin, die das Problem des Islamismus bei ihrem Amtsantritt so gering einschätzte, dass sie einen bestehenden Expertenkreis auflöste, erließ am 2. November 2023 ein Betätigungsverbot für Hamas und Samidoun. Erste Konsequenzen erfolgten auch auf der Deutschen Islamkonferenz, die eigentlich dem Thema des *muslimischen Antisemitismus* gewidmet sein sollte. Hektisch änderte man den Titel in *Sozialer Frieden und demokratischer Zusammenhalt: Bekämpfung von Antisemitismus und Muslimfeindlichkeit in Zeiten gesellschaftlicher Spaltung*. Zwei Podiumsdiskussionen sollten zudem Antisemitismus mit Muslimfeindlichkeit in Verbindung bringen. Die Referenten entstammten weitgehend dem üblichen islamo-linken Spektrum, doch als deutliches Zeichen waren keine Vertreter der großen muslimischen Verbände eingeladen. In einer Ansprache zu Beginn der Konferenz sprach Ministerin

Nancy Faeser für sie ungewohnt klare Worte in Richtung des deutschen Verbandsislams und rügte, dass man zwar nach außen bereit sei, deutsche Wünsche nach Abgrenzung von der Hamas zu erfüllen, nach innen aber eine andere Sprache spreche.

Ob diese Beispiele Hinweise auf eine mögliche Kehrtwende sind, ist allerdings nicht sicher, da sich die maßgeblichen Akteure der woken Linken entweder bereits in gewohnter Manier positioniert haben oder es vorgezogen haben, einstweilen zu schweigen, bis sich die Empörung wieder gelegt hat.

Ausblick

Es gibt Momente in der Geschichte, in denen offenkundig wird, dass Veränderungen bevorstehen. Das Volk beginnt zu murren, und im System der Macht zeigen sich Risse. Wenn politische Erzählungen ihre Überzeugungskraft verlieren, weil der schöne Schein bröckelt und das darunter Verborgene Furcht einflößt, kann es geschehen, dass auch den braven Bürger im häuslichen Biedermeier der Anflug des Rebellischen erfasst.

Es ist offenkundig, dass uns ein Weiter-so die Zukunft kosten kann. Die sozialen, kulturellen, bildungspolitischen und monetären Kosten der von woken Linken vorangetriebenen ungesteuerten Zuwanderung sind nicht mehr zu stemmen. Ämter, Schulen, Kitas und das Gesundheitssystem sind heillos überfordert, was auch diejenigen beunruhigt, die geneigt sind, den Beladenen allein aus christlicher Nächstenliebe Haus und Hof zu öffnen. Die Folgen sind eklatant. Noch nie habe es einen derartigen Rückgang der Bildungsergebnisse gegeben, meinte im Dezember 2023 der Leiter des Ifos-Zentrums für Bildungsökonomik, nachdem Deutschland in der *Pisa-Studie* ein sensationell schlechtes Ergebnis abgeliefert hatte. Für ein Land ohne Rohstoffe ist Bildung wohl die wichtigste Ressource. Bricht sie weg, sind Probleme abzusehen. Ohnehin steht es ökonomisch nicht zum Besten. Die deutsche Wirtschaft wird 2024 voraussichtlich schrumpfen, und viele Unternehmen zieht es ins Ausland, wo die Bürokratie weniger überbordend, die Energie günstiger und die Abgaben niedriger sind. Der Fachkräftemangel wird bei steigenden Transferleistungen, die das Arbeiten zunehmend unattraktiv machen, sowie bei fortdauernder Migration unqualifizierter, ja teilweise sogar analphabetischer Zuwanderer nicht behoben werden.

Wie hoch die sozialen Kosten nicht gelungener Integration sind, können wir seit dem 7. Oktober nicht mehr ausblenden. Auch viele Linke waren von der Kaltschnäuzigkeit schockiert, mit der Muslime, Migranten aus muslimischen Ländern und viele autochthone woke Akteure auf das furchtbare Massaker im Süden Israels reagierten. Dass wir ein Islamismus-Problem haben, wissen wir eigentlich seit dem 11. September 2001, doch trotz wiederholter Anschläge und Anschlagsversuche, der Auswanderungsbewegung junger Islamisten in den sogenannten *islamischen Staat* sowie verfestigter islamistischer Parallelgesellschaften war es woken Linken gelungen, das Thema nachhaltig zu tabuisieren.

Jetzt mögen viele nicht mehr hören, dass es die angeblich strukturell rassistische deutsche Gesellschaft sei, die bei Zuwanderern zu Radikalisierung führe. Sie sind es leid zu lesen, dass sie selbst schuld seien, wenn *Schutzsuchende* Weihnachtsmärkte bedrohen. Ihr Mitleid mit vermeintlich psychisch kranken Migranten kommt an eine Grenze, wenn diese Schulkinder massakrieren. Sie honorieren auch nicht, wenn Geflüchtete nach der Gruppenvergewaltigung an einer 15-Jährigen mit Bewährungsstrafen aus dem Gerichtssaal spazieren. Die Mehrheit der Menschen in Deutschland ist gerne bereit, sich für Bedürftige einzusetzen, aber sie möchte nicht an der Nase herumgeführt werden und sie schätzt es auch nicht, sich grundlos als Rassisten beschimpfen zu lassen. Sie möchte nicht zum Gendern oder zu anderen absurden Sprachspielen genötigt werden und sich auch nicht belehren lassen, welches Karnevalskostüm die örtliche Antirassismustrainerin für angemessen hält. Die Wissenschaften haben in Deutschland traditionell einen guten Ruf, aber viele fragen sich, ob Investitionen vielleicht eher in Bereichen getätigt werden sollten, die sich mit dringend benötigten Zukunftstechnologien befassen, als in Forschungsverbünden, deren Mitglieder sich primär als woke Aktivisten verstehen.

Seit ich begonnen habe, dieses Buch zu schreiben, ist vieles geschehen. Diskussionen über die deutsche Migrationspolitik haben begonnen, wenngleich woke Akteure dies noch immer mit aller Macht zu verhindern suchen. In mehreren Bundesländern wurde das Gendern trotz woker Proteste verboten, und die postkoloniale Ideologie hat ihren Zauber als Theorie der Gerechtigkeit zumindest ansatzweise eingebüßt. Das alles sind gute Ansätze. Woke Ideologien dürfen die Gesellschaft nicht länger spalten. Das Grundgesetz garantiert allen Bürgern dieses Landes die gleichen individuellen Rechte und die gleiche individuelle Würde. Das ist die Basis für ein gedeihliches Zusammenleben in einer pluralistischen Gesellschaft. Weder die Hautfarbe, die Weltauffassung, das Geschlecht, das Alter, die körperliche Verfassung noch die individuelle Lebensführung können ins Feld geführt werden, um kollektive Sonderrechte zu beanspruchen. Diese kann und darf es nicht geben. Ein Zurück in die Ständegesellschaft oder in neotribale Strukturen würde den inneren Zusammenhalt, der durch die woken Akteure bereits beschädigt wurde, vollends zerstören. Wir tun gut daran, uns zu erinnern, dass die Freiheitsrechte, unser Wohlstand und unser Sozialsystem erkämpft und erarbeitet worden sind. Es gibt keinen Grund, das Erreichte aufzugeben, weil woke Akteure Teilhabe als Übernahme definieren. Ein moralischer Kompass ist für das Navigieren in ungewissen Zeiten notwendig, Doppelmoral ist dies nicht. Wer Sklavenhalterregime legitimiert, die Vergewaltigung von Jüdinnen als Befreiungsaktion feiert oder einen antiweißen Rassismus propagiert, hat sich als ernstzunehmender Gesprächspartner disqualifiziert.

Bei solchen Anmaßungen und Unmenschlichkeiten darf man nicht schweigen, auch nicht, wenn woke Aktivisten erzählen, dass sich Kritik an sogenannten vulnerablen Gruppen verbietet oder dass sich Nichtmuslime kein Urteil über Muslime erlauben dürfen. Meinungs-, Kunst- und Wissenschaftsfreiheit sind die Grundlagen unserer Demokratie. Sie müssen entschlossen gegen jede Art von Einschränkung verteidigt werden. Niemand sollte in einer freien

Gesellschaft Angst haben müssen, seine Meinung zu äußern. Wenn die Freiheit erhalten bleiben soll, sind alle Bürger dieses Landes aufgerufen, Verantwortung zu übernehmen. Ein jeder kann an seinem Platz etwas dafür tun, dass unsere freie Gesellschaft nicht in den Sog des Totalitarismus gerät, sondern auch in Zukunft frei bleibt.

Danksagung an Freunde und Unterstützer

Die Idee für dieses Buch entstand während der Rufmordkampagne, der ich seit April 2023 ausgesetzt war und die ich hinsichtlich ihrer Vehemenz und der Niedertracht der beteiligten Akteure bis dahin nicht für möglich gehalten hätte. Kollegen, die mir bislang mit offenbar geheuchelter Freundlichkeit begegnet waren, verkündeten, sie hätten mich und das von mir geleitete Frankfurter Forschungszentrum Globaler Islam schon immer als problematisch erachtet. Im Chor mit Gleichgesinnten entwickelten sie eine wilde Freude, mich öffentlich als Rassistin und Rechtspopulistin abzukanzeln – ohne ein einziges substanzielles Argument für die Anschuldigungen vorzutragen. Als sie mich am Boden liegend wähnten, wollte jeder noch einmal kräftig nachtreten. Woke Medienvertreter griffen den Skandal begeistert auf und versuchten, sich gegenseitig bei der kollektiven Abwertung meiner Person zu übertrumpfen. Und schließlich wurden sogar Fachgesellschaften motiviert, bereits Gesagtes noch einmal zu wiederholen und mich als Schande für die Zunft zu präsentieren. Ich hatte den Eindruck einer zutiefst irrationalen und vollkommen enthemmten Hexenjagd, deren Mechanismus ich erst später verstand. Zunächst war ich nur maßlos enttäuscht und zutiefst erschüttert.

Unbeschadet konnte ich diese extrem belastende Situation nur durch die großartige Unterstützung von Menschen durchstehen, die an mich glaubten, mir Mut zusprachen und mir mit Rat und Tat zur Seite standen. Einige setzten buchstäblich Himmel und Hölle in Bewegung, um Zeichen zu setzen und mich wissen zu lassen, dass ich nicht allein bin. Ich möchte mich an dieser Stelle ganz herzlich bei allen bedanken, die Leserbriefe schrieben, sich an die Universität wandten oder auf einer Solidaritätsliste unterzeichneten. Ebenso bei denjenigen, die mich persönlich kontaktierten, um mir ihr Entsetzen über die infame Kampagne auszudrücken. Mein großer Dank gilt auch der Presse, die zum überwiegenden Teil fair und sachlich, teilweise sogar sehr engagiert berichtete, sowie zahlreichen Persönlichkeiten des öffentlichen Lebens, Kollegen und Studenten, die mich mit Solidaritätsnoten unterstützen.

Ganz besonders möchte ich einigen Weggefährten meinen herzlichen Dank aussprechen, die in ihrem Einsatz weit über alles hinausgingen, was ich je erhofft hätte. An erster Stelle erwähne ich meinen Mitarbeiter Oliver Bertrand, der mit mir zusammen kämpfte, wie ein Fels in der Brandung stand und sich niemals beirren ließ. Stets an meiner Seite waren meine lieben Freunde Albrecht Kochsiek, Marcus und Maresa Lübbering, die monatelang alles Erdenkliche unternahmen, um meiner Rufschädigung mit guten Argumenten an geeigneten Stellen entgegenzuwirken und unser Forschungszentrum zu retten. Mein geschätzter Kollege Christian Friedrich Majer von der Hochschule für öffentliche Verwaltung in Ludwigsburg stellte in einer unglaublichen Tag- und Nachtarbeit eine Unterschriftenliste zu meiner Unterstützung zusammen, auf der innerhalb kürzester Zeit fast 900 Wissenschaftler, Politiker, Autoren und Menschen anderer Professionen unterzeichneten. Mehr als 200 jüdische Stimmen sammelte die streitbare Aktivistin Malca Goldstein-Wolf, weil die Angriffe gegen mich und das Forschungszentrum auch aus antisemitischen Kreisen kamen. Last but not least möchte ich den Historiker Michael Wolffsohn nennen, der sich mit großer Entschlossenheit und stetem Optimismus für den Erhalt des Forschungszentrums engagierte.

Allen Genannten und auch den nicht namentlich Aufgeführten danke ich von ganzem Herzen. Sie haben mir Kraft gegeben, als alles aussichtslos erschien, sie waren das Licht in dunkler Nacht. Ich bin noch immer tief berührt, dass so viele Menschen Anteil genommen und dazu beigetragen haben, die schändlichen Angriffe abzuwehren. So etwas macht Mut und gibt Hoffnung. Die freie Gesellschaft ist nicht verloren, solange es Menschen gibt, die sie verteidigen.

Literatur

Ali, Ayaan Hirsi (2004): The caged virgin. An emancipation proclamation for women and Islam. New York: Free Press.

Ali, Ayaan Hirsi (2006): Mein Leben, meine Freiheit. Die Autobiographie. München: Piper.

Al-Khansaa-Brigade (2015): Women of the Islamic State. Übersetzt und kommentiert von Charlie Winter. London: Quilliam Foundation.

Amin, Samir (2001): Au-delà du capitalisme sénile. Pour un 21e siècle non-américain. Paris: Presses Universitaires de France.

Amin, Samir (1975): Die ungleiche Entwicklung. Essay über die Gesellschaftsformationen des peripheren Kapitalismus. Hamburg: Hoffmann und Campe.

Anders, Jan Philip (2021): Geschichte, Ideologie und Struktur der Israelboykottbewegung. Frankfurt: Frankfurter Forschungszentrum Globaler Islam, https://www.ffgi.net/files/pub/working-papers/FFGI-Working-Paper-01-BDS.pdf, abgerufen am 9.11.2023.

Ang, Juen Juen (2016): How China escaped the poverty trap. Ithaka, New York: Cornell University Press.

Aronson, Elliot (1994): Sozialpsychologie. Menschliches Verhalten und gesellschaftlicher Einfluss. Heidelberg: Spektrum Akademischer Verlag.

Aslan, Ednan (2018): Religiöse und ethnische Orientierungen von muslimischen Flüchtlingen in Graz. Wien: Institut für islamisch-theologische Studien.

Ates, Seyran (2009): Der Islam braucht eine sexuelle Revolution. Berlin: Ullstein.

Athey, Amber (2023): The snowflake revolt. How woke millenials hijacked American media. New York: Bombardier.

Atshan, Sa'ed (2020): Queer Palestine and the empire of critique. Stanford: Stanford University Press.

Attia, Iman (2009): Die »westliche Kultur« und ihr Anderes. Zur Dekonstruktion von Orientalismus und antimuslimischem Rassismus. Bielefeld: Transcript.

Avrich, Paul (1970): Kronstadt 1921. Princeton: Princeton University Press.

Aydemir, Fatma/Hengameh Yaghoobifarah, (2019): Eure Heimat ist unser Albtraum. Berlin: Ullstein.

Baberowski, Jörg (2003): Der rote Terror. Die Geschichte des Stalinismus. München: Deutsche Verlagsanstalt.

Bachofen, Johann Jakob (1861): Das Mutterrecht. Eine Untersuchung über die Gynaikokratie der alten Welt nach ihrer religiösen und weiblichen Natur. Basel: Krais und Hoffmann.

Badawi, Raif/Constantin Schreiber (2015): 1000 Peitschenhiebe. Weil ich sage, was ich denke. Berlin: Ullstein.

Balibar, Étienne/Immanuel Wallerstein (2014): Rasse, Klasse, Nation. Hamburg: Argument Verlag.

Berghahn, Sabine/Petra Rostock (2009): Der Stoff, aus dem Konflikte sind. Debatten um das Kopftuch in Deutschland, Österreich und der Schweiz. Bielefeld: Transcript.

Bernstein, David (2022): Woke anti-Semitism. How a progressive ideology harms Jews. New York: Post Hill Press.

Bhattacharya, Sangukta B. (2014): The role of the Indian diaspora in Africa. In: Beri, Ruchita, Hg.: India and Africa. Enhancing mutual engagement. Neu Delhi: Pentagon Press, S. 142–159.

Brecht-Drouart, Birte (2011): The influence of the national question and the revival of tradition on gender issues among Maranaos in the southern Philippines. Between re-traditionalization and Islamic resurgence. Frankfurt: Goethe-Universität (Dissertation).

Bredekamp, Horst (2000): Antikensehnsucht und Maschinenglauben. Die Geschichte der Kunstkammern und die Zukunft der Kunstgeschichte. Berlin: Wagenbach.

Buschkowski, Heinz (2012): Neukölln ist überall. Berlin: Ullstein.

Busse, Heribert (1988): Das arabisch-islamische Weltreich und seine Nachfolgestaaten. In: Steinbach, Udo/Rüdiger Robert, Hg.: Der Nahe und Mittlere Osten. Gesellschaft, Wirtschaft, Geschichte, Kultur. Wiesbaden: Verlag für Sozialwissenschaften, S. 81–95.

Butler, Judith (1991): Das Unbehagen der Geschlechter. Frankfurt am Main: Suhrkamp.

Conquest, Robert (1987): The harvest of sorrow. Soviet collectivization and the terror famine. Oxford: Oxford University Press.

Crapanzano, Vincent (1983): Tuhami. Portrait of a Moroccan. Chicago: Chicago University Press.

Crenshaw, Kimberlé (1989): Demarginalizing the intersection of race and sex. A black feminist critique of antidiscrimination doctrine, feminist theory and antiracist politics. In: University of Chicago Legal Forum 1989 (1): 138–167.

Czollek, Max (2018): Desintegriert euch! München: Hanser.

Daub, Adrian (2022): Cancel Culture. Wie eine moralische Panik die Welt erfasst. Berlin: Suhrkamp.

De Beauvoir, Simone (1994): Das andere Geschlecht. Sitte und Sexus der Frau. Hamburg: Rowohlt.

Deloria, Vine (1976): Nur Stämme werden überleben. Indianische Vorschläge für eine Radikalkur des wildgewordenen Westens. München: Trikont.

Deloria, Vine (1970): We talk, you listen. New Tribes, New Turf. Lincoln: University of Nebraska Press.

Demeulemeester, Thijs (2018): Wunderkammer. Eine Reise zu den exotischen Kuriositätensammlungen. München: Prestel.

DiAngelo, Robin (2020): Wir müssen über Rassismus sprechen. Was es bedeutet, in unserer Gesellschaft weiß zu sein. Hamburg: Hoffmann und Campe.

Dikötter, Frank (2014): Maos großer Hunger. Massenmord und Menschenexperiment in China (1958–1962). Stuttgart: Klett-Cotta.

Domainko, Annika et al., Hg. (2023): Canceln. Ein notwendiger Streit. München: Carl Hanser Verlag.

Elbe, Ingo (2022): Postkolonialismus und Antisemitismus. In: Center for Antisemitism and Racist Studies, Working Paper 6, https://katho-nrw.de/fileadmin/media/foschung_transfer/forschungsinstitute/CARS/CARS_WorkingPaper_2022_006_Elbe.pdf, abgerufen am 29.11.2023.

El-Mafaalani, Aladin (2018): Das Integrationsparadox. Warum gelungene Integration zu mehr Konflikten führt. Köln: Kiepenheuer und Witsch.

Engels, Friedrich (1845): Die Lage der arbeitenden Klassen in England. Leipzig: Otto Wigand.

Errington, Shelly (1990): Recasting sex, gender, and power. A theoretical and regional overview. In: Atkinson, Jane M. / Shelly Errington, Hg.: Power and difference. Gender in Island Southeast Asia. Stanford: Stanford University Press.

Feuerherdt, Alex/Florian Markl (2018): Vereinte Nationen gegen Israel. Wie Israel den jüdischen Staat delegitimiert. Berlin: Hentrich & Hentrich.

Flaig, Egon (2019): Was nottut. Plädoyer für einen aufgeklärten Konservatismus. Berlin: Manuskriptum.

Flaig, Egon (2009): Weltgeschichte der Sklaverei. München: Beck.

Frank, André Gunder (1975): Lateinamerika. Entwicklung der Unterentwicklung. Berlin: Wagenbach.

Frerk, Carsten (2020): Islamischer Lobbyismus. In: Forschungsgruppe Weltanschauungen in Deutschland. https://fowid.de/meldung/islamischer-lobbyismus, abgerufen am 25.11.2023.

Frisk, Sylva (2009): Submitting to God. Women and Islam in urban Malaysia. Kopenhagen. NIAS Press.

Funkschmidt, Kai (2020): Der Antisemitismus in der »Black Lives Matter«-Bewegung und seine Ursprünge. In: Materialdienst. Zeitschrift für Religions- und Weltanschauungsfragen 83 (5): 358–366.

Gehler, Michael et al., Hg. (2014): Imperien und Reiche in der Weltgeschichte. Epochenübergreifende und globalhistorische Vergleiche. Wiesbaden: Harrassowitz.

Göttner-Abendroth, Heide (1988–2000): Das Matriarchat. 3 Bände. Stuttgart: Kohlhammer.

Grosfoguel, Rámon/Eric Mielants (2006): The long-durée entanglement between Islamophobia and racism in the modern/colonial capitalist/patriarchal world system. In: Human Architecture 5 (1): 1–12.

Hall, Stuart (2018): Das verhängnisvolle Dreieck. Rasse, Ethnie, Nation. Berlin: Suhrkamp.

Haller, Michael (2017): Die »Flüchtlingskrise« in den Medien. Tagesaktueller Journalismus zwischen Meinung und Information. Frankfurt am Main: Otto-Brenner-Stiftung.

Heinisch, Heiko/Imet Mehmedi (2017): Die Rolle der Moschee im Integrationsprozess. Wien: Österreichischer Integrationsfonds.

Heisig, Kirsten (2010): Das Ende der Geduld. Konsequent gegen jugendliche Gewalttäter. Freiburg: Herder.

Heitmeyer, Wilhelm et al. (1997): Verlockender Fundamentalismus. Frankfurt am Main: Suhrkamp.

Helbling, Jürg (2015): Krieg und Allianz in tribalen Gesellschaften. Wie entstehen gewaltsame Konflikte zwischen Dörfern? In: Soziopolis. Gesellschaft beobachten. https://www.ssoar.info/ssoar/bitstream/handle/document/82365/ssoar-sopolis-2015-helbling-Krieg_und_Allianz_in_tribalen.pdf?sequence=1&isAllowed=y&lnkname=ssoar-sopolis-2015-helbling-Krieg_und_Allianz_in_tribalen.pdf, abgerufen am 30.10.2023.

Hoffmann, Christian Pieter (2023): Einseitigkeit oder Perspektivenvielfalt im Journalismus? Media Bias – Ursachen, Wirkung und Herausforderungen. Berlin: Konrad-Adenauer-Stiftung.

Hoppe, Katharina et al. (2018): Worüber wir reden, wenn wir mit jemandem nicht reden wollen. Zum Spannungsverhältnis von Rassismuskritik und Meinungsfreiheit an der Universität. In: Movements Journal for Critical Migration and Border Regime Studies 4 (1); https://movements-journal.org/issues/06.wissen/10.hoppe,klingenberg,thompson,trautmann,vorbrugg--worueber-wir-reden-wenn-wir-mit-jemandem-nicht-reden-wollen-zum-spannungsverhaeltnis-von-rassismuskritik-und-meinungsfreiheit-an-der-universitaet.html, abgerufen am 22.7.2023.

Houellebecq, Michel (2019): Unterwerfung. Köln: DuMont.

Jeromin, Ulrich (1966): Die Überseechinesen. Ihre Bedeutung für die wirtschaftliche Entwicklung Südostasiens. Stuttgart: Fischer.

Kelek, Necla (2005): Die fremde Braut. Ein Bericht aus dem Inneren des türkischen Lebens in Deutschland. Köln: Kiepenheuer und Witsch.

Kelly, Natasha A. (2021): Rassismus. Strukturelle Probleme brauchen strukturelle Lösungen. Zürich: Artium.

Kepel, Gilles (2016): Terror in Frankreich. Der neue Dschihad in Europa. München: Kunstmann.

Khan, Sher Banu A. L. (2010): The sultanahs of Aceh (1641–99). In: Graf, Arndt et al.: Aceh. History, politics and culture. Singapur: Institute of Southeast Asian Studies, S. 3–25.

Lutz, Helma/Meltem Kucalatan (2016): Wendepunkt nach Köln? Zur Debatte über Kultur, Sexismus und Männlichkeitskonstruktionen. In: UniReport 3/2016, S. 2.

Kendi, Ibram X. (2020): How to be an antiracist? Bonn: Bundeszentrale für politische Bildung.

Kohl, Karl-Heinz (2000): Ethnologie – die Wissenschaft vom kulturell Fremden. Eine Einführung. München: Beck.

Koopmans, Ruud (2014): Religious fundamentalism and outgroup-hostility among Muslims and Christians in Western Europe. Berlin: Wissenschaftszentrum.

Krüger, Uwe (2013): Meinungsmacht. Der Einfluss der Eliten auf Leitmedien und Alpha-Journalisten. Eine kritische Netzwerkanalyse. Köln: Halem.

Leese, Daniel (2016): Die chinesische Kulturrevolution. München: Beck.

Lenz, Ilse/Ute Luig, Hg. (1990): Frauenmacht ohne Herrschaft. Geschlechterverhältnisse in nichtpatriarchalischen Gesellschaften. Berlin: Orlanda.

Loftsdóttir, Kristín et al., Hg. (2023): Creating Europe from the margins. Mobilities and racism in postcolonial Europe. New York: Routledge.

Lydall, Jean/Ivo Strecker (1979): The Hamar of southern Ethiopia. Baldambe explains. Göttingen: Klaus Renner.

Maser, Nadine/Sighard Neckel (2023): Awareness. Paradoxien eines Emotionsprogramms. In: Leviathan. Berliner Zeitschrift für Sozialwissenschaft 51(2): 300–324.

Marddent, Amporn (2016): Gender piety of Muslim women in Thailand. Frankfurt am Main: Goethe-Universität (Dissertation).

Mauriès, Patrick (2011): Das Kuriositätenkabinett. Die Geschichte einer Faszination. Köln: DuMont.

Mbembe, Achille (2020): Postkolonie. Zur politischen Vorstellungskraft im gegenwärtigen Afrika. Wien: Turia & Kant.

Mbembe, Achille (1919): Nekropolitics. Durham: Duke University Press.

Mbembe, Achille (2015): On Palestine. Vorwort. In: Jacobs, Sean et al. (2015): Apartheid Israel. The politics of an analogy. Chicago: Haymarket Books.

McWhorter, John (2021): Die Erwählten. Wie der neue Antirassismus die Gesellschaft spaltet. Hamburg: Hoffmann und Campe.

Münkler, Herfried (2005): Imperien. Die Logik der Weltherrschaft – vom Alten Rom bis zu den Vereinigten Staaten. Berlin: Rowohlt.

Mernissi, Fatima (1991): Die Sultanin. Die Macht der Frauen in der Welt des Islam. Frankfurt am Main: Luchterhand.

Mohanty, Chandra T. et al., Hg. (1991): Third world women and the politics of feminism. Bloomington: Indiana University Press.

Morrison, Toni (1971): What the black women think about women's lib. In: New York Times vom 22.8.1971.

Müller, Dominik (2014): Islam, politics and youth in Malaysia. The pop-Islamist reinvention of PAS. London: Routledge.

N'Diaye, Tidiane (2010): Der verschleierte Völkermord. Die Geschichte des muslimischen Sklavenhandels. Reinbek bei Hamburg: Rowohlt.

Nisa, Eva Fahrun (2011): Embodying the true Islam. Face-veiled women in contemporary Indonesia. Canberra: Australian National University.

Ogette, Tupoka (2017): Exit Racism. Rassismuskritisch denken lernen. Münster: Unrast.

Orwell, George (2021): 1984. Hamburg: Nikol.

Osterloh, Margit et al. (2023): How to explain the leaky pipeline? Zürich: ETH Zürich.

Parsons, Talcott (1964): Essays in sociological theory. Revised edition. New York: The Free Press.

Pfister, René (2022): Ein falsches Wort. Wie eine linke Ideologie aus Amerika unsere Meinungsfreiheit bedroht. Hamburg: DVA.

Pinker, Steven (2011): Eine neue Geschichte der Menschheit. Frankfurt am Main: Fischer.

Pinn, Irmgard/Marlies Wehner (1995): EuroPhantasien. Die islamische Frau aus westlicher Sicht. Duisburg: Duisburger Institut für Sprach- und Kulturforschung.

Priester, Karin (2002): Mary Wollstonecraft. Ein Leben für Frauenrechte. München: Langen-Müller.

Pusch, Luise (1984): Das Deutsche als Männersprache. Frankfurt am Main: Suhrkamp.

Pusch, Luise/Senta Trömel-Plötz (1980): Sprache, Geschlecht und Macht. Wiesbaden: Vieweg.

Quijano, Aníbal (2016): Kolonialität der Macht. Eurozentrismus und Lateinamerika. Wien: Turia & Kant.

Rodes, Carl (2021): Woke capitalism. How corporate morality is sabotaging democracy. Bristol: Bristol University Press.

Rothberg, Michael (2009): Multidirectional memory. Stanford: Stanford University Press.

Roy, Olivier (2017): »Ihr liebt das Leben, wir lieben den Tod.« Der Dschihad und die Wurzeln des Terrors. München: Siedler.

Roy, Olivier (2017): Heilige Einfalt. Über die politischen Gefahren entwurzelter Religionen. München: Siedler.

Sahlins, Marshall/David Graeber (2017): Über Könige. Versuche einer Archäologie der Souveränität. Berlin: Wagenbach.

Said, Edward W. (1979b): The question of Palestine. New York: Vintage Books.

Said, Edward W. (1979b): Zionism from the standpoint of its victims. In: Social Text 1: 7–58.

Said, Edward W. (1978): Orientalism. New York: Pantheon Books.

Sarhan, Aladdin (2023): Theologie der Barbarei. Die jihadistische Doktrin des Abu Abdalla al-Muhagir. Münster: Deutsche Hochschule der Polizei.

Sarr, Felwine/Bénédicte Savoy (2020): Zurückgeben. Über die Restitution afrikanischer Kulturgüter. Bonn: Bundeszentrale für politische Bildung.

Schatz, Roland, Hg. (2022): Bericht zur Lage der Informationsqualität in Deutschland. Analysen und Vorschläge für die Zeit nach Corona. http://de.mediatenor.com/images/Weissbuch_Web_Auszug.pdf, abgerufen am 27.11.2023.

Schielke, Samuli (2018): Es geht nicht um Hass. https://magazin.zenith.me/de/gesellschaft/sexuelle-gewalt-susanne-schröter-silvesternacht-ägypten, abgerufen am 15.9.2023.

Schiffauer, Werner (1982): Die Gewalt der Ehre. Frankfurt am Main: Suhrkamp.

Schiffauer, Werner (1987): Die Bauern von Subay. Stuttgart: Klett-Cotta.

Schiffauer, Werner (1991): Die Migranten aus Subay. Türken in Deutschland. Eine Ethnographie. Stuttgart: Klett-Cotta.

Schlögel, Karl (2008): Terror und Traum, Moskau 1937. München: Hanser Verlag.

Schreiber, Constantin (2017): Inside Islam. Was in deutschen Moscheen gepredigt wird. Berlin: Econ.

Schreiber, Constantin (2019): Kinder des Koran. Was muslimische Schüler lernen. Berlin: Econ.

Schreiber, Constantin (2021): Die Kandidatin. Hamburg: Hoffmann und Campe.

Schreiber, Constantin (2023): Glück im Unglück. Warum ich trotz schlechter Nachrichten optimistisch bleibe. Hamburg: Hoffmann und Campe.

Schröder, Hannelore (1990): Die Frau ist frei geboren. Texte zur Frauenemanzipation 1789 – 1870. München: Beck.

Schröder, Martin (2023): Wann sind Frauen wirklich zufrieden? Überraschende Erkenntnisse zu Frauen, Partnerschaft, Karriere, Kindern, Haushalt – auf der Basis von über 700.000 Befragungen. München: Bertelsmann.

Schröter, Susanne (2022): Global gescheitert? Der Westen zwischen Anmaßung und Selbsthass. Freiburg: Herder.

Schröter, Susanne (2021): Allahs Karawane. Reise durch das islamische Multiversum. München: Beck.

Schröter, Susanne (2019): Politischer Islam. Stresstest für Deutschland. Gütersloh: Gütersloher Verlagshaus.

Schröter, Susanne (2017a): Gender Clash in der Einwanderungsgesellschaft? Debatten um Rassismus, Sexismus und Kultur mach den Ereignissen der Silvesternacht 2015/16. In: Schröter, Susanne, Hg.: Normenkonflikte in pluralistischen Gesellschaften. Frankfurt am Main: Campus, S. 133–172.

Schröter, Susanne (2017b): Islamic feminism. National and transnational dimensions. In: Cesari, Jocelyne, Hg.: Islam, gender and democracy. Oxford: Oxford University Press, S. 115–138.

Schröter, Susanne (2016): Gott näher als der eigenen Halsschlagader. Fromme Muslime in Deutschland. Frankfurt am Main: Campus.

Schröter, Susanne (2014a): Between sastra wangi and perda sharia. Debates over gendered citizenship in post-authoritarian Indonesia. In: Kathryn Robinson, Birgit Bräuchler, Schröter, Susanne, Hg. (2014): Review of Indonesian and Malaysian Affairs (RIMA) 48 (1), Special Issue: Modes of belonging. Citizenship, identity and difference in Indonesia, S. 67–94.

Schröter, Susanne (2014b): Progressive and conservative women's movements in Indonesia. In: Derichs, Claudia, Hg.: Women's movements and counter movements. The quest for gender equality in Southeast Asia and the Middle East. Cambridge: Cambridge Scholars Publishers, S. 79–106.

Schröter, Susanne (2013a): Gender and Islam in Southeast Asia. An overview. In: Schröter, Susanne, Hg.: Gender and Islam in Southeast Asia. Negotiating women's rights, Islamic piety and sexual orders. Leiden: Brill, S. 7–54.

Schröter, Susanne (2013b): Herausbildungen moderner Geschlechterordnungen in der islamischen Welt. In: Fahrmeir, Andreas/Annette Warner, Hg.: Die Vielfalt normativer Ordnungen. Konflikte und Dynamik in historischer und ethnologischer Perspektive. Frankfurt am Main: Campus, S. 275–306.

Schröter, Susanne (2009a): Feministische Re-Interpretationen des Qur'an und der Sunna. In: Lanwerd, Susanne/Márcia Moser, Hg.: Frau – Gender – Queer. Gendertheoretische Ansätze in der Religionswissenschaft. Würzburg: Königshausen und Neumann, S. 46–54.

Schröter, Susanne (2009b): Islamismus als postkolonialer Diskurs. In: Reuter, Julia/Paula-Irene Villa, Hg.: Postkoloniale Soziologie. Empirische Befunde, theoretische Anschlüsse, wissenschaftliche Reflexionen. Bielefeld: Transcript, S.137–158.

Schröter, Susanne (2008a): Die Debatte um religiösen Pluralismus in Indonesien. In: Schulze, Fritz/Holger Warnk, Hg.: Religion und Identität: Muslime und Nicht-Muslime in Südostasien. Wiesbaden: Harrassowitz, S.1–22.

Schröter, Susanne (2008b): Female leadership in Islamic societies, past and present. In. Hellmann-Rajanayagam, Dagmar/Andrea Fleschenberg, Hg.: Godesses, heroes, sacrifices. Female power in Asian politics. Southeast Asian Modernities. Berlin: Lit, S. 52–73.

Schröter, Susanne (2007a): Fundamentalismen und religiös motivierte Gewalt in Indonesien. In: Kolnberger, Thomas, Hg.: Terrorismus und Fundamentalismus – Herausforderung der modernen Welt. Wien: Magnus-Essen, S. 142–167.

Schröter, Susanne (2007b): Re-Islamisierungsprozesse in Südostasien. In: Orient 4: 17–30.

Schröter, Susanne (2006a): Politisierung von Religion und Sakralisierung von Politik. Lokale und nationale Konflikte zwischen Moslems und Christen in Indonesien. In: Oevermann, Ulrich/Manuel Franzmann, Hg.: Religiosität in der säkularisierten Welt. Theoretische und empirische Beiträge zur Säkularisierungsdebatte in der Religionssoziologie. Wiesbaden: Verlag für Sozialwissenschaften, S. 357–374.

Schröter, Susanne (2006b): Zwischen traditionellem Matrizentrismus, Feminismus und Islamismus: Geschlechterbeziehungen im islamischen Südostasien. In: Wawra, Daniela, Hg.: Genderforschung multidisziplinär. Frankfurt am Main: Peter Lang Verlag, S. 149–178.

Schröter, Susanne (2003): Religiöse Mobilisierungen in Indonesien. In: ASIEN 89: 26–46.

Schröter, Susanne (2002): FeMale. Grenzverläufe zwischen den Geschlechtern. Frankfurt am Main: Fischer.

Schwarzer, Alice, Hg. (2016): Der Schock. Die Silvesternacht von Köln. Köln: Kiepenheuer und Witsch.

Schwarzer, Alice, Hg. (2010): Die große Verschleierung. Für Integration, gegen Islamismus. Köln: Kiepenheuer und Witsch.

Schwarzer, Alice, Hg. (2002): Die Gotteskrieger und die falsche Toleranz. Köln: Kiepenheuer und Witsch.

Schwarzer, Alice/Chantal Louis (2022): Transsexualität. Was ist eine Frau? Was ist ein Mann? Eine Streitschrift. Köln: Kiepenheuer und Witsch.

Schwarz-Friesel, Monika (2020): Israelbezogener Antisemitismus und der lange Atem des Anti-Judaismus – von »Brunnenvergiftern, Kindermördern, Landräubern«. In: Institut für Demokratie und Zivilgesellschaft, Hg.: Wissen schafft Demokratie. Schwerpunkt Antisemitismus. Jena: Institut für Demokratie und Zivilgesellschaft, S. 42–57.

Senghaas, Dieter, Hg. (1974): Peripherer Kapitalismus. Analysen über Abhängigkeit und Unterentwicklung. Frankfurt am Main: Suhrkamp.

Senghaas, Dieter, Hg. (1972): Imperialismus und strukturelle Gewalt. Frankfurt am Main: Suhrkamp.

Shooman, Yasemin (2014): »… weil ihre Kultur so ist«. Narrative des antimuslimischen Rassismus. Bielefeld: Transcript.

Stiftung SPI, Mobiles Beratungsteam »Ostkreuz« für Demokratieentwicklung, Menschenrechte und Integration (2012): Vorurteilsbezogene Konflikte und vorurteilsbezogene Gewalt an Berliner Schulen, http://mbt-berlin.de/mbt/publikationen/Broschueren/4-Schulanalyse.pdf, abgerufen am 21.1.2018.

Stock, Kathleen (2021): Material girls. Why reality matters for feminism. Winnipeg: Fleet.

Stosberg, Tim (2022): »Once victims themselves«. Edward Saids »Orientalism« als Wegbereiter des postkolonialen Antisemitismus. In: Elbe, Ingo et al., Hg.: Probleme des Antirassismus. Postkoloniale Studien, Critical Whiteness und Intersektionalitätsforschung in der Kritik. Berlin: Edition Tiamat.

Tepecik, Ebru (2010): Bildungserfolge mit Migrationshintergrund. Biographien bildungserfolgreicher MigrantInnen türkischer Herkunft. Wiesbaden: Springer.

Tibi, Bassam (2009): Islam's predicament with modernity. Religious reform and cultural change. London: Routledge.

Tibia, Bassam (2002): Islamische Zuwanderung. Die gescheiterte Integration. Stuttgart: DVA.

Tibi. Bassam (1994): Im Schatten Allahs. Der Islam und die Menschenrechte. München: Piper.

Toprak, Ahmet (2019): Muslimisch, männlich, desintegriert. Was bei der Erziehung muslimischer Jungen schiefgeht. Berlin: Econ.

Toprak, Ahmet (2012): Unsere Ehre ist uns heilig. Muslimische Familien in Deutschland. Freiburg: Herder.

Treibel, Annette (2015): Integriert euch! Plädoyer für ein selbstbewusstes Einwanderungsland. Frankfurt am Main: Campus.

Trinh, T. Minh-ha (1989): Women, native, other. Writing postcoloniality and feminism. Bloomington: Indiana University Press.

Yen, Ching-hwang (2013): Ethnic Chinese business in Asia. History, culture, and busines enterprise. Singapur: World Scientific Publishing.

Wagner, Joachim (2018). Die Macht der Moschee. Scheitert die Integration am Islam? Freiburg: Herder.

Walla, Harsha (2021): Border and rule. Global migration, capitalism, and the rise of racist nationalism. Chicago: Haymarket Press.

Wallerstein, Immanuel (2004): World systems analysis. Durham: Duke University Press.

Wallerstein, Immanuel (1974): The modern world system. Capitalist agriculture and the origins of the European world-economy in the sixteenth century. New York: Academic Press.

Wheathers, May Ann (1970): An argument for black women's liberation as a revolutionary force. In: Stambler, Sookie, Hg.: Women's liberation blueprint for the future. New York: Ace Books, S. 161–165.

Wongsurawat, Wasana (2016): Beyond the Jews of the orient. A new interpretation oft he problematic relationship between the state and the ethnic Chinese community. In: Positions. Asia Critique 24 (2): 555–582.

Zick, Andreas et al. (2023): Die distanzierte Mitte. Rechtsextreme und demokratiegefährdende Einstellungen in Deutschland 2022/2023. Bonn: Dietz.

Anmerkungen

1 Vgl. Errington 1990.

2 Vgl. Schröter 2021: 119–141.

3 Vgl. Marddent 2016.

4 Vgl. Müller 2014.

5 Vgl. Brecht-Drouart 2011.

6 Für Malaysia vgl. u. a. Frisk 2009, für Indonesien Nisa 2011.

7 Vgl. Schröter 2006b, 2013a und b, 2014a und b, 2019.

8 Vgl. Schröter 2003, 2006a, 2007a und b, 2008a.

9 Vgl. Schröter 2008b, 2009a, 2017b.

10 Vgl. Al-Khanssaa-Brigade 2015.

11 Vgl. Roy 2010; 2017.

12 Vgl. Kepel 2016.

13 Zur Anschlussfähigkeit von Salafismus und Orthodoxie vgl. Sarhan 2023.

14 Vgl. Schröter 2013b.

15 Vgl. Schröter 2009b.

16 Vgl. Schröter 2016.

17 Vgl. Tibi 1994, 2002, 2009.

18 https://www.bpb.de/shop/zeitschriften/apuz/312832/vor-dem-5-september/, abgerufen am 22.7.2023.

19 Lutz/Kucalatan 2016: 2.

20 Ich habe die Ereignisse und die darauf folgende Debatte in einem längeren wissenschaftlichen Aufsatz behandelt. Siehe Schröter 2017a.

21 Vgl. Schielke 2018.

22 Vgl. Hoppe et al. 2018.

23 https://www.faz.net/aktuell/rhein-main/frankfurt/kritik-an-migrationskonferenz-in-frankfurt-mit-palmer-und-mansour-18821032.html, abgerufen am 6.6.2023.

24 https://aktuelles.uni-frankfurt.de/mitteilungen-des-praesidiums/stellungnahme-des-praesidiums-zur-einordnung-studentischer-veranstaltungen/, abgerufen am 7.6.2023.

25 https://www.uni-frankfurt.de/136463135.pdf, abgerufen am 30.4.2023.

26 https://www.facebook.com/Fachschaft.Ethnologie.Frankfurt/, abgerufen am 2.7.2023.

27 https://www.facebook.com/photo?fbid=757540403038751&set=a.538320708294056, abgerufen am 10.6.2023.

28 https://www.journal-frankfurt.de/journal_news/Politik-10/Migrations-Konferenz-Weisse-wollen-oft-bestimmen-was-Rassismus-ist-und-was-nicht-40768.html, abgerufen am 19.6.2023.

29 https://easaonline.org/publications/support/rcgiconference, abgerufen am 1.7.2023.

30 Vgl. Flaig 2009.

31 https://www.connections.clio-online.net/publicationreview/id/reb-13299?fbclid=IwAR3LZ-RfDBjMDkhZas02jNpQLOxZ4MuB0R1XIjL4W9aNjTVSL3_Xr4vPn-w, abgerufen am 2.8.2023.

32 Vgl. Flaig 2019: 12.

33 https://www.leuphana.de/universitaet/aktuell/ansicht/2020/12/03/liberalitaet-gleichbehandlung-respekt-fuer-geschlechtervielfalt-in-der-hochschule.html; abgerufen am 3.8.2023.

34 https://checkpoint-queer.de/stellungnahme-zum-statement-des-praesidiums-zu-geschlechtervielfalt-in-der-leuphana/, abgerufen am 3.8.2023.

35 Vgl. u. a. Daub 2022.

36 https://www.palaestinaspricht.de/news/pressemitteilung-offener-brief-20mai202, abgerufen am 10.12.2023.

37 Vgl. Parsons 1964.

38 Vgl. Aronson 1994.

39 https://www.hu-berlin.de/de/ueberblick/humboldt-universitaet-zu-berlin/leitbild/leitbild, abgerufen am 12.8.2023.

40 Weitere Beispiele finden sich in der Falldokumentation des Netzwerks Wissenschaftsfreiheit, https://www.netzwerk-wissenschaftsfreiheit.de/dokumentation/, abgerufen am 12.8.2023.

41 https://www.fu-berlin.de/sites/zukunft-lehre/leitbild/index.html, abgerufen am 12.8.2023.

42 https://astafu.de/rechte-ideologie-exmatrikulieren, abgerufen am 12.8.2023.

43 Vgl. Athey 2023.

44 Beispiele sind Crapanzano 1983; Lydall/Strecker 1979.

45 https://www.arte.tv/de/videos/108567-003-A/wer-hat-die-natur-erfunden/.

46 Vgl. Sahlins/Graeber 2017: 8.

47 https://www.weltkulturenmuseum.de/de/museum/aktuell/?aktuell=healing-aktuell-2908, abgerufen am 22.8.2023.

48 https://www.swr.de/swr2/kunst-und-ausstellung/was-kann-uns-heilen-healing-im-weltkulturen-museum-frankfurt-100.html, abgerufen am 22.8.2023.

49 Vgl. Schiffauer 1982, 1987, 1991.

50 https://www.nzz.ch/international/hamms-spd-oberbuergermeister-pflegt-enge-kontakte-zu-anhaengern-der-grauen-woelfe-ld.1752402, abgerufen am 5.9.2023.

51 Zum Matrosenaufstand vgl. Avrich 1970, zum stalinistischen Terror vgl. Baberowski 2003 und Schlögel 2008.

52 Zur Kulturrevolution vgl. Leese 2016.

53 Vgl. Conquest 1987.

54 Vgl. Dikötter 2014.

55 Die Drei-Welten-Theorie entstammt der Zeit des Kalten Krieges. Als Erste Welt galt der Westen unter Führung der USA. Die Zweite Welt umfasste die sozialistischen Länder. Die Dritte Welt war synonym mit dem Teil der Welt, der als unterentwickelt galt und heute als globaler Süden bezeichnet wird.

56 Vgl. Frank 1975; Senghaas 1972, 1974.

57 Vgl. Amin 1975; Wallerstein 1974, 2004.

58 Vgl. Amin 2001.

59 Vgl. Engels 1845.

60 Vgl. Ang 2016.

61 Vgl. Jeromin 1966; Yen 2013.

62 Vgl. Bhattacharya 2014.

63 Vgl. Schröter 2022.

64 Zahlen für 2022 siehe: https://www.mdr.de/nachrichten/deutschland/wirtschaft/integration-arbeitsmarkt-zahlen-bundesagentur-fuer-arbeit-100.html, abgerufen am 15.11.2023.

65 https://www.bamf.de/SharedDocs/Anlagen/DE/Statistik/BundesamtinZahlen/bundesamt-in-zahlen-2022-asyl.pdf?__blob=publicationFile&v=9, abgerufen am 1.10.2023.

66 Fatima Keilani in der NZZ vom 30.9.2023. https://www.nzz.ch/international/seenotretter-und-steuergeld-elon-musk-kann-es-kaum-glauben-ld.1758740, abgerufen am 2.12.2023.

67 https://united4rescue.org/de/ueber-uns/verein/, abgerufen am 26.9.2023.

68 https://www.bpb.de/themen/migration-integration/kurzdossiers/205190/die-postmigrantische-gesellschaft/, abgerufen am 1.9.2023.

69 Vgl. Treibel 2015.

70 https://www.focus.de/politik/meinung/gastbeitrag-von-naika-foroutan-sie-erkennen-ihr-land-nicht-mehr-dann-haben-sie-etwas-falsch-verstanden_id_203146719.html, abgerufen am 31.8.2023.

71 Vgl. Aydemir/Yaghoobifarah 2019.

72 https://www.berliner-zeitung.de/kultur-vergnuegen/kommentar-meinung-berlin-jahreswechsel-krawalle-integration-debatte-neukoelln-sonnenallee-behzad-k khani-zur-silvesternacht-integriert-euch-doch-selber-li.305225, abgerufen am 8.9.2023.

73 Vgl. El-Mafaalani 2018: 208.

74 Vgl. Schreiber 2016: 106, 192f. und 206f.

75 Vgl. Schröter 2016.

76 Vgl. Heinisch/Memedi 2017.

77 Vgl. Schreiber 2019: 271.

78 Vgl. Aslan 2018; Koopmans 2014.

79 https://www.disorient.de/magazin/verzerrungen-und-vorurteile-eine-kritische-rezension-zu-constantin-schreibers-kinder-des, abgerufen am 5.10.2023.

80 https://www.tagesspiegel.de/kultur/vor-dem-vielfaltsforderungsgesetz-sind-alle-gleich-8515132.html; https://taz.de/Roman-Die-Kandidatin/!5773429/, abgerufen am 5.10.2023.

81 Vgl. Schreiber 2023.

82 https://www.marx21.de/schreckgespenst-islamismus-begriffsgeschichte-definition-rassismus-muslime-islam/, abgerufen am 4.12.2023.

83 BDS ist das Akronym für Boykott, Desinvestment, Sanctions.

84 Vgl. Buschkowski 2012; Heisig 2010.

85 Vgl. https://adas-berlin.de/wp-content/uploads/2021/11/Studie-Religion-Diskriminierung_ADAS.pdf, abgerufen am 17.10.2023.

86 Stiftung SPI 2012.

87 Vgl. Wagner 2018.

88 Vgl. Schröter 2019: 292 ff.

89 https://www.oic-oci.org/page/?p_id=182&p_ref=61&lan=en, abgerufen am 19.10.2023.

90 Als zentrale Referenz für die These, Muslime seien das vom Westen ausgeschlossene Andere, wird seit ihrem Erscheinen eine Monografie des Literaturwissenschaftlers Edward Said (Said 1978) zitiert, die Zuspitzung der Said'schen These, die eigentlich eher auf die Orientalen als auf die Muslime abzielte, erfolgte u. a. von Iman Attia (2009) und Yasemin Shooman (2014).

91 Posthum veröffentlichte Vorlesungen zum Thema finden sich in Hall 2018.

92 Für die umfangreiche Matriarchatsliteratur des 19. Jahrhunderts sei an dieser Stelle nur Johann Jakob Bachofen genannt, dessen Einfluss bis auf den heutigen Tag evident ist. Vgl. Bachofen 1861. Rezipiert wurde er u. a. von der modernen Feministin Heide Göttner-Abendroth. Vgl. Göttner-Abendroth 1988–2000.

93 Vgl. Lenz/Luig 1990.

94 Zur Bedeutung des Krieges in tribalen Gesellschaften vgl. Helbling 2015; zur Geschichte des Krieges vgl. Pinker 2011.

95 Auf dieser Erkenntnis basierte bereits Simone de Beauvoirs »Le deuxième sexe« aus dem Jahr 1949. Vgl. de Beauvoir 1994: 89.

96 Zu Aceh vgl. Khan 2010. Weitere Beispiele muslimischer Regentinnen finden sich in Mernissi 1991.

97 Zum Leben von Mary Wollstonecraft vgl. Priester 2002. Eine Übersicht über die frühe Frauenbewegung findet sich in Schröder, Hannelore 1990.

98 Vgl. Schröder, Martin 2023.

99 Vgl. Osterloh et al. 2023.

100 Vgl. Mohanty et al. 1991; Trinh 1989.

101 Vgl. Morrison 1971; Weathers 1970.

102 Vgl. Crenshaw 1989.

103 Vgl. Balibar/Wallerstein 2014; Hall 2018.

104 Vgl. Attia 2009; Berghahn/Rostock 2009.

105 Vgl. Ali 2004, 2006; Ates 2009; Kelek 2005.

106 https://www.mdr.de/nachrichten/sachsen/leipzig/leipzig-leipzig-land/literarischer-herbst-alice-schwarzer-kritik-kultur-news-100.html, abgerufen am 27.10.2023.

107 Vgl. Schwarzer 2002, 2010, 2016.

108 Vgl. Schröter 2002.

109 Vgl. Butler 1991.

110 https://www.corrigenda.online/trend/generation-brueste-weg, abgerufen am 5.10.2023.

111 Vgl. Schwarzer/Louis 2022.

112 Pusch 1984; Pusch/Trömel-Plötz 1980.

113 https://queernations.de/kreisch-damals-und-heute-emily-lau-zu-texten-des-jahrbuchs-sexualitaeten-2022/ abgerufen am 12.11.2023.

114 Vgl. Stock 2021.

115 Vgl. Mbembe 2019, 2020; Quijano 2016; Said 1978.

116 Vgl. Grosfoguel/Mielants 2006.

117 Vgl. Gehler et al. 2014; Münkler 2005.

118 Vgl. Busse 1988.

119 Vgl. N'Diaye 2010.

120 Vgl. Flaig 2009.

121 Vgl. Walla 2021.

122 Vgl. Schröter 2022: 40–56.

123 Vgl. DiAngelo 2020: 125; Ogette 2017: 53.

124 Vgl. Attia 2009; Kelly 2021.

125 Vgl. McWhorter 2021.

126 Vgl. Balibar/Wallerstein 2014; Hall 2018; Mohanty 1991.

127 Zum Thema Bildungsverweigerung siehe Konrad Paul Liessmann in einem Interview mit dem Standard: https://www.derstandard.at/story/2000080877939/philosoph-konrad-paul-liessmann-bildung-macht-nicht-nur-spass, abgerufen am 25.11.2023.

128 Vgl. u. a. Toprak 2019.

129 Vgl. Tepecik 2010.

130 https://www.iwkoeln.de/studien/wido-geis-thoene-immer-mehr-hochqualifizierte-stammen-aus-dem-ausland-437900.html, abgerufen am 20.11.2023.

131 https://www.audiatur-online.ch/2020/06/30/un-menschenrechte-durban-und-die-aussonderung-israels/, abgerufen am 7.11.2023.

132 Zur Geschichte der BDS-Bewegung siehe Anders 2021.

133 Weitere Informationen zur Delegitimierung Israels durch die UN in Feuerherdt/ Markl 2028.

134 https://www.integrationsbeauftragte.de/resource/blob/1864320/2157012/77c8d1dddeea760bc13dbd87ee9a415f/lagebericht-rassismus-komplett-data.pdf?download=1, S. 15, abgerufen am 24.11.2023.

135 https://eoto-archiv.de/ueber-uns/transparenz/, abgerufen am 26.11.2023.

136 https://citizensforeurope.org/?lang=de, abgerufen am 26.11.2023.

137 Afrozensus 2020: 24; https://afrozensus.de/reports/2020/, abgerufen am 25.11.2023.

138 Vgl. Frerk 2020.

139 https://www.claim-allianz.de/ueber-uns/wer-wir-sind/, abgerufen am 26.11.2023.

140 Daten alle nach Welt vom 25.3.2021, https://www.welt.de/politik/deutschland/article229101711/Berlin-beruft-Islamisten-in-Kommission-gegen-antimuslimischen-Rassismus.html, abgerufen am 30.11.2023.

141 https://www.fes.de/index.php?eID=dumpFile&t=f&f=91832&token=0e370895c315400bd2d5943f428e69cf07818f3f, abgerufen am 16.11.2023.

142 Vgl. Zick et al. 2023.

143 Heitmeyer et al. 1997.

144 Vgl. Kendi 2020.

145 https://www.land.nrw/pressemitteilung/aufbau-von-vier-meldestellen-zu-queerfeindlichen-und-rassistischen-vorfaellen, abgerufen am 27.11.2023.

146 https://hubertus-knabe.de/das-hinweisgeberschutzgesetz/, abgerufen am 27.11.2023.

147 Vgl. https://www.youtube.com/watch?v=0flnTjgqZjc, abgerufen am 27.11.2023.

148 Vgl. Schatz 2022.

149 Haller 2017: 57.

150 Haller 2017: 142.

151 https://www.ard.de/die-ard/Gehaelter-und-Verguetungen-102/, abgerufen am 31.8.2023.

152 https://www.businessinsider.de/politik/deutschland/geheime-talkshow-vertraege-von-der-ard-so-viele-millionen-kosten-anne-will-maischberger-sowie-hart-aber-fair/, abgerufen am 2.12.2023.

153 https://www.bpb.de/themen/medien-journalismus/medienpolitik/500714/programmauftrag/, abgerufen am 2.12.2023.

154 https://www.welt.de/kultur/medien/plus246981310/Otto-Warnung-im-WDR-Die-neue-Angst-vor-dem-gefaehrlichen-Ostfriesen.html, abgerufen am 18.8.2023.

155 Frankfurter Allgemeine Zeitung vom 31.8.2023.

156 https://www.diplomatic-council.org/de/node/688, abgerufen am 3.12.2023.

157 Vgl. Krüger 2013.

158 Vgl. Hoffmann 2023.

159 Zitiert nach: https://www.deutschlandfunk.de/winnetou-debatte-ravensburger-100.html, abgerufen am 3.12.2023.

160 Vgl. Maser/Neckel 2023.

161 Rhodes 2021.

162 Vgl. Mauriès 2011.

163 Vgl. Bredekamp 2000; Demeulemeester 2018.

164 Vgl. Sarr/Savoy 2000: 45.

165 https://www.faz.net/aktuell/feuilleton/debatten/raubkunst-und-rueckgabe-die-benin-bronzen-17246218.html, abgerufen am 2.12.2023.

166 Vgl. Flaig 2009.

167 Vgl. Kohl 2000.

168 https://www.faz.net/aktuell/feuilleton/debatten/raubkunst-und-rueckgabe-die-benin-bronzen-17246218.html, abgerufen am 4.12.2023.

169 https://www.nytimes.com/2023/11/08/world/middleeast/hamas-israel-gaza-war.html, abgerufen am 11.11.2023.

170 https://unwatch.org/report-u-n-teachers-celebrated-hamas-massacre/, abgerufen am 12.11.2023.

171 https://www.tagesschau.de/inland/regional/hessen/hr-verbot-von-anti-israel-demo-am-samstag-in-frankfurt-gefordert-100.html.

172 https://www.deutschlandfunk.de/versuchter-antisemitischer-anschlag-die-bombe-die-nicht-100.html.

173 Vgl. Funkschmidt 2020: 361.

174 Vgl. Funkschmidt 2020: 362.

175 https://www.faz.net/aktuell/politik/ausland/us-universitaeten-zum-krieg-in-gaza-der-antisemitismus-der-elite-19292273.html, abgerufen am 29.11.2023.

176 Vgl. Pfister 2022.

177 Vgl. Stosberg 2022.

178 Vgl. Said 1979a, 1979b.

179 Vgl. Bernstein 2022; Elbe 2022.

180 Vgl. Rothberg 2009.

181 https://www.welt.de/politik/deutschland/article248349534/Antisemitismus-an-Unis-Juden-fuehlen-sich-an-deutschen-Hochschulen-nicht-sicher-sagt-der-HRK-Praesident.html, abgerufen am 30.11.2023.

182 Vgl. Kelly 2021.

183 Vgl. Mbembe 2015.

184 Vgl. Schwarz-Friesel 2020.